U0899931

CHINA

从站起来、富起来到强起来

中国为什么行

Why and How China Can Become Rich and Powerful Since 1949

CAN

王炳林 等

◎著

人民出版社

目录
CONTENTS

导言

为什么能够实现从站起来、富起来到强起来的伟大飞跃

从站起来、富起来到强起来，是中华人民共和国70年成长历程的生动写照。

“站起来”，是毛泽东的精辟概括。在1949年9月21日开幕的中国人民政治协商会议第一届全体会议上，毛泽东满怀豪情地宣布：“占人类总数四分之一的中国人从此站立起来了。”激动人心的话语，使多少中华儿女热泪盈眶、热血沸腾。经历了百年的屈辱与奋斗，中华民族终于挺直腰杆站了起来，怎能不让人激动万分。

站起来是伟大的胜利，是否站得稳、是否能够阔步前行，当时国内外都有不同的声音。

新中国刚刚成立时，各种挑战极为严峻。经济落后，满目疮痍，民生困苦，百废待兴。一系列问题摆在面前：能不能保卫人民胜利的成果，巩固新生的人民政权？能不能战胜严重的经济困难，迅速恢复和发展国民经济？能不能巩固民族独立，维护国家主权和安全？能不能经受住执政的考验，继续保持谦虚、谨慎、不骄、不躁的作风和艰苦奋斗的作风？有些人对共产党管理经济的能力表示怀疑，有的人不相信共产党会把经济管好，还给共产党打分：“共产党在军事上得了满分，在政治上是八十分，在经济上恐怕要得零分。”但是，站立起来的中国人民在中国共产党的领导下，奋发图强，迅速医治了战争创伤，经济社会建设全面展开，新生的共和国呈现出蓬勃生机。

正如毛泽东所预言的那样："中国的命运一经操在人民自己的手里，中国就将如太阳升起在东方那样，以自己的辉煌的光焰普照大地，迅速地涤荡反动政府留下来的污泥浊水，治好战争的创伤，建设起一个崭新的强盛的名副其实的人民共和国。"

新中国成立后，人民政府废除了帝国主义利用不平等条约在中国获取的一切特权，收回了长期被帝国主义者控制的海关，实行对外贸易的管制和对外汇的管理，维护了国家的独立、主权和经济利益，从根本上改变了旧中国"跪倒在地上办外交"的局面。面对外部侵略，新生的共和国毫不惧怕。抗美援朝战争是一场抗击美国侵略者的正义战争，打出了新中国的国威和人民军队的军威。这场战争的胜利，不仅支援了朝鲜人民、保卫了中国的国家安全，而且为维护亚洲和世界的和平作出了重要贡献。这场战争的胜利，打破了美国军队不可战胜的神话，雄辩地证明：西方侵略者几百年来只要在东方一个海岸上架起几尊大炮就可霸占一个国家的时代一去不复返了。中国人民由于这个胜利而极大地增强了民族自信心和自豪感。抗美援朝的胜利，也使全世界对新中国刮目相看，新中国的国际威望空前提高。

通过社会主义改造，社会主义基本制度在中国得到了全面确立，完成了中国历史上最伟大最深刻的社会变革，为当代中国一切发展进步奠定了根本政治前提和制度基础。中国共产党团结带领人民艰苦创业，在"一穷二白"的基础上建立了比较完整的工业体系和国民经济体系。面对核威胁、核讹诈，新中国以惊人的速度打造了"两弹一星"这样的国之重器。由于缺乏经验等原因，新中国的经济建设在"大跃进"和"文化大革命"时期遭受了两次严重的挫折。但是整体说来，这一时期，新中国的经济建设取得的成就是巨大的，结束了旧中国近代工业极端落后的历史，向世人证明了中国具有追赶世界先进水平的气魄和能力，为社会主义现代化事业奠定了物质基础和科学技术基础。1971 年第二十六届联合国大会通过第 2758 号决议，恢复了中华人民共和国在联合国的一切合法权益，这是具有战略意义的外交胜利，确立了中华人民共和国在国际社会和中华民族在世界民族之林中应有的地位。

"富起来"，是广大人民群众对中国改革开放成就的形象概括和由衷的赞颂。实现国家富强和人民富裕，是近代以来中华儿女最强烈、最执着的愿望和追求。中国人民“站起来”以后就有了“富起来”的渴望。但是，在我们这样一个“一穷二白”的大国，富起来谈何容易？新中国的建设尽管取得了很大成就，但是离“富起来”还是有很大的差距。受国内外局势的影响，在一段时间内，人们的思想观念也存在着僵化现象，甚至陷入了越穷越光荣、越穷越革命的误区。党的十一届三中全会拉开了我国改革开放的大幕，中国开始迈向“富起来”的新征程。邓小平一句“贫穷不是社会主义”，振聋发聩。改革开放，极大激发了广大人民群众的创造性，极大解放和发展了社会生产力，极大增强了社会发展活力。自此，人民生活明显改善，中国经济实力、科技实力、国防实力、综合国力逐步进入世界前列，国际地位实现前所未有的提升。

2010 年中国经济总量超过日本，成为世界第二大经济体。国际上常常用恩格尔系数来衡量一个国家和地区人民生活水平的状况。众所周知，吃饭是人类生存的第一需要，在收入水平较低时，其在消费支出中必然占有较大比例。恩格尔系数就是指食品支出总额占个人消费支出总额的比重。恩格尔系数越大，说明一个国家或家庭生活越贫困；反之，恩格尔系数越小，生活越富裕。根据联合国粮农组织提出的标准，恩格尔系数在 59% 以上为贫困，50%—59% 为温饱，40%—50% 为小康，30%—40% 为富裕，低于 30% 为最富裕。2016 年，我国居民恩格尔系数为 30.1%，接近联合国划分的富足标准。更多的就业机会，更稳定的收入，更完善的社会保障体系，更健全的社会法治体系，更美好的城市、乡村生活环境，让更多普通的中国人感受到了“富起来”的真实含义。

“强起来”，是中国特色社会主义进入新时代的鲜明标识。富裕不等于强盛。富而不强则富裕难保。虽然我们在富起来的道路上取得了显著成效，但是我国正处于并将长期处于社会主义初级阶段，城乡和区域发展还不平衡，还有几千万人需要摆脱贫困，要全面建成富强民主文明和谐美丽的社会主义现代化强国，任务十分艰巨。如何在富裕的基础上使国家强大起来，既是党和政府的追求目标，也是人民的迫切要求。党的十八以来，以习近平同志为核心的党中央，以巨大的政治勇气和强烈的责任担当，提出一系列新理念新思想新战略，出台一系列重大方针政策，推出一系列重大举措，推进一系列重大工作，解决了许多长期想解决而没有解决的难题，办成了许多过去想办而没有办成的大事，推动党和国家事业发生历史性变革。中国特色社会主义进入新时代。党的面貌、国家的面貌、人民的面貌、军队的面貌、中华民族的面貌发生了前所未有的变化，中华民族正以崭新姿态屹立于世界的东方。“强起来”是在“富起来”的基础上全方位的提高和升级。目前，我国主要农产品产量跃居世界前列，建立了全世界最完整的现代工业体系，科技创新和重大工程捷报频传。我国基础设施建设成就显著，信息畅通，公路成网，铁路密布，高坝矗立，西气东输，南水北调，高铁飞驰，巨轮远航，飞机翱翔，天堑变通途。现在，我国是世界第二大经济体、制造业第一大国、货物贸易第一大国、商品消费第二大国、外资流入第二大国，我国外汇储备连续多年位居世界第一，中国人民在富起来、强起来的征程上迈出了决定性的步伐！实现“强起来”，就是在中国共产党的领导下全面深化改革，坚持强党、强国、强军的有机统一，全面建成小康社会，夺取新时代中国特色社会主义伟大胜利，实现中华民族伟大复兴的中国梦。正如习近平总书记所说：“现在，我们比历史上任何时期都更接近中华民族伟大复兴的目标，比历史上任何时期都更有信心、有能力实现这个目标。”

中华民族为什么能够迎来从站起来、富起来到强起来的伟大飞跃？我们可以在历史的长河中寻找规律性认识。

（一）科学理论导航伟大实践

理论是行动的先导，正如毛泽东所说：“主义譬如一面旗子，旗子立起了，大家才有所指望，才知所趋赴。”[①]近代中国，为了救亡图存，许多主义和观点纷纷登场，无论是古已有之、外部传入还是杂糅新生的，都曾产生

① 《毛泽东年谱》（一八九三——一九四九）上卷，人民出版社、中央文献出版社 1993 年版，第 71 页。

过一些影响、发挥过一定作用，但是都没有引领人们从根本上改变中国的悲惨命运。十月革命一声炮响，为中国送来了马克思列宁主义，给苦苦探寻救亡图存出路的中国人民指明了前进方向、提供了全新选择。马克思主义深刻揭示了自然界、人类社会和思维发展的普遍规律，为人民指明了实现自由和解放的道路，是无产阶级和广大人民群众推翻旧世界、建设新世界的科学理论。正如毛泽东所说："自从中国人学会了马克思列宁主义以后，中国人在精神上就由被动转入主动。"①

当然，马克思主义在中国的传播，也曾经历了一个斗争的过程。经过反复争论和比较，马克思主义最终以科学真理的力量吸引和征服了先进的中国人，成为指导中国革命斗争走向胜利的行动指南。对于马克思主义为什么能够在中国发挥巨大作用，毛泽东曾有过精辟论述："马克思列宁主义来到中国之所以发生这样大的作用，是因为中国的社会条件有了这种需要，是因为同中国人民革命的实践发生了联系，是因为被中国人民所掌握了。任何思想，如果不和客观的实际的事物相联系，如果没有客观存在的需要，如果不为人民群众所掌握，即使是最好的东西，即使是马克思列宁主义，也是不起作用的。"② 正是因为有中国社会的客观需要、有理论和实践的结合，有中国人民的掌握和运用，马克思主义犹如壮丽的日出，照亮了中国人民寻求自身解放的道路。马克思有一句名言："批判的武器当然不能代替武器的批判，物质力量只能用物质力量来摧毁；但是理论一经掌握群众，也会变成物质力量。"③ 用马克思主义武装起来的中国共产党人领导中国人民实现了从站起来、富起来到强起来的伟大飞跃。

马克思主义是科学的世界观和方法论，不是教条，不会为各国的革命和建设提供现成答案。马克思主义能够在中国产生巨大的指导作用，就是因为中国共产党善于把马克思主义和中国实际结合起来，与中国优秀传统文化相融合，不断推进马克思主义中国化时代化大众化，不断开辟马克思主义发展

① 《毛泽东选集》第4卷，人民出版社1991年版，第1516页。

② 同上书，第1515页。

③ 《马克思恩格斯选集》第1卷，人民出版社2012年版，第9页。

新境界。毛泽东思想是马克思列宁主义基本原理同中国革命和建设具体实践相结合的产物。实事求是、群众路线、独立自主是毛泽东思想活的灵魂，是马克思主义辩证唯物主义和历史唯物主义在中国的丰富和发展。中国革命正是在毛泽东思想的指引下才取得了伟大胜利。中国改革开放能够取得成功，同样是因为有“主义”引领航向。党的十一届三中全会以来，中国共产党把马克思主义基本原理和当代中国实践和时代特征相结合，不断推进实践创新和理论创新的良性互动，开创和发展中国特色社会主义，创立了包括邓小平理论、“三个代表”重要思想、科学发展观和习近平新时代中国特色社会主义思想等指导思想在内的中国特色社会主义理论体系，赋予马克思主义新的生机和活力。习近平新时代中国特色社会主义思想是当代中国的马克思主义和 21 世纪的马克思主义，是新时代实现“强起来”的行动指南。中华人民共和国 70 年的历史以及中国共产党近百年的历史反复证明，只有以理论创新指导伟大实践，党和国家才能够永立时代潮头、永葆青春活力。

（二）坚强核心凝聚伟大力量

人民群众是历史的创造者。相信群众，依靠群众，为了群众，是马克思主义的根本立场。当然，人民群众的革命斗争不可能自发进行，需要有科学理论的武装和坚强领导核心的组织引领。辛亥革命是伟大的民主革命，但最后还是失败了，教训是深刻的，其中最关键的，是缺乏一个能够提出明确的科学的革命纲领、能够发动并依靠全国最大多数民众、由有共同理想和严格纪律的先进分子组成的革命政党的领导。孙中山曾感叹，中国虽四万万之众，实等于一盘散沙，民众对国事毫不关心，国家民族观念相当淡薄，只知有自己不知有国家，不能团结。毛泽东说：“中国产生了共产党，这是开天辟地的大事变。”① 中国共产党坚持以马克思主义为指导，善于进行理论创新

① 《毛泽东选集》第 4 卷，人民出版社 1991 年版，第 1514 页。

和理论武装，坚持人民立场，善于领导社会革命，勇于开展自我革命，因而得到群众信赖和拥护，成为群众的领路人和坚强领导核心，能够凝聚起推动历史前进的磅礴力量，使中国发生了翻天覆地的历史性变化。

中国共产党之所以能够凝聚起实现中华民族伟大复兴的磅礴力量，成为团结最广大人民共同奋斗的核心力量，因为它是一个有着共同理想、用铁的纪律组织起来的伟大政党，具有强大的组织力和凝聚力。

一是能够提出革命纲领，指明了前进方向。中国共产党以马克思主义观点分析和解决问题，成立不久便破天荒地第一次明确提出反帝反封建的民主革命纲领，实际上阐明了党的最高纲领和最低纲领的关系，使革命斗争有了明确的奋斗目标。新中国成立后，党提出并实施过渡时期的总路线，在中国确立了社会主义制度，实现了中国社会的伟大变革。改革开放以来，党提出并坚决贯彻“一个中心，两个基本点”的基本路线，使我国社会主义现代化建设取得举世瞩目的成就。

二是能够真正解决人民群众的根本利益问题。党领导的土地改革解决了中国几千年来没有解决的广大农民最关心的土地问题。新中国成立后，党和政府把满足人民基本生活需要作为发展经济的根本目的，人民生活水平明显改善。改革开放以来，坚持以经济建设为中心，人民获得感明显增强。改革为了人民、依靠人民，改革成果由人民共享，人民就有了无限的动力和创造力，中国共产党就能够调动各方面参与和推动改革的积极性。党的十八大以来，以习近平同志为核心的党中央坚持以人民为中心的发展思想，把人民对美好生活的向往作为奋斗目标，特别是脱贫攻坚战取得突破性进展，中国人民在实现共同富裕的道路上取得了实实在在的伟大成就，赢得了广大人民的广泛赞誉。

三是能够实现人民群众当家作主。中国共产党历来高度重视民主制度建设，保障人民群众当家作主的权利。从井冈山时期的士兵委员会到抗日战争时期边区的“三三制”政权，从新政协的召开到人民代表大会制度的确立，民主制度建设扎实推进，广大人民群众的民主权利得到切实保障，中国人民体验到了站起来的真实含义。改革开放以来，邓小平反复强调，没有民主就没有社会主义，就没有社会主义现代化。人民当家作主，是在坚持中国特色社会主义政治发展道路，坚持和完善人民代表大会制度、中国共产党领导的多党合作和政治协商制度、民族区域自治制度、基层群众自治制度等一系列制度中实现的，落实到了国家政治生活和社会生活之中，并在实践中不断健全民主制度，丰富民主形式，拓宽民主渠道。

四是能够真正依靠群众、组织群众。中国共产党自觉以马克思主义为指导，相信群众是真正的英雄，坚决发动并依靠占中国人口绝大多数的劳动民众，从而使党的事业获得了不断前进的力量。中国共产党成立后就深入工人中去做工作，在集中力量领导工人运动的同时，也开始发动和领导农民运动，迅速掀起了大革命的高潮。毛泽东在《论持久战》中曾深刻指出："战争的伟力之最深厚的根源，存在于民众之中。日本敢于欺负我们，主要的原因在于中国民众的无组织状态。"① 抗日战争时期，中国共产党坚持全面抗战路线，在抗日根据地开展深入细致的群众工作，取得显著成效。动员、组织、武装起来的广大民众，成为抵御侵略者的铜墙铁壁。新中国的诞生从根源上改变了旧中国"一盘散沙"的涣散状态。中国共产党成为执政党，具备更为有利的条件来教育、发动和组织群众，中国人民被前所未有的动员起来、组织起来，使中华民族有条件在站起来的基础上继续实现富起来和强起来。中国共产党在带领群众前进过程中，善于调动群众的积极性，善于总结推广群众经验。改革开放以来，从安徽小岗村村民探索"大包干"到在创办经济特区的实践中"杀出一条血路"，从高度集中的计划经济体制到社会主义市场经济体制，一系列重大改革之所以取得成功，与党中央积极总结推广群众创造的先进经验密不可分。

五是能够自我净化，成为群众的主心骨。打铁还需自身硬。中国共产党从建党之初只有五十几人的小党，成长壮大为现在拥有 8900 多万党员、在近 14 亿人口的大国长期执政的大党，并且能够汇聚起民族团结的磅礴力量，关键在于党善于自我净化、自我完善，永葆先进性和纯洁性，能够坚持真理、修正错误，不断加强和改进党的政治、思想、组织、作风、纪律和制

① 《毛泽东选集》第 2 卷，人民出版社 1991 年版，第 511 页。

度等方面的建设，不断提高执政能力和拒腐防变能力。1939 年 10 月，毛泽东在《〈共产党人〉发刊词》一文中把党的建设提升到“伟大的工程”的高度，强调为了中国革命的胜利，迫切地需要“建设一个全国范围的、广大群众性的、思想上政治上组织上完全巩固的布尔什维克化的中国共产党”①。同时，毛泽东把统一战线、武装斗争和党的建设概括为中国共产党在中国革命中战胜敌人的三个法宝。从延安整风到新中国成立再到改革开放以来的一次次整党整风和学习教育，中国共产党提高自己的步伐一刻也没有停顿。中国共产党开展党风廉政建设的努力从来没有松懈。新中国成立前夕，毛泽东告诫全党要防止“糖衣炮弹”的攻击，并以“进京赶考”的谨慎而神圣的心态迎接执掌全国政权。从新中国成立初期坚决查处刘青山、张子善案件，到改革开放以来强调党风问题关系党的生死存亡，都体现了中国共产党刮骨疗伤、激浊扬清的坚定决心。党的十八大以来，以习近平同志为核心的党中央全面加强党的领导和党的建设，坚决改变管党治党宽松软状况。坚持反腐败无禁区、全覆盖、零容忍，坚定不移“打虎”“拍蝇”“猎狐”，反腐败斗争压倒性态势已经形成并巩固发展，党风政风社会风气为之一新，极大地提振了党心民心，增强了党的向心力和凝聚力。中国共产党能够成为坚强有力的核心力量，不在于她不犯错误、永远正确，而在于她勇于直面错误、及时纠正错误、善于汲取教训、不断提高自己。比如，遵义会议果断纠正了“左”倾教条主义、冒险主义错误，在极端危急的历史关头，挽救了党、挽救了红军、挽救了中国革命。党的十一届三中全会，全面纠正了“文化大革命”的“左”倾错误，果断作出了把党和国家工作中心转移到经济建设上来、实行改革开放的历史性决策，使党和国家迅速摆脱危局、重新奋起。

党政军民学，东西南北中，党是领导一切的。中华民族能够迎来从站起来、富起来到强起来的伟大飞跃，归根到底是因为有中国共产党的坚强领导。只有毫不动摇地坚持和完善党的领导，毫不动摇地把党建设得更加坚强有力，才能够实现中华民族的伟大复兴。

① 《毛泽东选集》第 2 卷，人民出版社 1991 年版，第 602 页。

（三）制度优势彰显中国智慧

中华民族实现从站起来、富起来到强起来的伟大飞跃，同时也是中国特色社会主义从创立、发展到完善的伟大飞跃，两个飞跃相互交织、相互促进。中国创造世界发展史上的奇迹，得益于中国特色社会主义制度优势的充分发挥。

中国特色社会主义制度是长期探索的结果，其优势也是在实践中不断完善的。中国共产党从诞生之日起，就把实现社会主义、共产主义作为自己的奋斗目标。新中国成立后，中国共产党领导人民创造性实现了从新民主主义到社会主义的转变，全面确立社会主义基本制度，成功实现了中国历史上最深刻最伟大的社会变革，为实现中华民族伟大复兴奠定了根本制度前提。党的十一届三中全会以后，中国共产党重新确立了解放思想、实事求是的思想路线，科学回答了建设中国特色社会主义的一系列基本问题，成功开创了中国特色社会主义。中国特色社会主义是道路、理论、制度和文化的有机统一，制度问题更带有根本性、全局性、稳定性、长期性。没有制度，道路、理论和文化就缺少有效依托，就会失去可靠的保障。

中国特色社会主义制度，就是人民代表大会制度的根本政治制度，中国共产党领导的多党合作和政治协商制度、民族区域自治制度以及基层群众自治制度等基本政治制度，中国特色社会主义法律体系，公有制为主体、多种所有制经济共同发展的基本经济制度，以及建立在这些制度基础上的经济体制、政治体制、文化体制、社会体制等各项具体制度。中国特色社会主义制度是当代中国发展进步的根本制度保障，具有鲜明的中国特色和明显的制度优势。它能够有效保证人民享有更加广泛、更加充实的权利和自由，保证人民广泛参加国家治理和社会治理；能够有效调节国家政治关系，发展充满活力的政党关系、民族关系、宗教关系、阶层关系、海内外同胞关系，增强民族凝聚力，形成安定团结的政治局面；能够集中力量办大事，有效促进社会生产力解放和发展，促进现代化建设各项事业，促进人民生活质量和水平不断提高；能够有效维护国家独立自主，有力维护国家主权、安全、发展利益，维护中国人民和中华民族的福祉。

衡量一个国家的社会制度是否具有优越性的关键指标，是这个国家应对各种风险和挑战的能力以及能办事、办成事的本领。集中力量办大事是社会主义的一大特点，也是中国智慧和中国方案的奥秘之一。邓小平曾多次阐明社会主义制度具有集中力量办大事的优势。他认为，社会主义国家有个最大的优越性，就是干一件事情，一下决心，一作出决议，就立即执行，没有那么多互相牵扯，议而不决，决而不行。我们要保持这个优势，保证社会主义的优越性。社会主义同资本主义比较，它的优越性就在于能做到全国一盘棋，集中力量，保证重点。

从“两弹一星”大国重器到三峡工程、青藏铁路、西气东输、西电东送、特高压电网等重大基础项目的建成，都生动体现了社会主义可以集中力量办大事的优越性。比如，一些人认为，在平均海拔 4000 米以上的青藏高原修建铁路是不可能实现的。一位来自瑞士的权威铁路工程师在西藏考察地形时，更是断言在西藏修建铁路“根本不可能”。然而，经过 5 年多的艰苦奋战，当青藏铁路建成通车的消息传出以后，整个世界为之震惊。在 2006 年 7 月 1 日青藏铁路通车庆祝大会上，胡锦涛感慨地说：“在建设青藏铁路的过程中，从中央到地方上百个单位、十几万建设大军同舟共济、团结协作，自觉服从大局，全力保证大局，形成了青藏铁路建设的强大合力。这一事实再一次充分说明，只要我们坚持发挥社会主义制度能够集中力量办大事的政治优势，并善于把这一优势与市场经济体制的优势有机结合起来，我们就一定能够推动关系国计民生的重大建设项目更快更好地完成。”①

改革开放以来，我国充分发挥“集中力量办大事”的制度优势，实现了“可上九天揽月，可下五洋捉鳖”的梦想。神舟飞天、嫦娥探月、蛟龙入海、“天宫一号”交会对接，我国高科技领域捷报频传。改革开放的成功经验充

① 胡锦涛：《在青藏铁路通车庆祝大会上的讲话》，《人民日报》2006 年 7 月 2 日。

分证明，中国特色社会主义制度是当代中国发展进步的根本制度保障，这一制度的内在机理与运行模式决定了它可以形成强大的统一意志和组织力量，能够快速有效地调配各种资源，进而确保全国一盘棋，提高工作效率，携手应对各种突发事件，完成各种重大任务。我国在抗击风险、基础设施建设、高科技发展以及承办国际重大活动等方面取得的重大成绩已然证明，集中力量办大事是我国社会主义制度的巨大优越性。

先进的社会制度不是从天上掉下来的，是坚持正确道路的结晶。方向决定道路，道路决定命运。中国共产党坚持把马克思主义基本原理同我国具体实际和时代特征相结合，独立自主走自己的路，成功开辟了中国特色社会主义道路。这是一条植根于中国大地、反映中国人民意愿、适应中国和时代发展进步要求的道路，是实现“两个一百年”奋斗目标和中华民族伟大复兴的必由之路。中国特色社会主义制度是坚持这条道路的国家治理形态和重要保障。制度优势的发挥有赖于科学理论指引。用发展着的马克思主义指导实践，是坚持中国特色社会主义理论的题中应有之义。文化自信是更基本、更深沉、更持久的力量，为道路自信提供扎根与发展的深厚土壤，为理论自信提供与时俱进的思想文化资源，为制度自信注入创新创造的活力。道路是实现途径，理论体系是行动指南，制度是根本保障，文化是精神支撑，中国特色社会主义道路自信、理论自信、制度自信和文化自信密不可分，统一于中国特色社会主义伟大实践。中国特色社会主义最本质的特征是中国共产党领导，中国特色社会主义制度的最大优势是中国共产党领导。在中国共产党领导下，坚定“四个自信”，不断坚持和发展中国特色社会主义，就一定能够实现中华民族伟大复兴，这就是中国智慧和中国方案的密码所在。

（四）改革开放激发强大活力

只有顺应历史潮流，积极应变，主动求变，才能与时代同行。毛泽东在《新民主主义论》中深刻阐释了中国革命是世界革命的一部分的科学内涵，使中国新民主主义革命与世界社会主义革命紧密联系起来，顺应了世界大潮流、大趋势。新中国成立后，党和政府进行了一系列社会改革，并积极扩大对外交流，取得了重要的理论成果和重大的实践成就。但是，由于缺乏经验、思想僵化和外部封锁等原因，社会主义建设在实践探索中也经历了严重曲折。党的十一届三中全会开启了改革开放和社会主义现代化的伟大征程。邓小平明确指出，我们要赶上时代，这是改革要达到的目的。改革开放使中国人民在富起来、强起来的征程上迈出了决定性的步伐。在改革开放的进程中，中国赶上了全球化、现代化和信息化的时代步伐，赢得了发展的战略机遇期。改革开放是党和人民大踏步赶上时代的重要法宝，是推动社会发展的强大动力。

第一，解放思想与改革开放相互激荡，形成动力、激发活力。

波澜壮阔的改革开放历程充分证明，解放思想和改革开放互为动力、观念创新和实践探索相互促进，使社会呈现勃勃生机和创新活力。

一方面，解放思想是改革开放的先导，是推进改革开放的强大精神动力。只有解放思想，才能适应新形势、认识新事物、创造新方法、完成新任务。1978 年，由一篇理论文章《实践是检验真理的唯一标准》引发的关于真理标准问题的大讨论，实际上是一场要不要解放思想的争论。这场大讨论成为伟大的思想解放运动，打破了“左”倾错误对人们思想的禁锢，释放了人们的想象力，激发了社会的创造力，为改革开放扫清了观念障碍。正如邓小平反复强调的，“看准了的，就大胆地试，大胆地闯”①，“不敢解放思想，不敢放开手脚，结果是丧失时机，犹如逆水行舟，不进则退”。从改革开放之初冲破“两个凡是”思想禁锢，到 20 世纪 90 年代初跳出“计划还是市场”的思维窠臼，在每个思想困惑的重要关口，都是依靠一次次观念突破和思想解放，成功扫除了改革开放道路上的一道道思想障碍。可以说，没有思想的解放，就没有改革开放。正是因为解放思想，中国共产党才能团结带领人民开辟中国道路，释放中国活力，凝聚中国力量，实现从赶上时代到引领时代

① 《邓小平文选》第 3 卷，人民出版社 1993 年版，第 372 页。

的伟大跨越。正是因为解放思想，人们的视野更加开阔，使我国勇敢地打开了对外开放的大门，勇敢地融入经济全球化的潮流。正如习近平总书记在庆祝改革开放 40 周年大会上所说："我们解放思想、实事求是，大胆地试、勇敢地改，干出了一片新天地。"

另一方面，改革开放促进着人们思想的解放，为思想解放提供实践动力。改革开放成效显著，鼓舞人心；改革开放气壮山河，催人奋进；改革开放强国富民，深得人心。改革开放成果更多更好惠及广大人民群众，各项便民、惠民、利民举措持续实施，人民群众的真心拥护和广泛参与，是推动改革开放的动力源泉，也是解放思想的实践动力。在这样的历史巨变中，中国人民扬眉吐气，思想更为活跃，观念不断更新。同时，改革开放提出了许多新的更深层次的现实问题，这些实际问题的解决又促使人们进一步解放思想。例如，随着对计划经济体制的调整和对市场手段的运用，更深层的问题需要解决，过去受苏联计划经济体制的影响，长期以来人们往往把计划经济看作社会主义的基本特征，把市场经济看作资本主义的基本特征。这种根深蒂固的观念成为改革开放推进的巨大障碍。随着思想的进一步解放，人们对社会主义与市场经济的关系逐渐有了清晰正确的认识，而且每一次向市场化方向的改革又催生新的思想解放需求，进而倒逼改革的进一步推进。正是在解放思想进程中推进理论创新，形成了社会主义市场经济理论。改革开放推动着人们思想的解放，成为进一步解放思想的实践基础和强大动力。改革开放没有止境，解放思想也没有止境，两者在相互促进、相互激荡中为社会发展注入新活力。

第二，体制改革解放生产力，激发社会发展活力。

改革开放使我国实现了从高度集中的计划经济体制向充满活力的社会主义市场经济体制的转变。实际上，从农村人民公社制度改革到城市经济体制改革，从异军突起的乡镇企业到公有制重要补充的私营经济，从基层社会管理结构由单位制到社区制的变迁，等等，每一项体制改革都解放了生产力，促进了社会进步。例如，家庭联产承包责任制的推行，极大地调动了广大农民的生产经营积极性。这种责任制纠正了长期存在的管理高度集中和经营方式过分单调的弊端，使农民在集体经济中由单纯的劳动者变成既是生产者又是经营者，较好地发挥了劳动和土地的潜力，解放了农村生产力。家庭联产承包责任制的实行还把农村富余劳动力从干活“大呼隆”的旧体制下解放了出来。农民手中有了余粮，有了一定的资金，农村又有富余劳动力，于是从发展多种经营，创办小作坊、小企业起步，开始离开土地到小城镇务工经商，从而推动了中国乡镇企业的兴起。家庭联产承包责任制解放出来的农村富余劳动力要找出路，越来越多的农民勇敢地离开了本乡故土，走上了外出打工的道路。农民跨地区流动进城就业，使劳动力资源的配置由政府决策为主转变为市场配置为主，从而推动了用工制度、工资制度、教育制度、户籍制度等方面的改革，促进了中国劳动力市场的形成、发育和成长。而且，稳定就业农民工的市民化趋势要求从根本上改变城乡二元分割的体制，推动形成城乡经济社会一体化发展的新格局。

体制改革能够激发活力，关键在于这些改革是有温度的，是坚持以人民为中心，把为人民谋幸福作为检验改革成效的标准，既做大“蛋糕”又分好“蛋糕”，人民群众的需求在哪里，就把改革的突破点放在哪里。老百姓关心什么、期盼什么，改革就聚焦什么、推进什么。改革开放把促进社会公平正义、增进人民福祉作为出发点和落脚点，不断夯实亿万人民幸福生活的基础，为发展注入了新活力。

第三，对外开放开阔视野、增强活力。

对外开放是我国的基本国策。打开国门搞建设，以开放促改革，我国实现了从封闭半封闭到对外开放的历史性转变，为经济社会发展注入了强大动力，创造了举世瞩目的中国奇迹。

对外开放推动着经济社会的发展。改革和开放相互促进，开放促繁荣促发展。通过对外开放，我国获得了更多推动发展所必需的资金、技术、资源、市场、人才乃至机遇，不断为经济发展注入新动力、增添新活力、拓展新空间。从引进来到走出去，再到加入世贸组织、全面参与经济全球化，我国以谦逊态度和坚强意志拥抱世界、融入世界。在对外开放进程中，一大批熟悉国际市场规则、全球配置资源、具备国际竞争力的跨国企业成长起来，有力提升了我国经济的国际竞争力。

党的十八大以来，中国对外开放范围、领域、层次不断拓展，开放大门越开越大，“一带一路”建设全面推进，国际产能合作步伐加快，互利共赢的开放战略深入实施。新一轮高水平的对外开放实现了发展的主动，进一步拓展了发展空间，也给低迷的世界经济注入新的动力。近些年来，中国经济对世界经济增长的贡献率一直保持在30%以上，成为拉动世界经济复苏和增长的重要引擎。中国主动扩大进口，为带动出口国当地消费、增加就业、促进经济增长作出了重要贡献。

改革开放让中国走近世界舞台的中央。中国坚持和平发展道路，坚持互利共赢的开放战略，不断拓展同世界各国的合作，积极参与全球治理，在更多领域、更高层面上实现合作共赢、共同发展，同各国人民一道努力构建人类命运共同体，为维护世界和平作出了重要贡献。

在中外文化的交流交融交锋中，人民群众的精气神越来越旺盛，“世界那么大，我想去看看”，成为很多人的共识，中国公民出境旅游人数逐年攀升，在走向世界的进程中开阔了视野、增强了自信。

70年风雨兼程，70年奋发图强，中国共产党领导人民谱写了一曲感天动地、气壮山河的奋斗赞歌。本书运用史论结合的方法，展现中华人民共和国70年的辉煌历程，总结中国人民实现从站起来、富起来到强起来伟大飞跃的成功经验，内容涵盖经济、政治、法治、科技、文化、教育、民生、民族、宗教、社会、生态文明、国家安全、国防和军队、“一国两制”和祖国统一、统一战线、外交等国家发展的诸多方面，全景式展现中华人民共和国的成长历程和辉煌成就。

本书力求把讲道理和讲故事有机结合起来，把学术性和可读性有机结合，既有对共和国重大决策和重大历史事件的描画，又注重分析共和国的成长之路和成功之道。注重语言的通俗和生动，力求生动展现共和国70年的辉煌成就和成功经验，充分体现社会主义制度的优越性和中国共产党治国理政的高超智慧。

一

发展是解决一切问题的基础和关键

——为什么能够创造经济发展的中国奇迹

从1949年到2019年，弹指70年，“人间变了，似天渊翻覆”。

这70年，在人类历史长河中似只是沧海一粟，但对于中国这个曾遭受深重民族灾难的大国来说，这70年灿若星辰，创造了人类经济发展史上的伟大奇迹：从一个落后的农业国变成世界经济强国，从解决温饱问题到决胜全面建成小康社会，从站起来到富起来再到强起来……奇迹的背后，是中国共产党坚持聚精会神搞建设、一心一意谋发展的战略自信与战略定力，是亿万中国人民为实现中华民族伟大复兴的中国梦而不懈奋斗的豪迈情怀与壮丽诗篇。

（一）认识国情，抓住中心

1949年10月1日，毛泽东在天安门城楼庄严宣告中华人民共和国成立了！中华民族进入了发展进步的历史新纪元。“鲲鹏展翅，九万里，翻动扶摇羊角。”中国共产党领导下的新中国，正孕育着勃勃生机。

然而，除却新中国成立所带来的喜悦、新生与希望，我们可以看到，彼时的中国，其实是千疮百孔、一穷二白。长期遭受“三座大山”压迫的旧中国给我们留下的是一副烂摊子：社会生产力受到极大破坏、城市经济凋敝、农村生活困苦、工业发展缓慢……正如毛泽东所感叹的那样："现在我们能造什么？能造桌子椅子，能造茶碗茶壶，能种粮食，还能磨成面粉，还能造纸，但是，一辆汽车、一架飞机、一辆坦克、一辆拖拉机都不能造。"面临如此困难，如何让中国尽快摆脱落后面貌，成为摆在执政的中国共产党面前的一个课题。

显而易见，这一问题的答案，就是把经济建设摆在中心位置。事实上，在新中国成立之前，中国共产党就已经意识到经济建设的重要性。党的七届二中全会强调："党的工作重心必须放在城市。……管理和建设城市的中心关键是恢复和发展工业生产"，并自信地指出，"中国经济建设的速度，将不是慢而可能是相当地快的"。可以说，这里已经蕴含了以经济建设为中心的思想。新中国成立后，党对经济工作建设更加重视。

1949 年 12 月，毛泽东在中共中央政治局会议上指出："财政经济工作已成为中央和中央局的主要议程，应该认真研究财政经济问题。"1951 年毛泽东提出了"三年准备、十年计划经济建设"的思想。在过渡时期，党从我国是一个工业落后的国家，必须发展社会主义工业的基本事实出发，规定了过渡时期以"一化三改造"为核心内容的总路线，推动社会主义制度在中国基本建立起来。在此基础上，党的八大进一步提出当时的主要任务，就是要"把我国尽快地从落后的农业国变为先进的工业国"。由于党认识到经济建设的重要性并采取了正确的路线，新中国成立后我国工农业迅速发展。1949 年至 1957 年，我国工农业总产值年均增长率达 14.6%，其中农业总产值年均增长率为 8.0%，工业总产值年均增长率则高达 24.0%。由此，我国建立了独立的比较完整的工业体系和国民经济体系，取得了旧中国根本不可能取得的巨大成就。

不可否认的是，在探索社会主义经济建设道路过程中，我们也走过弯路，遭遇过挫折。尤其是十年"文化大革命"，给人们留下了沉痛的记忆。最深刻的教训是急于求成，没有认清我国还处于社会主义初级阶段这个基本国情。

1978 年 5 月，一场关于真理标准问题的大讨论掀起了思想解放运动，为改革开放奏响了春天序曲。同年 12 月召开的党的十一届三中全会分析了当时的国内国际形势，指出“全党工作中心转变的条件已经具备”，并发出“把全党工作的着重点和全国人民的注意力转移到社会主义现代化建设上来”的号召。可以说，这一号召为党确立以经济建设为中心的路线打开了总开关，是具有深远意义的伟大转折。党的十一届六中全会在回顾和总结党的革命和建设过程的基础上再次强调：“党和国家工作的重点必须转移到以经济建设为中心的社会主义现代化建设上来，大大发展社会生产力，并在这个基础上逐步改善人民的物质文化生活。”

1987 年党的十三大明确提出了党的基本路线：“领导和团结全国各族人民，以经济建设为中心，坚持四项基本原则，坚持改革开放，自力更生，艰苦创业，为把我国建设成为富强民主文明的社会主义现代化国家而奋斗。”在“一个中心，两个基本点”的基本路线中，以经济建设为中心是兴国之要，是我们党、我们国家兴旺发达和长治久安的根本要求；四项基本原则是立国之本，是我们党、我们国家生存发展的政治基石；改革开放是强国之路，是我们党、我们国家发展进步的活力源泉。这三者相互贯通，相互依存，统一于中国特色社会主义伟大实践中。正因为如此，习近平总书记将党的基本路线生动而精辟地称为“党和国家的生命线、人民的幸福线”。

从“财政经济工作已成为主要议程”，到“以阶级斗争为纲”，再到“一个中心，两个基本点”的基本路线，可以看到我们党对经济建设重要性的认识经历了一个曲折的过程。为何要以经济建设为中心？究其原因，我们要从社会主义的本质说起。社会主义的本质，是解放生产力，发展生产力，消灭剥削，消除两极分化，最终达到共同富裕。靠什么解放生产力、发展生产力？毫无疑问，在根本上靠的是经济建设。经济建设搞上去，腰杆才能硬起来，共同富裕的目标才能实现，社会主义的本质才能充分体现。特别是我们还处于社会主义初级阶段，面临逐步摆脱贫穷、摆脱落后，由农业人口占多数的农业国转变为非农产业人口占多数的现代化的工业国，由自然经济半自然经济占很大比重转变为商品经济高度发达的艰巨任务。完成这样的任务，必须把经济建设作为全党全国工作的中心，各项工作都要服从和服务于这个中心。

“神女应无恙，当惊世界殊。”正是由于我们牢牢扭住经济建设这个中心，70 年来我国经济取得了令世界瞩目的成就。如今，我国经济增速在世界主要国家中名列前茅，国内生产总值稳居世界第二，对世界经济增长贡献率超过 30%；公有制经济和非公有制经济蓬勃发展，公有制为主体、多种所有制经济共同发展的基本经济制度不断完善，并已成为中国特色社会主义制度的重要支柱和社会主义市场经济体制的根基；经济结构不断优化，新兴产业蓬勃发展，基础设施建设日新月异；农业现代化稳步推进，城镇化水平不断提高，区域发展协调性逐步增强；人民生活水平显著改善，社会保障体系日益健全；天宫、嫦娥、墨子、大飞机、蛟龙等重大科技项目进展顺利，中国人民“可上九天揽月，可下五洋捉鳖”的梦想真正成为现实。70 年的成就已经充分证明，坚持以经济建设为中心是推动社会主义经济发展的“压舱石”和“定盘星”。

但是，成就面前，我们不能有任何懈怠。社会主义初级阶段的长期性，决定了我们必须牢牢扭住经济建设这个中心，坚持党的基本路线一百年不动摇。邓小平曾经语重心长地说：“基本路线要管一百年，动摇不得。只有坚持这条路线，人民才会相信你，拥护你。谁要改变三中全会以来的路线、方针、政策，老百姓不答应，谁就会被打倒。”我们的社会主义脱胎于半殖民地半封建社会，生产力水平远远落后于发达的资本主义国家，这就决定了我们必须经历一个很长的初级阶段。从生产资料私有制的社会主义改造基本完成，到社会主义现代化的基本实现，都属于社会主义初级阶段，而这个过程至少需要上百年时间。只要我们处于初级阶段，就必须坚持党在初级阶段的基本路线。

当前，中国特色社会主义进入新时代，我国社会主要矛盾已经转化为人民日益增长的美好生活需要和不平衡不充分的发展之间的矛盾。但是，这并没有改变我们对我国社会主义所处历史阶段的判断，我国仍处于并将长期处于社会主义初级阶段的基本国情没有变，我国是世界最大发展中国家的国际地位没有变。习近平总书记深刻指出：“只有牢牢扭住经济建设这个中心，毫不动摇坚持发展是硬道理、发展应该是科学发展和高质量发展的战略思想，推动经济社会持续健康发展，才能全面增强我国经济实力、科技实力、国防实力、综合国力，才能为坚持和发展中国特色社会主义、实现中华民族伟大复兴奠定雄厚物质基础。”以经济建设为中心不仅是我们取得辉煌经济成就的主要因素，更是我们决胜全面建成小康社会、夺取新时代中国特色社会主义伟大胜利的根本保证。不管乱云飞渡、风吹浪打，只要我们以“咬定青山不放松”的恒心与毅力，始终坚持以经济建设为中心，始终坚持以习近平新时代中国特色社会主义思想为指导，保持战略定力、坚持底线思维，一步一个脚印向前迈进，就一定能实现从站起来、富起来到强起来的伟大飞跃。

（二）从计划到市场

北京月坛南街 38 号，在寻常百姓眼里，这只是北京城一个普通的门牌号，并没有什么特别之处。然而，正是这个看似不太起眼的地方，见证了我国经济体制改革的历程，并已然成为我国政府职能转变的一个缩影。

2003 年 5 月 6 日，月坛南街 38 号挂上了国家发展和改革委员会的标牌，而原先的国家发展计划委员会的牌子悄然走入历史。国家发展和改革委员会，顾名思义，就是要抓发展、促改革，虽然它保留了其前身国家发展计划委员会的部分职能，但对经济活动的直接行政干预已大为减少。如果我们把月坛南街 38 号的历史再上溯到 1952 年，可以看到，国家计划委员会在这里成立了，此后，我国各种全国性经济“计划”几乎都从这里开始酝酿。到了 1998 年，国家计划委员会更名为国家发展计划委员会。加上“发展”二字，说明更加重视宏观经济发展，而计划职能已逐渐弱化。直至 2003 年，月坛南街 38 号的标牌彻底告别了“计划”二字。从计划委员会，到发展计划委员会，再到发展和改革委员会，名称的变化，反映了我国经济体制的变迁。

搞经济建设，必须在一定的经济体制下进行。经济体制无外乎两种：计划经济体制和市场经济体制。新中国成立以后，我们在相当长时间内实行的是计划经济体制。特别是在新中国成立初期，民生凋敝，为了尽快使我国摆脱贫穷落后的面貌，我们迫切需要由国家牵头，动员一切可以动员的力量进行大规模经济建设，这在客观上要求国家拥有强大的组织能力和充分的生产要素配置权力，因而计划手段就不可避免地成为当时我们国家主要的资源配置方式。1950 年，为应对财政经济困难，中央决定统一国家财政经济工作，人员编制、公粮、物资、资金等均由国家统一支配。1954 年我国制定和颁布了第一部宪法，其第十五条规定："国家用经济计划指导国民经济的发展和改造，使生产力不断提高，以改进人民的物质生活和文化生活，巩固国家的独立和安全。"1956 年年底，随着社会主义改造的完成，计划经济体制在我国基本确立起来。

在经济发展水平较低、建设资金严重短缺的情况下，这种高度集中的计划经济体制可以调配全国资源进行大规模的经济建设，因此在恢复国民经济、实现工业化积累等方面发挥了积极的作用。但是，计划经济的弊端也是显而易见的。企业生产什么、怎么生产，老百姓买什么、吃什么、穿什么、用什么，都是由政府统一安排，这不仅会造成经济资源配置的低效率，抑制企业的生产积极性和创造性，而且无法满足老百姓多样化的需求，难以更好地解决社会主义初级阶段的主要矛盾。

"物不因不生，不革不成。"既然计划经济体制存在严重弊端，我们就必须对其进行改革。但是，传统观念认为，社会主义经济只能是计划经济，搞市场经济就是搞资本主义。有这种观念的，不是几个人，而是几代人。如何进行经济体制改革，必须从思想上寻找突破口。

1979 年 11 月 27 日出版的《人民日报》，在第四版的位置发布了一条短讯："邓副总理会见来自美洲的朋友"。短讯的主要内容只有寥寥数语："国务院副总理邓小平今天上午会见美国不列颠百科全书出版公司副总裁弗·吉布尼和保·阿姆斯特朗，加拿大麦吉尔大学东亚研究所主任林达光教授和夫人。会见时，邓小平副总理同来自美洲的朋友们进行了友好的谈话。"谈了什么，没有报道。这条短讯如此之短，以至于人们以为这只是一场再普通不过的外事活动。其实，当时的谈话内容印成了内部文件，只是外界大众无法看到罢了。直至在 1994 年 10 月再版发行的《邓小平文选（第 2 卷）》中，有一篇文章的题目格外醒目："社会主义也可以搞市场经济"。这篇文章记载了当年邓小平同志和美洲客人的谈话内容。林达光问：中国是否要扩大非资本主义的市场经济作用？邓小平回答："说市场经济只存在于资本主义社会，只有资本主义的市场经济，这肯定是不正确的"，"市场经济不能说只是资本主义的"，"社会主义也可以搞市场经济"……

邓小平的这些回答堪称"金句"，开门见山地肯定了市场经济，充满了智慧和战略眼光，为我国经济体制改革打开了一扇大门。此后，1982 年党的十二大提出"计划经济为主、市场调节为辅"的原则，1987 年党的十三大提出"国家调节市场，市场引导企业"的机制，旨在从根本上改变束缚生产力发展的经济体制。其间，推出了一系列的措施：以农村改革为始点，给农民自主权，给基层自主权，推行联产承包责任制，促进农业从自给半自给经济向较大规模的商品生产转化，从传统农业向现代农业转化；将农村改革的经验运用到城市经济体制改革中去，扩大企业自主权，保证劳动者在企业中的主人翁地位，把增强企业活力特别是增强全民所有制大中型企业的活力作为以城市为重点的整个经济体制改革的中心环节；改革价格体系，逐步扩大浮动价格和自由价格的范围，使价格能够比较灵敏地反映社会劳动生产率和市场供求关系的变化；推动政企职责分开、简政放权，逐步健全以间接管理为主的宏观经济调节体系；等等。这些措施极大地解放了生产力，并不断为社会主义经济注入活力。

然而，改革的进程并非总是一帆风顺。由于"左"的思想的影响，社会上仍存在一些质疑改革、质疑市场经济的声音，"把改革开放说成是引进和发展资本主义，认为和平演变的主要危险来自经济领域"。如果不能解除"左"的思想的桎梏，经济体制改革就难以顺利推进。

1992 年 1 月 17 日，已经 88 岁高龄的邓小平登上了列车，开始了他的南方之行。此时，中国的经济体制改革正处在争论中，是走计划经济的老路子，还是走市场经济的新路子？有些人想不明白。邓小平在南方之行中给出了坚定的答案。在1月18日至2月21日的四天时间内，邓小平视察了武昌、深圳、珠海、上海等地。“发展得这么快，我没有想到。看了以后，信心增加了。”亲眼目睹了这些地方特别是深圳在改革开放以来发生的巨大变化，邓小平更加坚定了发展市场经济的决心。针对当时社会上关于计划与市场关系的不同意见和错误看法，邓小平在南方谈话中一针见血地指出：“计划多一点还是市场多一点，不是社会主义与资本主义的本质区别。计划经济不等于社会主义，资本主义也有计划；市场经济不等于资本主义，社会主义也有市场。计划和市场都是经济手段。”虽然邓小平在去深圳之前定下了“不开会、不陪餐、不题词、不见记者、不照相、不报道”的规矩，但他的南方谈话如一声春雷，惊动了中华大地，解除了人们把社会主义与市场经济对立起来的思想束缚，让人们彻底从市场经济姓“资”姓“社”的论争中走了出来。

有了思想上的正确引导，我们对市场经济的认识也走上了正确的轨道。党的十四大提出：“经济体制改革的目标，是在坚持公有制和按劳分配为主体、其他经济成分和分配方式为补充的基础上，建立和完善社会主义市场经济体制。”目标明确了，社会主义经济就能阔步向前。我们按照建立社会主义市场经济体制的要求，大力推进财政、税收、金融、外贸、外汇、计划、投资、价格、流通、住房和社会保障等体制改革，努力健全统一、开放、竞争、有序的现代市场体系，推动我国的社会生产力、综合国力和人民生活水平不断攀上新台阶。特别是上海、广东、浙江等地，抓住机遇，深化改革，扩大开放，成为我国经济发展的领头雁。实践证明，市场作用发挥比较充分的地方，经济活力就比较强，发展态势也比较好。

经济体制改革是一项纷繁复杂的系统工程，有千头万绪，但若抓住了要害，就如挈衣之领、提网之纲，很多问题就能迎刃而解。“经济体制改革是全面深化改革的重点，核心问题是处理好政府和市场的关系，使市场在资源配置中起决定性作用和更好发挥政府作用。”党的十八届三中全会高瞻远瞩，瞄准了关键点，让经济体制改革真正做到有的放矢，也标志着社会主义市场经济发展进入了一个新阶段。

“不找市场找市长。”这句俗语形象地反映了计划经济时代政府的地位。企业遇到困难，不是想办法从市场中解决问题，而是千方百计去找政府，因为在计划经济时代，一切经济活动都是政府说了算。使市场在资源配置中起决定性作用和更好发挥政府作用，就是要转变政府职能，把市场机制能有效调节的经济活动交给市场，把政府不该管的事交给市场，让微观经济活动彻底由市场“说了算”，让企业真正做到“不找市长找市场”。前文所述国家发展和改革委员会的更名历程，就是政府职能转变的生动例证。

实践证明，深化经济体制改革是解放生产力、发展生产力的必由之路。在改革过程中，党领导人民披荆斩棘，积极稳妥推进市场化改革，着力破除阻碍生产力发展的方面和环节，充分发挥市场在资源配置中的决定性作用。从此，“市场经济”四个字，犹如二月春风，给神州大地带来了无限生机与活力：企业可以自主经营、公平竞争，消费者可以自由选择、自主消费，商品和要素可以自由流动、平等交换……随着市场经济体制的不断完善，各类市场主体如雨后春笋般涌现出来，推动我国经济建设、人民生活和综合国力上了一个大台阶。据统计，截至2018年11月底，我国实有市场主体达1.09亿户，而改革开放之初不足50万户。这些市场主体中，无论是国有企业还是民营企业，无论是商界巨擘还是街头摊贩，都涌入市场经济的汪洋大海中，不自觉地成为时代的弄潮儿。

实践证明，深化经济体制改革是社会主义经济永葆本色的重要法宝。制度是关系党和国家事业发展的根本性、全局性、稳定性、长期性问题。我们所要建立的社会主义市场经济体制不等同于西方的市场经济体制，我们的经济体制是社会主义基本制度与市场经济的结合，它既体现了社会主义制度的根本性质，又具有市场经济的一般特征，正如党的十七大所指出的，坚持社会主义基本制度同发展市场经济结合是我国“摆脱贫困、加快实现现代化、巩固和发展社会主义的宝贵经验”。我国社会主义经济之所以在经济发展的同时能保持社会主义的本质属性，重要原因就在于我们的经济体制改革既要建立市场经济体制，又始终坚持公有制主体地位不动摇、国有经济主导作用不动摇，始终坚持和完善社会主义基本分配制度，始终坚持共同富裕目标，不断发挥和增强我国制度优势。

实践证明，深化经济体制改革是实现经济社会持续健康发展的重要保障。市场并非万能，市场调节也存在自发性、盲目性、滞后性等缺陷，因此，必须由政府进行科学合理的宏观调控。习近平总书记强调："在市场作用和政府作用的问题上，要讲辩证法、两点论，'看不见的手'和'看得见的手'都要用好。"社会主义市场经济体制不是西方新自由主义那一套，而是在发挥市场机制决定性作用的同时也要发挥政府的宏观调控作用。新中国成立以来，我国已制定了十三个五年规划（计划）纲要，对经济社会发展起到重要的指导作用。特别是"十三五"以来，面对错综复杂的国际形势和艰巨繁重的国内改革发展稳定任务，党中央强调要深化供给侧结构性改革，并提出宏观政策要稳、产业政策要准、微观政策要活、改革政策要实、社会政策要托底的总体思路。这些调控措施推动我国经济在实现高质量发展上不断取得新进展，充分体现了社会主义市场经济体制的优越性。

发展永不停步，改革永无止境。进入新时代，一些旧的不合时宜的认识、机制和做法还在一定范围内存在，经济体制改革仍须深入推进。党的十九大报告提出要"坚持社会主义市场经济改革方向"，这是时代发出的强音，也是我们未来肩负的使命和责任。我们必须始终坚持解放思想、实事求是、与时俱进、求真务实，以完善产权制度和要素市场化配置为重点，实现产权有效激励、要素自由流动、价格反应灵活、竞争公平有序、企业优胜劣汰，使社会主义市场经济体制更加完善。

（三）经济发展，理念先行

"理者，物之固然，事之所以然也。"发展理念管全局、管根本、管方向、管长远，是发展思路、发展方向、发展着力点的集中体现。如果说中国经济是汪洋大海中的一艘巨轮，那么发展理念就是引导这艘巨轮劈波斩浪、行稳致远的灯塔。习近平总书记指出：“理念是行动的先导，一定的发展实践都是由一定的发展理念来引领的。发展理念是否对头，从根本上决定着发展成效乃至成败。”70 年来的经济发展实践证明，发展理念搞对了，社会主义经济建设才能走对路。

新中国成立后，以毛泽东同志为主要代表的中国共产党人，开始了社会主义经济建设的伟大探索。1956 年 4 月 25 日至 28 日，中央政治局扩大会议在北京召开，各省、市、自治区党委书记也参加了会议。这次会议的召开有其深刻背景。从国内看，我国对生产资料私有制的社会主义改造不断取得胜利，在社会主义建设方面积累了有限但很宝贵的经验；从国际看，苏联暴露了他们在建设社会主义过程中的一些缺点和错误，我们有必要吸取他们的经验教训，少走弯路。在这次会议上，毛泽东发表了著名的《论十大关系》。这十大关系涉及社会主义建设和社会主义改造的十个问题，它们“围绕着一个基本方针，就是要把国内外一切积极因素调动起来，为社会主义事业服务”，其中，有五个关系与经济直接相关，包括重工业和轻工业、农业的关系，沿海工业和内地工业的关系，经济建设和国防建设的关系，国家、生产单位和生产者个人的关系，中央和地方的关系。《论十大关系》的提出，实际上反映了新中国成立后我们党在社会主义建设尤其是经济建设方面的全局性理念。

党的十一届三中全会以后，以邓小平同志为主要代表的中国共产党人作出把党和国家工作中心转移到经济建设上来、实行改革开放的历史性决策。当时我国在国际上处于落后状态，邓小平提出了发展才是硬道理的战略思想。1980 年 4 月，邓小平在会见赞比亚总统卡翁达时说：“社会主义国家应该使经济发展得比较快”，“经济长期处于停滞状态总不能叫社会主义”。在很多场合，邓小平都强调了发展经济的重要性、紧迫性，他所提出的“讲社会主义，首先就要使生产力发展，这是主要的”“中国解决所有问题的关键是要靠自己的发展”“抓住时机，发展自己，关键是发展经济”等著名论断，为解放和发展生产力提供了思想指引。

党的十三届四中全会以后，以江泽民同志为主要代表的中国共产党人，在国内外形势十分复杂、世界社会主义出现严重曲折的严峻考验面前，把发展作为执政兴国的第一要务，强调要“发展先进生产力、发展先进文化、实现最广大人民的根本利益”。1995 年 9 月，江泽民在党的十四届五中全会闭幕时的讲话中提到要正确处理社会主义现代化建设中的若干重大关系，包括改革、发展、稳定的关系，速度和效益的关系，经济建设和人口、资源、环境的关系等，共十二条，反映了党和政府对于在社会主义市场经济条件下搞现代化建设的思考。

党的十六大以后，以胡锦涛同志为主要代表的中国共产党人，面对进入新世纪新阶段后我国发展呈现出的一系列新的阶段性特征，提出树立和落实全面发展、协调发展和可持续发展的科学发展观，强调要正确处理以经济建设为中心和全面发展的关系、加快发展和协调发展的关系、当前发展和可持续发展的关系，把科学发展观贯穿于发展的整个过程和各个方面，推进各项事业更快更好地发展。科学发展观坚持把发展作为党执政兴国的第一要务，坚持以人为本，坚持全面协调可持续发展，坚持统筹兼顾，是我国经济社会发展的重要指导方针。

党的十八大以来，中国特色社会主义进入新时代，决胜全面建成小康社会有了新任务，我国发展的环境、条件、要求等也都发生了新变化。“明者因时而变，知者随世而制。”发展理念不是固定不变的，发展环境和条件变了，发展理念就自然要随之而变。以习近平同志为核心的党中央牢牢把握中国特色社会主义经济发展规律，深刻认识新时代所面临的新趋势新机遇新矛盾新挑战，从全局和战略的高度提出了创新、协调、绿色、开放、共享的新发展理念。新发展理念是习近平新时代中国特色社会主义思想的重要内容，是“十三五”乃至更长时期我国发展思路、发展方向、发展着力点的集中体现。

——创新是引领发展的第一动力。“创新是一个民族进步的灵魂，是一个国家兴旺发达的不竭动力，也是中华民族最深沉的民族禀赋。”大力实施创新驱动发展战略，让创新在全社会蔚然成风，就能用创新这把钥匙开启经济增长之锁。

2013年，中央电视台播出的一部叫《大国重器》的纪录片火了。这部由摄制组北上南下、历时两年多摄制的纪录片，主要展示中国装备制造业成就，讲述充满中国智慧的机器制造故事，它所呈现给观众的不仅是独特的视角和震撼的画面，更重要的是展现了创新对中国装备制造业发展的引领作用。时光荏苒，又过了五年，《大国重器》第二季在中央电视台开播，并再度引发热议，高铁、大数据、人工智能、天眼、大飞机……纪录片展示的中国工业领域一个又一个的创新成就，无不让国人为之骄傲！

——协调是持续健康发展的内在要求。“有上则有下，有此则有彼。”事物是普遍联系的，社会主义经济也是各种因素相互联系、相互作用的有机整体。下好全国经济发展一盘棋，协调发展是制胜要诀。

北京、天津、河北三地，在地理位置上相互毗邻，正所谓“京津冀如同一朵花上的花瓣，瓣瓣不同，却瓣瓣同心”。然而，曾几何时，“北京吃不完，天津吃不饱，河北吃不着”的顺口溜广为流传，说的就是京津冀地区发展不平衡、不协调的尴尬处境。2014年，以习近平同志为核心的党中央站在国家发展全局的高度，作出了实施京津冀协同发展战略这一重大决策。5年来，京津冀地区紧紧牵住疏解北京非首都功能这一“牛鼻子”，在雄安新区和北京城市副中心规划建设、体制机制改革创新、生态环境联建联防联治、基本公共服务共建共享等方面不断取得新突破，让京津冀地区插上了可以比翼翱翔的翅膀。

——绿色是永续发展的必要条件和人民对美好生活追求的重要体现。“绿水青山就是金山银山。”人与自然是生命共同体，人类必须尊重自然、顺应自然、保护自然。绿色发展，就是要解决好人与自然和谐共生问题。

长江，万古东流，不舍昼夜。她孕育了灿烂的中华文明，也经历了很多磨难。过度开发、非法开采、违法滥建等现象，让长江流域一度面临生态危机。“长江是中华民族的母亲河，一定要保护好。”这是习近平总书记对于长江经济带发展的殷殷嘱托。近年来，我国从中华民族长远利益考虑，把修复长江生态环境摆在压倒性位置，共抓大保护、不搞大开发，在强化顶层设计、改善生态环境、促进转型发展、探索体制机制改革等方面下功夫，努力把长江经济带建设成为生态更优美、交通更顺畅、经济更协调、市场更统一、机制更科学的黄金经济带，探索出一条生态优先、绿色发展新路子。

——开放是国家繁荣发展的必由之路。实践告诉我们，开放带来进步，封闭必然落后。中国要发展壮大，必须主动顺应经济全球化潮流，坚定不移走对外开放这条强国之路，充分利用人类社会创造的先进科学技术成果和有益管理经验。

海南，我国第二大宝岛，南海上的一颗璀璨明珠。1988 年，海南省获批设立，并成为我国最大的经济特区。30 多年来，海南牢牢把握经济特区作为我国最早对外开放的地区、对外经济交流最活跃的地区、最能代表改革开放形象的地区的独特优势，坚持锐意改革，勇于突破传统经济体制束缚，经济社会发展取得了令人瞩目的成绩。2018 年 4 月 13 日，在庆祝海南建省办经济特区 30 周年之际，习近平总书记郑重宣布，党中央决定支持海南全岛建设自由贸易试验区，支持海南逐步探索、稳步推进中国特色自由贸易港建设，分步骤、分阶段建立自由贸易港政策和制度体系。这是党中央着眼于国际国内发展大局，深入研究、统筹考虑、科学谋划作出的重大决策，充分彰显了我国扩大对外开放、积极推动经济全球化的决心。

——共享是中国特色社会主义的本质要求。“治国有常，而利民为本。”坚持共享发展，就是要做到发展为了人民、发展依靠人民、发展成果由人民共享，实质就是坚持以人民为中心的发展思想，体现的是逐步实现共同富裕的要求。

安徽金寨位于大别山腹地，是我国有名的将军县，这里走出了 59 位开国将军，然而，这里也是有名的国家级重点贫困县。2016 年 4 月 24 日，习近平总书记来到金寨县花石乡大湾村，深入农户家中，听取革命老区人民心声，实地调研扶贫工作的做法和成效。考察期间，习近平总书记强调，各级党委和政府要怀着对人民的热爱、按照党中央提出的精准扶贫要求，打好脱贫攻坚战，让老区人民过上幸福美好生活。两年多来，金寨县干部群众牢记总书记嘱托，精准落实产业扶贫、就业扶贫、安居扶贫、金融扶贫等脱贫工程，让越来越多的金寨人进入脱贫行列，全县贫困发生率已由2015年年底的14.3%下降至2018年的2.7%。共享发展，让金寨老区人民在脱贫致富的路上越来越有奔头。

“潮平两岸阔，风正一帆悬。”70年来，我们党根据不同时期的发展条件、发展环境，因地制宜地提出相应的发展理念，推动我国经济发展不断取得新的成就。当前，中国特色社会主义进入新时代，创新、协调、绿色、开放、共享的新发展理念成为引导经济发展的指挥棒、红绿灯。坚持新发展理念，是新时代坚持和发展中国特色社会主义的基本方略之一。我们要顺应时代潮流、把握发展机遇、厚植发展优势，用新发展理念统领发展全局，让新理念转化为改革的新动力、发展的新路子，这样才能开拓经济社会发展的新境界。

（四）有速度更要有质量

“腾笼换鸟、凤凰涅槃”，这是习近平在浙江工作时，为浙江经济转型发展开出的良方。靠着“敢为天下先”的拼劲，改革开放以来，浙江经济飞速发展，经济总量跃居全国前列。然而，进入新世纪后，浙江经济发展面临“瓶颈”，增长方式粗放、发展空间狭小、资源约束趋紧、生产要素短缺等问题日益显现。困难面前，浙江经济如何再创辉煌？当时在浙江工作的习近平给出了答案：“浙江要再创辉煌，就要养好‘两只鸟’：一个是‘凤凰涅槃’，另一个是‘腾笼换鸟’。‘凤凰涅槃’，就是要摆脱对粗放型增长的依赖，大力提高自主创新能力；‘腾笼换鸟’，就是要主动推进产业结构的优化升级。”在此指引下，浙江加快经济转型，推动产业脱胎换骨、浴火重生，使全省经济焕发出新的活力。

浙江的成功经验，从根本上来说，就是从追求增长速度向更加重视发展质量转变。从经济学角度而言，增长速度是指经济总量的增长率，主要反映经济“有没有”的问题；发展质量则强调经济结构的优化、生活水平的提高、生态环境的改善，主要反映经济“好不好”的问题。在社会主义经济建设过程中，我们积极妥善处理增长速度与发展质量的关系，使社会主义经济在实现较快增长速度的基础上，努力向高质量发展转变。

一方面，我们把实现一定的增长速度作为提高发展质量的前提。任何经济发展都是建立在经济增长的基础上的，只有解决了“有没有”的问题，才能解决“好不好”的问题。邓小平曾经说过：“低速度就等于停步，甚至等于后退。”如果没有经济增长，或者经济停滞不前，发展质量就会成为无源之水、无本之木。

新中国成立后，我们迫切需要实现较快速度的增长。从国内看，当时我们面临经济凋敝、物资匮乏等困境，只有把经济增长速度搞上去，才能较快地改变贫穷落后的面貌，从而充分体现社会主义的优越性。从国际上看，当时我国经济与西方国家甚至很多亚洲国家存在很大差距，如果不能实现更快的增长速度，我们就无法跟上世界经济的步伐，也就永远处于落后挨打的境地。正是因为这些因素，在新中国成立后较长一段时间内，我们把实现经济快速增长放在重要地位。1952 年至 1978 年间，虽然曾经历过多次冲击，但国民经济整体来看仍取得了很大的成就，国民收入年均增长率达 6.0%。特别是实行改革开放以后，随着工作重心转移到经济建设上来，加上经济体制改革极大地解放和发展了生产力，我国经济增长进入快车道，1978 年至 2018 年间，我国国内生产总值年均增长率达 9.5%，成为世界上经济增长最快的经济体。经济的快速增长为我国积累了大量的物质财富，为提高发展质量奠定了基础。

另一方面，我们把发展质量作为增长速度的出发点和落脚点。我们要取得一定的增长速度，根本目的就是要提高生活水平，改善生态环境，使人民更加幸福。什么样的增长速度是“优”的，取决于是否能最大限度地满足发展质量的要求。如果不利于提高发展质量，这样的增长速度是不可取的。我们不能以牺牲发展质量为代价，换取一时的增长速度。

毋庸讳言，我们曾经在速度与质量问题上吃过亏。比如，“大跃进”时期，我们背离客观现实，忽视发展质量，以“超英赶美”为目标，盲目追求高速度，结果得不偿失。但可贵的是，我们党是马克思主义政党，是善于自我学习、自我改进的政党。正是因为有了这方面的教训，我们党更加深刻地认识到发展质量的重要性。1961 年开始，我们以“调整、巩固、充实、提高”为方针，通过调整国民经济各部门的比例关系、提高产品质量、改善企业管理等措施，使国民经济得到恢复，国家建设和人民生活得以统筹兼顾。这就是当时从重视速度向重视质量转变的体现。

改革开放以来，我们党对提高发展质量和效益十分重视。邓小平在谈到“七五”时期的经济增长速度时提醒人们：“速度过高，带来的问题不少，对改革和社会风气也有不利影响，还是稳妥一点好”，并强调“一定要首先抓好管理和质量，讲求经济效益和总的社会效益，这样的速度才过得硬”。江泽民在党的十四届五中全会上深入阐述了速度与效益的关系，强调“正确处理速度和效益的关系，必须更新发展思路，实现经济增长方式从粗放型向集约型的转变”。针对新世纪新阶段我国发展呈现的一系列新的阶段性特征，胡锦涛在党的十七大报告中强调，要“着力把握发展规律、创新发展理念、转变发展方式、破解发展难题，提高发展质量和效益，实现又好又快发展”。正是由于我们党正确认识到提高发展质量的重要性，我国社会主义经济才能在取得高速增长的同时，实现全面、协调、可持续的发展，不断开创中国特色社会主义经济建设新局面。

随着中国特色社会主义进入新时代，我国经济发展面临新的困难和挑战。由于资源环境的约束，加上世界经济复苏缓慢的影响，以往的高速增长已经难以为继；发展不平衡不充分的一些突出问题尚未解决，创新能力还不够强，民生领域还有不少短板，发展质量和效益有待进一步提高。解决这些问题，需要我们转换思路，以更高的视野处理好速度和质量的关系。

“我国经济已由高速增长阶段转向高质量发展阶段。”这是习近平总书记在党的十九大报告中对我国经济发展形势作出的重大战略判断，深刻反映了新时代我国经济发展的基本特征。高质量发展就是体现新发展理念的发展，预示着经济发展开始从“有没有”转向“好不好”。推动高质量发展，是保持经济持续健康发展的必然要求，是适应我国社会主要矛盾变化和全面建成小康社会、全面建设社会主义现代化国家的必然要求，是遵循经济规律发展的必然要求，也是当前和今后一个时期确定发展思路、制定经济政策、实施宏观调控的根本要求。在高质量发展阶段，建设现代化经济体系是我国发展的战略目标，为此，我们要“坚持质量第一、效益优先，以供给侧结构性改革为主线，推动经济发展质量变革、效率变革、动力变革，提高全要素生产率”，从而推动我国经济在实现高质量发展上不断取得新进展。

（五）按经济规律办事

中国有句古语：“天行有常。”意思是说，大自然的运动都有其自身规律。万物如此，经济亦如此。经济规律又称经济法则，它是经济现象和经济过程内在的、本质的、必然的联系，体现了社会经济运动的必然趋势。经济规律有其客观必然性，其存在和发生作用是不以人的意志为转移的。因此，人们在从事经济活动时必须尊重经济规律，按经济规律办事。

社会主义经济规律是在社会主义经济中客观存在的规律。习近平总书记指出：“发展必须是遵循经济规律的科学发展。”我国社会主义经济建设是在客观经济规律指导下进行的，所取得的发展成就是尊重经济规律的结果。社会主义经济规律有千万条，涉及经济发展的各个层面和各个方面，其中起主要作用的有三条。

一是生产力与生产关系矛盾运动规律。生产力决定生产关系，生产关系一定要适应生产力的发展，这是人类社会发展的基本规律。马克思有句名言：“手推磨产生的是封建主为首的社会，蒸汽磨产生的是工业资本家的社会。”在生产力与生产关系的矛盾运动中，生产力居于支配地位并起决定作用。有什么样的生产力，就会产生什么样的生产关系。当生产关系适应生产力发展时，就会促进生产力的发展，反之则会阻碍生产力的发展。

新中国成立后，我们通过社会主义改造实现了生产资料私有制向社会主义公有制的转变，极大地促进了生产力的发展，为社会主义经济建设开辟了广阔的前景，我国开始进入社会主义处级阶段。这是新中国正确运用生产力与生产关系矛盾运动规律的初步探索和成功经验。

在社会主义初级阶段，我国生产力发展的显著特点是水平比较低、发展不平衡且呈现多层次性。与初级阶段生产力的多样性状况相适应，我们在客观上必然要建立多种所有制经济共同发展的所有制结构。在“大跃进”期间，我们曾经忽视生产力发展水平，搞“一大二公三纯”，结果生产力遭到很大破坏。党的十一届三中全会以后，我们党深刻认识社会主义初级阶段的生产力状况，破除所有制问题上的传统观念束缚，为非公有制经济发展打开了大门。

“姓名：章华妹；地址：解放北路 83 号；生产经营范围：小百货；开业日期：79 年 11 月 30 日”。这是浙江省温州市工商行政管理局 1980 年 12 月 11 日颁发的一张营业执照内容，看似普通却意义非凡——它是全国第一张个体工商户营业执照。如今，这张执照的原件已被浙商博物馆收藏，而与这张执照的主人章华妹一样投身个体经营大潮的民营企业家，在中华大地上不断涌现，并成为改革开放进程中的一道亮丽风景线。如今，民营经济已经成为推动我国发展不可或缺的力量，对于我国社会主义市场经济发展、政府职能转变、农村富余劳动力转移、国际市场开拓等发挥了重要作用，正如习近平总书记所说：“我国经济发展能够创造中国奇迹，民营经济功不可没！”

实践证明，公有制经济、非公有制经济应该相辅相成、相得益彰，以公有制为主体、多种所有制经济共同发展的基本经济制度是符合我国生产力发展状况的必然选择。从 1982 年党的十二大承认“只有多种经济形式的合理配置和发展，才能繁荣城乡经济，方便人民生活”，到 1997 年党的十五大提出“非公有制经济是我国社会主义市场经济的重要组成部分”，再到 2002 年党的十六大提出“毫不动摇地巩固和发展公有制经济”“毫不动摇地鼓励、支持和引导非公有制经济发展”，都是我们尊重生产力与生产关系矛盾运动规律的必然结果。

二是经济基础与上层建筑矛盾运动规律。经济基础决定上层建筑，上层建筑反作用于经济基础，这是人类社会发展的另一基本规律。经济基础是上层建筑赖以产生、存在和发展的物质基础，上层建筑是经济基础得以确立统治地位并巩固和发展不可缺少的政治、思想条件。在社会主义经济建设过程中，我国不断对上层建筑进行调整，以更好适应和促进经济基础的发展。

1956年生产资料私有制的社会主义改造完成后，我国建立起了社会主义生产关系。与此同时，在上层建筑方面，我们形成了人民民主专政的国家制度和法律、以马克思列宁主义为指导的社会主义意识形态，“这些上层建筑对于我国社会主义改造的胜利和社会主义劳动组织的建立起了积极的推动作用，它是和社会主义的经济基础即社会主义的生产关系相适应的”，但上层建筑中也存在一些与社会主义经济基础相矛盾的方面，比如，资产阶级意识形态、国家机构中某些官僚主义作风、国家制度中某些环节上缺陷，对于这些矛盾的方面，毛泽东同志强调：“我们今后必须按照具体的情况，继续解决上述的各种矛盾。”

改革开放以后，我国充分运用经济基础与上层建筑矛盾运动规律，从社会主义现代化建设的全局出发，对经济建设和其他方面的建设进行了深入思考和布局。党的十二届六中全会提出“以经济建设为中心，坚定不移地进行经济体制改革，坚定不移地进行政治体制改革，坚定不移地加强精神文明建设”，党的十七大提出“全面推进经济建设、政治建设、文化建设、社会建设”，党的十八大提出“全面落实经济建设、政治建设、文化建设、社会建设、生态文明建设五位一体总体布局”，党的十九大进一步提出“统筹推进经济建设、政治建设、文化建设、社会建设、生态文明建设”，其目标就是要推动上层建筑与经济基础相协调，从而把我国建设成为富强民主文明和谐美丽的社会主义现代化强国。

三是价值规律。价值规律的内容包括商品的价值量由生产这种商品的社会必要劳动时间决定，商品交换要以其价值量为基础进行等价交换。价值规律是商品经济的基本规律，只要存在商品生产和商品交换，价值规律就会起作用。社会主义经济是商品经济，因此价值规律是我国社会主义经济中必然存在的客观规律。

无人工厂，这在很多人看来似乎是天方夜谭，然而中国海尔已经将其变成现实。海尔位于沈阳的冰箱互联工厂，通过物联网、人机智能化信息交互，实现了前工序智能自动化和零停线换型，物流柔性、无人智能配送。无人化的智能互联模式让这家工厂的生产效率大幅提升，生产节拍缩短到10秒一台，订单交付周期由15天缩短至7天。促使海尔冰箱下决心在智能化生产配送上发力的，正是价值规律。

价值规律可以调节生产资料和劳动力在社会生产各部门的分配，刺激商品生产者改进生产技术、提高劳动生产率，促进商品者在竞争中优胜劣汰。充分尊重并善于用于价值规律，是我国社会主义经济建设取得辉煌成就的重要原因。毛泽东曾将价值规律形象地比喻为学校，他说："算账才能实行那个客观存在的价值法则。这个法则是一个伟大的学校，只有利用它，才有可能教会我们的几千万干部和几万万人民，才有可能建设我们的社会主义和共产主义。否则一切都不可能。"改革开放后，我们逐渐建立了社会主义市场经济体制，价值规律的作用越发明显、日益重要。邓小平指出："要按价值规律办事，按经济规律办事。搞得好，有可能为今后五十年以至七十年的持续、稳定、协调发展打下基础。"实践证明，我国社会主义市场经济之所以能迸发活力，根本的一点就在于我们对价值规律的认识更加深化、更加科学，对如何尊重并发挥价值规律的作用更有头脑、更有底气。

"夫缘道理以从事者，无不能成。"尊重经济规律，按经济规律办事，是我们过去取得社会主义经济建设伟大成就的宝贵经验，也是我们乘势而上、推动新时代经济持续健康发展的必然选择。党的十九大提出分两个阶段全面建设社会主义现代化国家的宏伟目标，实现这样的目标，必须全面深刻认识新时代经济规律的作用形式，破除束缚市场主体活力、阻碍市场和价值规律充分发挥作用的方面和环节，用经济规律指导中国特色社会主义经济建设的新实践，从而取得社会主义经济发展新的更大成就！

二

政局稳定是民众之福

——为什么国家政治生活既充满生机活力又能够安定有序

新中国成立70年来，中国共产党领导人民在实现民族独立和人民解放的基础上，坚持人民民主，实现了国家统一和民族团结，战胜了各种风险挑战，经济、政治、文化、社会、生态文明建设、党的建设等取得了举世瞩目的成就，国家政治生活既充满生机活力又能够安定有序。

当今世界，中国被越来越多的人认为是世界上最安全、最稳当、最充满活力的国家之一。我们不禁要问，这其中的原因是什么呢？回顾70年来的历程，不难得出一个结论：中国共产党的坚强领导是根本原因。具体来说就是：在党的坚强领导下，在解放思想中统一思想，不断推进指导思想的与时俱进；坚持党的领导、人民当家作主、依法治国有机统一，走正确的政治发展道路，既充分发扬民主，调动各方面的积极性，又保持社会安定有序；改革完善中国特色社会主义政治制度体系，保障人民当家作主；坚持党的基本路线这个人民的幸福线，满足人民对美好生活的向往。

（一）解放思想是永葆生机和活力的法宝

德国诗人海涅说："思想走在行动之前，就像闪电走在雷鸣之前一样。"国家政治生活既充满生机活力又能够安定有序的源泉在于思想的解放，特别是党和国家指导思想的与时俱进。党的创新理论如同熊熊燃烧的火炬，指引着党和人民创造性地探索实践。只有解放思想、不断推进马克思主义中国化，才能使认识不断符合发展了的实践，才能发挥科学理论的指导作用，才能给党和国家带来新的活力和动力。正如邓小平所指出的：“一个党，一个国家，一个民族，如果一切从本本出发，思想僵化，迷信盛行，那它就不能前进，它的生机就停止了，就要亡党亡国。”

解放思想首先是指导思想的与时俱进。雨果曾经说过：“脚步达不到的地方，眼光可以达到；眼光达不到的地方，思想可以达到。”新中国成立70年来，特别是改革开放40多年来，我们党坚持马克思列宁主义，立足中国国情，不断推进马克思主义中国化，发展了毛泽东思想，形成了包括邓小平理论、“三个代表”重要思想、科学发展观、习近平新时代中国特色社会主义思想等在内的中国特色社会主义理论体系，赋予了马克思主义勃勃生机。毛泽东曾说过，我们所要的是香的马克思主义，不是臭的马克思主义；是活的马克思主义，不是死的马克思主义。邓小平说：“把马克思主义的普遍真理同我国的具体实际结合起来，走自己的道路，建设有中国特色的社会主义，这就是我们总结长期历史经验得出的基本结论。”70年来，每一次理论上的创新，每一个理论成果的产生，都适应了实践的变化、走在了时代的前列，都大大地推进了社会主义事业的发展，都给党和国家带来新的生动面貌。

参天之木，必有其根；环山之水，必有其源。理论来于实践，又指导实践。70年来，党和国家事业每一次大的发展，都离不开指导思想上的与时俱进。新中国成立后，面对中国人口众多、经济文化落后的国情，如何实现从新民主主义向社会主义的转变，如何建设社会主义？以毛泽东同志为主要代表的中国共产党人，创造性地运用马克思列宁主义关于社会主义革命、建设的理论，结合中国实际，带领中国人民走上了一条适合中国国情的社会主义改造的道路，从理论和实践上回答了如何在中国这样一个占世界人口近四分之一的、经济文化落后的大国中建立社会主义制度的难题。在社会主义制度确立以后，相继提出了要正确处理人民内部矛盾、正确处理建设中的十大关系，正确认识社会主要矛盾等思想。党的十一届三中全会后，我们围绕“什么是社会主义、怎样建设社会主义”这一重大理论和实践问题，系统提出了中国特色社会主义的发展道路、根本任务、依靠力量等一系列问题，制定了社会主义初级阶段党的基本路线，开拓了马克思主义的新境界，形成了邓小平理论；围绕“建设什么样的党、怎样建设党”这一新的重大理论和实践问题，确立了社会主义市场经济体制，实施依法治国战略，形成了“三个代表”重要思想；围绕“实现什么样的发展、怎样发展”这一重大理论和实践问题，创立了科学发展观。党的十八大以来，以习近平同志为核心的党中央，坚持走中国特色社会主义道路，勇于实践、善于创新，围绕“新时代我们要坚持和发展什么样的中国特色社会主义，怎么坚持和发展中国特色社会主义”这一重大理论和实践问题，提出“四个全面”战略布局、“五位一体”总体布局、五大发展理念，加强国防和军队建设，推动构建以合作共赢为核心的新型国际关系，形成了习近平新时代中国特色社会主义思想。历史和实践证明，每一次理论创新，都深化了我们党对社会主义革命、建设和改革的规律性认识，都续写了社会主义事业新篇章，都为党和国家事业注入了新的强大活力。

方向决定前途。70 年来，党和国家指导思想的每一次与时俱进都是我们党立足马克思主义对实践发展的主动回应，对时事变化的精准把握，都会提出一整套创新性理论、系统性方法、开拓性举措；都使得党和国家能够一次次在时代变化的关头准确判断历史方向、正确把握形势发展的趋势和时代大潮的走向，科学回答关系党和国家全局、人民关心关切的核心问题；都会是一面旗帜，鲜明地告诉我们在新的征程上，该举什么旗、走什么路，以什么样的精神状态、担负什么样的历史使命、实现什么样的奋斗目标；都会使我们的党更加先进、国家更有活力、社会更加稳定、人民更加幸福。

党在指导思想上的与时俱进是制定正确的路线、方针、政策的依据和保证。70 年来，我们党立足中国国情和时代特点，在社会主义革命、建设、改革的实践中，运用马克思主义观察时代、解读时代、引领时代，以我们正在做的事情为中心，聆听人民心声，回应现实需要，深入总结社会主义实践，将马克思主义基本原理同中国具体实际相结合，同时放宽视野，吸收人类文明一切有益成果，不断创新和发展马克思主义，冲破思想观念的障碍、突破利益固化的藩篱，开辟中国特色社会主义道路、形成中国特色社会主义理论体系、确立中国特色社会主义制度、发展中国特色社会主义文化，制定出一系列正确的路线、方针、政策，推动事业不断取得新的历史成就，实现国家繁荣富强和人民共同富裕。

（二）政治发展道路是稳定之基

鲁迅先生说过："什么是路？就是从没路的地方践踏出来的，从只有荆棘的地方开辟出来的。"

1945 年 7 月，民主人士黄炎培到延安考察，谈到"其兴也勃焉，其亡也忽焉"，称历朝历代都没有能跳出兴亡周期率，希望中国共产党找出一条新路。毛泽东表示："我们已经找到新路，我们能跳出这周期率。这条新路，就是民主。只有让人民来监督政府，政府才不敢松懈。只有人人起来负责，才不会人亡政息。"

新中国成立 70 年来，我们党将马克思主义基本原理与中国具体国情和国家性质相结合，开辟了一条保障人民当家作主，促进经济社会发展，维护国家稳定、民族团结、社会和谐安定、人民幸福的政治发展道路。这条道路把党的领导、人民当家作主和依法治国有机结合起来，具有独特优势和鲜明特色。坚持党的领导、人民当家作主、依法治国有机统一是保证人民当家作主、实现国家政治生活既充满活力又安定有序的关键。

党的领导是国家行稳致远的根本保证。党好，国家才能好，社会才会好，人民才会好。一个国家如果没有一个稳定、强有力的核心领导力量，就会四分五裂、一盘散沙，也不可能有长期稳定的发展。党的领导是做好各项工作的根本保证，是我国政治稳定、经济发展、民族团结、社会稳定的根本点。70 年来，在复杂多变的国际国内环境下推进社会主义革命、建设和改革，保障人民当家作主，实现国家政治生活安定有序、充满生机活力的决定性因素就是坚持和加强党的全面领导。

新中国成立后，面对新的历史任务，毛泽东进一步阐发了“党领导一切”的思想。1954 年 9 月，毛泽东在第一届全国人民代表大会第一次会议开幕式上指出：“领导我们事业的核心力量是中国共产党。”1956 年 8 月，毛泽东在党的八大上宣告：“领导我们事业的核心力量是中国共产党。”1962 年 1 月，毛泽东又指出：“工、农、商、学、兵、政、党这七个方面，党是领导一切的。”① 20 世纪 70 年代，毛泽东重申：“党政军民学，东西南北中，党是领导一切的。”改革开放后，邓小平也明确指出：“共产党的领导，这个丢不得，一丢就是动乱局面，或者是不稳定状态。一旦不稳定甚至动乱，什么建设也搞不成。”

党的十八大以来，习近平总书记多次强调党领导一切工作的思想。他形象地说：这就像“众星捧月”，这个“月”就是中国共产党。在国家治理体系的大棋局中，党中央是坐镇中军帐的“帅”，车、马、炮各展其长，一盘棋大局分明。党政军民学，东西南北中，党是领导一切的。各个领域、各个方面都必须自觉坚持党的领导，突出党的核心领导地位，发挥好领导核心作用。

回望新中国 70 年的奋斗历程，在坚持党的领导这个决定党和国家前途命运的重大原则问题上，我们保持了高度的思想自觉、政治自觉、行动自觉。正是由于党的坚强领导，才完成社会主义革命、建立社会主义制度、推进社会主义建设，在旧中国一穷二白的基础上建立起了比较完整的工业体系和国民经济体系，在复杂的国际形势下，捍卫和巩固了人民民主专政的国家政权，保障了人民当家作主；正是由于中国共产党具有强大战略定力、强大思想活力、强大组织动员能力、强大制度建设能力，从而为 70 年来翻天覆地的伟大变革指明了正确方向、提供了科学理论、注入了强大动力、提供了

① 《毛泽东著作选读》下册，人民出版社 1986 年版，第 832 页。

制度保障；正是因为始终坚持党的集中统一领导，我们才能实现伟大历史转折、开启改革开放和中华民族伟大复兴新征程，才能成功应对一系列重大风险挑战，坚定不移走中国特色社会主义道路，实现了中国人民从站起来到富起来、强起来的伟大飞跃，迎来了实现中华民族伟大复兴的光明前景。

人民当家作主得到充分保障。人民民主是社会主义的生命。新中国成立前夕，毛泽东在《论人民民主专政》中系统阐述了人民民主与社会主义的关系。新中国的成立、人民民主专政国家政权的建立，为人民民主的实现提供了政治前提；社会主义制度的建立，为人民民主的实现提供了制度保障。党的十一届三中全会后，邓小平就明确提出："没有民主就没有社会主义，就没有社会的现代化。"①党的十八大以来，习近平总书记多次强调指出，人民当家作主是社会主义民主政治的本质和核心。没有民主就没有社会主义，就没有社会主义的现代化，就没有中华民族伟大复兴。

人民民主是社会主义的活力之源。新中国成立以来，我们党坚持把马克思主义民主理论与中国国情相结合，积极学习借鉴人类政治文明有益成果，不断发展和完善人民民主，人民当家作主的地位不仅在宪法和法律上得到了确认和保护，而且随着社会主义民主制度的完善，人民群众的利益表达机制、对话协调机制和政治参与机制日益完善，人民群众管理国家事务、经济文化事业、社会事务的途径和方式日益增多，人民群众在政治、经济、文化和社会等方面的权益得到了充分实现，人民群众的主体地位和首创精神得到了充分尊重和充分发挥，创造成果得到充分肯定，全社会的创造活力得到充分激发。

依法治国保障了人民当家作主。法者，天下之准绳也。法治是政治文明的重要标志，是民主的重要保障。中国共产党自执掌全国政权起，就注重通过制定法律来巩固新生政权、恢复和发展经济、实现和保障人民当家作主。1949 年到 1954 年第一届全国人民代表大会召开前，新中国颁布实施了具有临时宪法性质的《中国人民政治协商会议共同纲领》和《中华人民共和国

① 《邓小平文选》第 2 卷，人民出版社 1994 年版，第 168 页。

婚姻法》《中华人民共和国土地改革法》《中华人民共和国工会法》《中华人民共和国惩治反革命条例》等一系列法律和条例。1954 年制定了新中国第一部宪法《中华人民共和国宪法》，并根据宪法通过了《中华人民共和国全国人民代表大会组织法》《中华人民共和国国务院组织法》《中华人民共和国人民法院组织法》《中华人民共和国人民检察院组织法》和《中华人民共和国地方各级人民代表大会和地方各级人民委员会组织法》等基本法律。

党的十一届三中全会后，我们党总结民主法治建设的深刻教训，提出“必须使民主制度化、法律化”“做到有法可依，有法必依，执法必严，违法必究”。① 1997 年，党的十五大第一次把依法治国确立为党领导人民治理国家的基本方略，赋予了依法治国在党治国理政事业中的根本性、主导性和制度性的战略地位。党的十八大以来，以习近平同志为核心的党中央更加注重发挥法治在国家治理体系和治理能力中的重要作用，把法治放在党和国家工作大局中来考虑、来谋划、来推进，更加重视通过全面依法治国为党和国家事业发展提供根本性、全局性、长期性的制度保障，把全面依法治国纳入“四个全面”战略布局，不断加强党对全面依法治国集中统一领导。

从新中国成立初期的寥寥几部法律到如今中国特色社会主义法治体系日益完善，从“社会主义法制”到“社会主义法治”，从“五四宪法”到十三届人大一次会议新修订的宪法，从“有法可依、有法必依、执法必严、违法必究”到“科学立法、严格执法、公正司法、全民守法”，70 年的中国社会主义法治建设，在法律上保障了人民当家作主，保证了人民主体地位，使得人民依法享有广泛的权利和自由。

“鞋子合不合脚，自己穿着才知道。”世界上没有完全相同的政治模式，一个国家实行什么样的政治制度，走什么样的政治发展道路，必须与这个国家的国情和性质相适应。坚持中国特色社会主义政治发展道路，关键是坚定不移地坚持党的领导、人民当家作主、依法治国有机统一。党的领导是人民

① 《邓小平文选》第 2 卷，人民出版社 1994 年版，第 146—147 页。

当家作主和依法治国的根本保证，人民当家作主是社会主义民主政治的本质特征，依法治国是党领导人民治理国家的基本方式，三者统一于我国社会主义民主政治伟大实践。70 年来，为了更好地保障人民当家作主，我们不断改进党的领导方式和执政方式，保证党领导人民有效治理国家；我们不断健全民主制度，丰富民主形式，保证人民依法实行民主选举、民主协商、民主决策、民主管理、民主监督；我们积极发挥法治在国家和社会治理中的重要作用，维护国家法制统一、尊严、权威，在实践中把人民当家作主充分发挥出来。

（三）改革完善体制机制是活力之源

保障人民当家作主要通过一定形式的政治制度来体现。习近平总书记在党的十九大报告中指出："发展社会主义民主政治就是要体现人民意志、保障人民权益、激发人民创造活力，用制度体系保证人民当家作主。"70 年来，为了实现人民当家作主，党领导人民从国情出发、从实际出发，注重历史和现实、理论和实践、形式和内容有机统一，建立健全、改革完善人民民主专政的国体和人民代表大会制度、中国共产党领导的多党合作和政治协商制度、民族区域自治制度、基层群众自治制度，形成了符合中国国情的政治制度体系。习近平总书记在庆祝全国人民代表大会成立 60 周年大会上指出："中国实行工人阶级领导的、以工农联盟为基础的人民民主专政的国体，实行人民代表大会制度的政体，实行中国共产党领导的多党合作和政治协商制度，实行民族区域自治制度，实行基层群众自治制度，具有鲜明的中国特色。"这些制度体系，不仅是人民管理国家事务的基本途径与机制，更是对人民民主的维护与保障。

列宁说过，"一切革命的根本问题是国家政权问题"[①]。无产阶级在取得

① 《列宁选集》第 3 卷，人民出版社 1995 年版，第 19 页。

政权后，采取什么样的形式巩固自己的统治，管理国家和社会，这是无产阶级政党必须解决的问题。新中国成立前夕，毛泽东在马克思关于国家政权学说的基础上，总结国内外经验，紧密结合当时中国的国情，明确提出“人民民主专政”这个概念，强调“在全国范围内建立无产阶级领导的以工农联盟为主体的人民民主专政的共和国”。1949 年 10 月 1 日，中华人民共和国成立，保障人民民主的国家政权正式建立起来。

什么是人民民主专政？毛泽东在《论人民民主专政》一文中指出：“对人民内部的民主方面和对反动派的专政方面，互相结合起来，就是人民民主专政。”[①] 改革开放之后，我们把坚持人民民主专政作为四项基本原则之一。邓小平强调指出：“坚持社会主义就必须坚持无产阶级专政，我们叫人民民主专政。在四个坚持中，坚持人民民主专政这一条不低于其他三条。”人民民主专政的本质是人民当家作主，集中代表了人民的根本利益。坚持人民民主专政就是坚持人民当家作主。

中国共产党领导中国人民取得革命胜利后，国家政权应该怎样组织？国家应该怎样治理？这是一个关系国家前途、人民命运的根本性问题。经过实践探索和理论思考，中国共产党人找到了答案。早在 1940 年，毛泽东就说道：“没有适当形式的政权机关，就不能代表国家。中国现在可以采取全国人民代表大会、省人民代表大会、县人民代表大会、区人民代表大会直到乡人民代表大会的系统，并由各级代表大会选举政府。”1949 年 9 月，具有临时宪法性质的《中国人民政治协商会议共同纲领》庄严宣告，新中国实行人民代表大会制度。1954 年 9 月，第一届全国人大一次会议通过的《中华人民共和国宪法》明确规定：“中华人民共和国的一切权力属于人民。人民行使权力的机关是全国人民代表大会和地方各级人民代表大会。”

70 年来特别是改革开放 40 多年来，人民代表大会制度不断得到巩固和发展，展现出蓬勃生机和活力。邓小平曾经说过：“我们实行的就是全国人民代表大会一院制，这最符合中国实际。如果政策正确、方向正确，这种体

① 《毛泽东选集》第 4 卷，人民出版社 1991 年版，第 1475 页。

制益处很大，很有助于国家的兴旺发达，避免很多牵扯。”党的十八大以来，习近平总书记强调指出，在中国实行人民代表大会制度，是中国人民在人类政治制度史上的伟大创造，是深刻总结近代以后中国政治生活惨痛教训得出的基本结论，是中国社会100多年激越变革、激荡发展的历史结果，是中国人民翻身作主、掌握自己命运的必然选择，是符合中国国情和实际、体现社会主义国家性质、保证人民当家作主、保障实现中华民族伟大复兴的好制度。在新的奋斗征程上，必须充分发挥人民代表大会制度的根本政治制度作用，继续通过人民代表大会制度牢牢把国家和民族前途命运掌握在人民手中。

中国共产党领导的多党合作和政治协商制度是从中国土壤中生长出来的新型政党制度。它孕育于民主革命时期，历经抗日战争和解放战争的洗礼逐步走向成熟。1949年3月，毛泽东在中共七届二中全会的报告中明确提出，“我党同党外民主人士长期合作的政策，必须在全党思想上和工作上确定下来”，并再一次阐述了对民主党派既团结又斗争的方针：“从团结他们出发，对他们的错误和缺点进行认真的和适当的批评或斗争，达到团结他们的目的。”①1949年9月，中国人民政治协商会议第一次全体会议召开，标志着中国共产党领导的多党合作和政治协商制度正式确立。

新中国成立后，人民政协为恢复和发展国民经济、巩固新生人民政权、推动各项社会改革、促进社会主义革命和建设作出了历史性贡献。1954年宪法明确提出，我国人民在建立中华人民共和国的伟大斗争中已经结成以中国共产党为领导的各民主阶级、各民主党派、各人民团体的广泛的人民民主统一战线。全国人民代表大会召开后，人民政协作为多党合作和政治协商机构、作为统一战线组织继续发挥重要作用，在完成社会主义改造、推动各种社会力量为实现国家总任务而奋斗、活跃国家政治生活、调整统一战线内部关系、扩大国际交往等方面发挥了重要作用。

党的十一届三中全会以后，邓小平说：“新时期统一战线和人民政协的

① 《毛泽东选集》第4卷，人民出版社1991年版，第1437页。

任务，就是要调动一切积极因素，努力化消极因素为积极因素，团结一切可以团结的力量，同心同德，群策群力，维护和发展安定团结的政治局面，为把我国建设成为现代化的社会主义强国而奋斗。”以邓小平为核心的中国共产党第二代中央领导集体明确提出新时期人民政协的性质和任务，确立了中国共产党同各民主党派长期共存、互相监督、肝胆相照、荣辱与共的方针，推动人民政协性质和作用载入宪法。党的十八大以来，以习近平同志为核心的党中央高度重视中国特色政党制度建设，突出强调协商民主的重要作用。习近平总书记说，社会主义协商民主在我国有根、有源、有生命力，是中国共产党人和中国人民的伟大创造，是中国社会主义民主政治的特有形式和独特优势，是党的群众路线在政治领域的重要体现。从十八届三中全会提出“构建程序合理、环节完整的协商民主体系”“推进协商民主广泛多层制度化发展”到十九大提出“把协商民主贯穿政治协商、民主监督、参政议政全过程”，从出台《关于加强社会主义协商民主建设的意见》到《关于加强政党协商的实施意见》，中国特色社会主义政党制度不断完善、民主协商形式不断创新。

中国共产党领导的多党合作制度把中国共产党的领导与民主党派、无党派人士的参政议政、民主监督紧密结合起来，强化了国家政治体系的民主属性，为各民主党派、无党派人士的政治参与开辟了制度化渠道，为不同社会阶层和社会成员表达愿望和诉求提供了正常、合法的渠道，能够有效反映社会各方面的利益、愿望和诉求，畅通和拓宽利益表达渠道。各民主党派的民主监督，是中国共产党自身监督之外的重要监督形式，有利于执政党提高决策科学化水平，有利于政治稳定和社会安定团结。

我国是统一的多民族国家，民族团结是各族人民的生命线。采取什么样的国家结构形式来处理国内民族问题，关乎国家长治久安和各民族前途命运。我们党历来高度重视民族问题。《中国人民政治协商会议共同纲领》明确规定：“各少数民族聚居的地区，应实行民族的区域自治，按照民族聚居的人口多少和区域大小，分别建立各种民族自治机关。凡各民族杂居的地方及民族自治区内，各民族在当地政权机关中均应有相当名额的代表。”① 1954 年《中华人民共和国宪法》对民族区域自治作了全面细致的规定，明确提出各少数民族聚居的地方实行区域自治，民族区域自治制度迈出了关键性的一步。1955 年 10 月，新疆维吾尔自治区成立；1958 年 3 月，广西壮族自治区成立；1958 年 10 月，宁夏回族自治区成立；1965 年 9 月，西藏自治区成立。少数民族聚居的地方全面推行民族区域自治。

改革开放后，民族区域自治进入了新的发展时期。党的十一届六中全会通过的《关于建国以来党的若干历史问题的决议》提出：“必须坚持实行民族区域自治，加强民族区域自治的法制建设，保障各少数民族地区根据本地实际情况贯彻执行党和国家政策的自主权。”1982 年《中华人民共和国宪法》全面恢复了 1954 年《中华人民共和国宪法》有关该制度的原则和主要内容，并增加新的内容，对民族区域自治制度作了更为完善的规定。

1984 年颁布的《中华人民共和国民族区域自治法》全面总结了我国实行民族区域自治制度 30 多年的经验，对民族区域自治作了比较全面的、明确的规定，是我国第一部关于民族区域自治的专门法律。此后，民族区域自治制度在实践中发展，在发展中完善，实现了政策、制度、法律“三位一体”的构建，成为中国特色社会主义基本政治制度。党的十八大后，习近平总书记强调指出，民族区域自治制度实现了集中统一与区域自治、政治因素与经济因素、民族因素与区域因素、历史因素与现实因素的有机结合，具有鲜明的中国特色和强大的制度优势。实行民族区域自治，事关国家统一、民族团结和各族群众福祉。

民族区域自治制度，使承续历史传统与符合民族国情、维护国家集中统一与照顾民族地区差异、体现中华民族一体性与尊重各民族多元性实现了统一，是最适合中国国情的制度安排。民族区域自治制度的实行，让各族人民实现了真正当家作主的夙愿，体现了社会主义制度的优越性，增强了各族人民对社会主义的理想信念，激发了共同建设社会主义的积极性和主动性，有力维护了国家统一和民族团结。

① 《建国以来重要文献选编》第 1 册，中央文献出版社 1992 年 5 月版，第 12 页。

基层群众自治是实现人民当家作主的重要途径，直接关系社会稳定和人民群众的切实利益。新中国成立后，一些城市出现了由人民群众组织起来的防护队、防盗队和居民组等群众性自治组织。1954 年 12 月，第一届全国人大常委会第四次会议制定并颁布了《中华人民共和国城市居民委员会组织条例》，第一次用法律的形式肯定了居民委员会的性质、地位和作用，明确规定“居民委员会是群众自治性的居民组织”。

党的十一届三中全会以后，我国城市居民委员会的组织建设得到了恢复和发展。1980 年 1 月，全国人大常委会重新公布了《中华人民共和国城市居民委员会组织条例》。1982 年《中华人民共和国宪法》把村民委员会和居民委员会一起写进了宪法，并对村民委员会的性质、任务和组织原则都作了具体规定，这是一个创举。党的十七大将“基层群众自治制度”首次写入大会报告，与人民代表大会制度、中国共产党领导的多党合作和政治协商制度、民族区域自治制度一起，纳入中国特色社会主义政治制度范畴。党的十八大以来，习近平总书记强调指出，我们要坚持和完善基层群众自治制度，发展基层民主，保障人民依法直接行使民主权利，切实防止出现人民形式上有权、实际上无权的现象。

人民群众在自己生活的社区或村落，通过选举、决策、管理和监督，直接参与基层公共事务和公益事业的管理，使得民主参与具有直接性和有效性。人民群众能够获得看得见、摸得着的利益，能够表达自己的利益诉求，能够保护自己的权利不受侵犯。基层群众自治实践的许多环节，都是围绕人民群众最关心、最直接、最现实的利益问题展开的，既锻炼了群众的议事能力，又维护了群众的经济利益，体现了民主目的性与手段性的统一。基层群众自治制度较好地解决了我国人民民主发展问题，保证了亿万人民群众广泛参与的民主政治建设健康有序发展，有利于进一步彰显社会主义国家人民当家作主的制度本质，使我国的政治制度更好地成为亿万人民群众参与并惠及亿万人民群众的制度。

中国特色社会主义政治制度体系，能够有效保证人民享有更加广泛、更加充分的权利和自由，保证人民广泛参加国家治理和社会治理；能够有效调节国家政治关系，发展充满活力的政党关系、民族关系、宗教关系、阶层关系、海内外同胞关系，增强民族凝聚力，形成安定团结的政治局面；能够集中力量办大事，有效促进社会生产力解放和发展，促进现代化建设各项事业，促进人民生活质量和水平不断提高；能够有效维护国家独立自主，有力维护国家主权、安全、发展利益，维护中国人民和中华民族的福祉。

（四）基本路线是人民的幸福线

人民幸福是国家政治生活既充满生机活力又安定有序的基础。实现人民幸福，必须有正确的基本路线。习近平总书记说，党的基本路线是国家的生命线、人民的幸福线。制定正确的路线需要正确认识和判断当前我们所处的发展阶段、准确把握一定历史时期所面临的社会主要矛盾。

新中国成立后，为迅速恢复和发展生产、改善民生，党中央明确提出“从中华人民共和国成立，到社会主义改造基本完成，这是一个过渡时期。党在这个过渡时期的总路线和总任务，是要在一个相当长的时期内，逐步实现国家的社会主义工业化，并逐步实现国家对农业、对手工业和对资本主义工商业的社会主义改造。”[①] 1956 年，党的八大正确分析面临的新形势，准确判断当时社会主要矛盾是人民对于建立先进的工业国的要求同落后的农业国之间的矛盾、人民对于经济文化迅速发展的需要同当前经济文化不能满足人民需要的状况之间的矛盾。依据这一主要矛盾，党的八大制定的党的基本路线是：“我们党现时的任务，就是要依靠已经获得解放和已经组织起来的几亿劳动人民，团结国内外一切可能团结的力量，充分利用一切对我们有利的条件，尽可能迅速地把我国建设成为一个伟大的社会主义国家。”

改革开放后，党的十一届六中全会在肯定党的八大的路线及其关于矛

① 《毛泽东文集》第 6 卷，人民出版社 1999 年版，第 316 页。

盾变化论述的基础上，提出："在社会主义改造基本完成以后，我国所要解决的主要矛盾，是人民日益增长的物质文化需要同落后的社会生产之间的矛盾。"为了满足人民日益增长的物质文化需要，大力发展经济，1987 年党的十三大正式提出并确立了党在社会主义初级阶段的基本路线："领导和团结全国各族人民，以经济建设为中心，坚持四项基本原则，坚持改革开放，自力更生，艰苦创业，为把我国建设成为富强、民主、文明的社会主义现代化国家而奋斗。"

党的十九大报告指出："中国特色社会主义进入新时代，我国社会主要矛盾已经转化为人民日益增长的美好生活需要和不平衡不充分的发展之间的矛盾。"同时指出，我国社会主要矛盾的变化，没有改变我们对我国社会主义所处历史阶段的判断，我国仍处于并将长期处于社会主义初级阶段的基本国情没有变，我国是世界最大发展中国家的国际地位没有变。

为了满足人民对美好生活的向往，党的十九大完善了党的基本路线，即领导和团结全国各族人民，以经济建设为中心，坚持四项基本原则，坚持改革开放，自力更生，艰苦创业，为把我国建设成为富强民主文明和谐美丽的社会主义现代化强国而奋斗。

以经济建设为中心是我们党、我们国家兴旺发达和长治久安的根本要求。马克思主义认为，生产力是社会发展的最终决定力量，解放和发展生产力始终是社会主义社会的根本任务。新中国成立后，面对一穷二白的基本情况，毛泽东说："社会生产力的比较充分的发展，我们的社会主义的经济制度和政治制度，才算获得了自己的比较充分的物质基础（现在，这个物质基础还很不充分），我们的国家（上层建筑）才算充分巩固，社会主义社会才算从根本上建成了。"

党的十一届三中全会以来，邓小平反复强调，要把经济建设当作中心。离开了经济建设这个中心，就有丧失物质基础的危险。其他一切任务都要服从这个中心，围绕这个中心，决不能干扰它，冲击它。他说："我们从八十年代的第一年开始，就必须一天也不耽误，专心致志地、聚精会神地搞四个现代化建设。搞四个现代化建设这个总任务，我们是定下来了，决不允许再分散精力。”[①]党的十八大后，习近平总书记多次强调指出，以经济建设为中心是兴国之要，发展仍是解决我国所有问题的关键。只有推动经济持续健康发展，才能筑牢国家繁荣富强、人民幸福安康、社会和谐稳定的物质基础。改革开放40多年来，我们始终坚持以经济建设为中心，不断解放和发展社会生产力，现在，我国是世界第二大经济体、制造业第一大国、货物贸易第一大国、商品消费第二大国、外资流入第二大国，我国外汇储备连续多年位居世界第一，中国人民在富起来、强起来的征程上迈出了决定性的步伐！

改革开放之初，邓小平就明确指出：“我们要在中国实现四个现代化，必须在思想政治上坚持四项基本原则。这是实现四个现代化的根本前提。”坚持四项基本原则的核心，是坚持党的领导。邓小平多次讲过，在中国这样一个大国，没有共产党的领导，必然四分五裂，一事无成。不坚持四项基本原则中国就会出大问题，当然天翻地覆的变化也就无从谈起。70年来，特别是改革开放以来，我国经受住了各种考验，战胜了各种困难和挑战，就是因为牢牢坚持了四项基本原则。

1993年9月，邓小平同弟弟邓垦谈话时再次强调，我们在改革开放初期就提出“四个坚持”。没有这“四个坚持”，特别是党的领导，什么事情也搞不好，会出问题。出问题就不是小问题。社会主义市场经济优越性在哪里？就在四个坚持。四个坚持集中表现在党的领导。这个问题可以敞开来说，我那个讲话没有什么输理的地方，没有什么见不得人的地方。当时我讲的无产阶级专政，就是人民民主专政，讲人民民主专政，比较容易为人所接受。习近平总书记指出，我们的改革开放是有方向、有立场、有原则的。无论改什么、改到哪一步，坚持党对改革的集中统一领导不能变，完善和发展中国特色社会主义制度、推进国家治理体系和治理能力现代化的总目标不能变，坚持以人民为中心的改革价值取向不能变。

新中国成立后，以毛泽东同志为主要代表的中国共产党人带领全国各族人民取得的社会主义革命和建设伟大成就以及艰辛探索社会主义建设规律

① 《邓小平文选》第2卷，人民出版社1994年版，第241页。

取得的宝贵经验为改革开放奠定了基础。党的十一届三中全会后，邓小平多次强调改革的极端重要性。他说，改革是中国的第二次革命。“改革的意义，是为下一个十年和下世纪的前五十年奠定良好的持续发展的基础。没有改革就没有今后的持续发展。所以，改革不只是看三年五年，而是要看二十年，要看下世纪的前五十年。这件事必须坚决干下去。”①党的十八大以来，习近平总书记反复强调指出，改革开放是党和人民大踏步赶上时代的重要法宝，是坚持和发展中国特色社会主义的必由之路，是决定当代中国命运的关键一招，也是决定实现“两个一百年”奋斗目标、实现中华民族伟大复兴的关键一招。40 多年来，我们锐意推进各项体制机制改革，不断建立健全符合中国国情、充满生机和活力的新体制机制，生产关系适应了生产力发展，上层建筑适应了经济基础发展，综合国力、人民生活水平和国际影响力显著提高，社会主义中国呈现出蓬勃生机和活力。

“一个中心，两个基本点”是相互贯通、相互依存、不可分割的整体。离开经济建设这个中心，社会主义社会的一切发展和进步，人民对美好生活的向往就会失去物质基础；离开四项基本原则和改革开放，经济建设就会迷失方向和丧失动力。只有坚持把经济建设同四项基本原则、改革开放统一于中国特色社会主义的伟大实践，中国特色社会主义才能在当今世界深刻变化和当代中国深刻变革中站稳脚跟，成为充满活力和生机的社会主义。

明者因时而变，知者随事而制。70 年来，中国共产党领导人民不断推进体现人民意志的指导思想与时俱进，坚持走符合人民利益的中国特色社会主义政治发展道路，建立健全保障人民当家作主的政治制度体系，坚持体现人民意愿的党的基本路线不动摇，人民群众的民主权利和首创精神得到了充分的保障和尊重，人民群众的获得感、幸福感、安全感不断增强，保证了国家政治生活既充满生机活力又安定有序。

---

① 《邓小平文选》第 3 卷，人民出版社 1993 年版，第 131 页。

三

法安天下　德润人心

——为什么依法治国能够迈出重大步伐

在汉语里有两个字，分别是“制”“治”，与“法”相结合，形成了“法制”与“法治”，两者读音相同，意义却不同。“法制”指的是严格按照法律办事；而“法治”除了强调严格按照法律办事以外，更强调国家的宪法和法律是公共治理的最高权威，任何个人和任何组织都不得超越宪法和法律的权威，法律面前人人平等。新中国成立后，我国主要使用“法制”，现在则更多使用“法治”。这也从一个方面反映了依法治国的历史进程。新中国成立后，法制建设稳步推进。在中国共产党领导下，国家制定了一系列法律法规，保障了经济社会发展的稳定有序。当然，法制建设也走过弯路。改革开放以来，依法治国理念开始形成与发展并逐步深入人心。

（一）解决人民群众最关心的法律问题

有一段评剧唱词大家耳熟能详：

巧儿我自幼儿许配赵家，我和柱儿不认识我怎能嫁他呀！

我的爹在区上已经把亲退呀，这一回我可要自己找婆家呀！

上一次劳模会上我爱上人一个呀，他的名字叫赵振华，

都选他做模范，人人都把他夸呀！

从那天看见他我心里头放不下呀，因此上我偷偷地就爱上他呀。

这段是评剧《刘巧儿》唱段，剧本描写了陕甘宁边区农村少女刘巧儿，自小由父亲作主与邻村青年赵柱儿定亲，后其父贪图财礼，唆使巧儿退婚，嫁给财主王寿昌。巧儿不允，遂自己作主与柱儿定亲。刘父到县政府告状，地区马专员用群众断案的方式解决了这宗案件，使巧儿的婚姻如愿以偿。这是一件发生在20世纪40年代延安抗日根据地的真人真事，在群众中甚有影响。全剧反映了青年男女对自由婚姻的大胆追求。这部评剧拍成电影，对宣传新中国的第一部法律《中华人民共和国婚姻法》起到了重要作用。

新中国成立伊始，党和政府就高度重视法律法规的制定工作，并从与人民群众直接相关的法律问题入手，加强法制建设。妇女解放是整个社会解放的重要标志。婚姻关系作为家庭关系中最重要的一部分，是最基础的社会关系之一，它关乎人民的幸福、社会的稳定和国家的安宁。早在1948年10月召开的全国解放区妇女工作会议上，刘少奇就提出新中国成立后，要有统一的婚姻法，并要求中共中央妇女运动委员会起草新婚姻法。中央妇委随即组成了由邓颖超主持的婚姻法起草小组，通过派驻工作组到解放区进行实地调查、广泛收集各方意见、组织研讨等各种方式开展起草工作。在法律起草过程中，人们开诚布公、畅所欲言。当时争论最大的是离婚自由问题，有人主张要全面保证婚姻自由就必须坚持离婚自由，因为这是反对封建婚姻、解放妇女的重要环节。有的人不同意离婚自由，怕离婚太自由了会不利于社会稳定、怕进城后一些干部以“离婚自由”为借口，抛弃原配。但这些理由都不具备足够的说服力。经过讨论，大家基本上都放弃了原来的否定态度，将离婚自由条款写进了草案中。经过努力，中央妇女委员会完成了婚姻法初稿的起草工作。

中央人民政府十分重视婚姻法的制定工作，广泛征求多方面的意见和建议。由毛泽东亲自主持，有中央人民政府委员会副主席、委员、政务院总理、副总理和委员以上及政协全国委员会常务委员参加的联席座谈会两次讨论这个草案。1950年4月13日，中央人民政府委员会第七次会议通过了

《中华人民共和国婚姻法》，并决定自同年 5 月 1 日起公布施行。这是新中国成立后颁行的第一部真正意义上的法律。《中华人民共和国婚姻法》，废除了包办婚姻、男尊女卑的封建婚姻制度，实行婚姻自由、一夫一妻、男女权利平等的新民主主义婚姻制度。随后全国掀起了对新婚姻法的宣传，引起了几千年来中国社会与家庭生活的深刻变革，推动了社会的移风易俗。

新中国成立后，《中国人民政治协商会议共同纲领》一直起着临时宪法的作用，但随着政治建设任务的加强和大规模经济建设的开展，制定宪法就成为当时中国人民政治生活中的一件大事。毛泽东说："治国，须有一部大法。"为做好这件"立国安邦"的大事，毛泽东担任宪法起草委员会主席，亲自参加宪法的起草工作。毛泽东强调，搞宪法是搞科学。他带领起草小组一起研究国内外的各种宪法，包括苏俄的宪法、德国的宪法、法国的宪法，还包括 1923 年的曹锟宪法、1946 年的蒋介石宪法，等等。对于新起草的中华人民共和国宪法，毛泽东参与了对每一章、每一节、每一条的讨论，有时甚至是逐字逐句地推敲修改。当时邀请了钱端升等专家作为宪法法律顾问，邀请了语言学家吕叔湘从语言文字上对新宪法进行字斟句酌的修饰。国际法学家周鲠生认为，值得特别一提的是，宪法草案的全部条文都是用白话文写成的，这是我国法律文字上的一个革命，它使得宪法文字尽可能的大众化，更有利于广大人民群众了解和掌握。

1954 年 6 月，毛泽东主持召开中央人民政府委员会第三十次会议，通过《中华人民共和国宪法草案》和关于公布宪法草案的决议，要求全国地方各级人民政府立即在人民群众中组织关于宪法草案的讨论，发动人民群众积极提出修改意见。6 月 16 日，《人民日报》刊登了宪法草案全文并发表社论号召开展广泛讨论。一场轰轰烈烈的宪法草案讨论随即遍及全国。"新中国第一部宪法草案"一时变成街头巷尾的热门话题，参加讨论的人数达 1.5 亿，约占当时全国总人口的四分之一。广大人民群众热烈拥护这个宪法草案，同时提出了很多修改和补充意见。据统计，前后收到来自各个方面的意见共有 118 万多条。根据全国人民提出的修改意见和建议，宪法起草委员会对草案又作了修改。

经过多次修改和反复讨论，1954 年 9 月召开的第一届全国人民代表大会第一次会议，通过了我国第一部社会主义类型的宪法——《中华人民共和国宪法》。宪法的颁行，确立了我国的根本政治制度、经济制度、公民基本权利和义务以及立法、行政、司法体制等，奠定了依宪治国的基础。宪法的通过，也成为人们日常生活中的大事，这一年出生的孩子，很多取名为“宪法”“立宪”“立法”等。

以宪法为依据，国家又很快制定了《中华人民共和国全国人民代表大会组织法》《中华人民共和国国务院组织法》《中华人民共和国人民法院组织法》《中华人民共和国人民检察院组织法》《中华人民共和国地方各级人民代表大会和地方各级人民委员会组织法》五个有关各种国家机构的组织法。为了适应社会主义改造任务的需要，还陆续颁布了初级和高级农业生产合作社《示范章程》以及有关资本主义工商业社会主义改造等多种重要法规。据统计，从 1954 年到 1957 年，仅中央一级政权机关就颁布了 430 多个重要法律法规。

经过努力，国家事务、社会事务和经济文化建设事业的组织管理，初步做到了有法可依、有章可循。1954 年第一届全国人民代表大会上，依据宪法和法律选举产生了新中国首位最高人民法院院长——董必武，他在 1956 年召开的党的八大上作了题为《进一步加强人民民主法制，保障社会主义建设事业》的重要发言，他认为，新中国成立后一系列重要法律、法令“大大地促进了生产的发展和生产关系根本性质的改变，保障了各项社会主义改造的顺利进行”，“我国能够彻底胜利地完成各项民主改革和迅速有效地通过和平的道路取得社会主义革命的决定性的胜利，人民民主法制发挥的力量是重要因素之一”。《中共八大关于政治报告的决议》总结道：“由于社会主义革命已经基本上完成，国家的主要任务已经由解放生产力变为保护和发展生产力，我们必须进一步加强人民民主的法制，巩固社会主义建设的秩序。国家必须根据需要，逐步地系统地制定完备的法律。一切国家机关和国家工作人员必须严格遵守国家的法律，使人民的民主权利充分地受到国家的保护。”

1966 年开始的“文化大革命”，极大地冲击和阻碍了法治建设的步伐，使得国家和民族蒙受了巨大灾难。直到 1978 年，改革开放重启中国法治进程，法治建设才重新进入快车道。

（二）法治建设与改革开放相辅相成

依法治国成为党的十一届三中全会以来我们党领导人民治理国家的基本方略，依法执政成为党治国理政的基本方式。改革开放之初，法治建设就被提上党和国家的议事日程。1978 年 12 月 13 日，邓小平在中共中央工作会议闭幕会上作了《解放思想，实事求是，团结一致向前看》的讲话，第一次向全党明确提出"为了保障人民民主，必须加强法制。必须使民主制度化、法律化，使这种制度和法律不因领导人的改变而改变，不因领导人的看法和注意力的改变而改变"，"应该集中力量制定刑法、民法、诉讼法和其他各种必要的法律"，"并且加强检察机关和司法机关，做到有法可依，有法必依，执法必严，违法必究"。这个讲话实际上作为党的十一届三中全会的主题报告，其思想被写入十一届三中全会公报中，成为党和国家行动的指引。加强法制建设是邓小平一贯的治国理念。他还认为，建设高度的民主和健全的法制是社会主义现代化建设的重要目标和根本任务；要正确处理党的领导与法制的关系是民主法制建设的关键，经济活动要法制化，用制度创造一个安定有序的社会环境。

当然，法治建设过程中也是争论不断。例如，1983 年审议海上交通安全法草案的座谈会上，规定港监对船舶作出的行政处罚，当事人如果不服，可以向法院提起诉讼。这样的规定，遭到了交通部的坚决反对。时任交通部部长说："我们是代表国家执法的，头顶上戴的是国徽，告我们，就是告中华人民共和国。"交通部副部长又补充说："我当大副二十多年，多次跑过日本、美国等国家，人家都不允许告上法院。"座谈会主持人全国人大常务委员会委员长彭真当即让时任全国人大常委会法工委副主任的顾昂然念宪法："任何组织或者个人都不得有超越宪法和法律的特权"；"中华人民共和国公民对于任何国家机关和国家工作人员，有提出批评和建议的权利；对于任何国家机关和国家工作人员的违法失职行为，有向有关国家机关提出申诉、控告或者检举的权利”。据当时的工作人员杨景宇回忆：“念了宪法，交通部还是不服。会后，王汉斌同志就叫我立即去查美国和日本的法律，看到底能不能告。日本的法律是成文法，研究室很快就查清楚了。美国实行判例法，我把美国的有关判例找出来，连夜翻译，干了大半夜，才搞明白。材料证明，美国、日本都是能向法院起诉的。”就此，彭真态度明确地说，一个船长、大副熬上十五年、二十年才能干上这个职务，吊销人家的执照等于砸人家的饭碗，还不许人家上法院讨个公道？最后，允许当事人起诉被写入了《中华人民共和国海上交通安全法》。可以说，这是我国“民告官法律（行政诉讼法）的源头”。

1979 年 7 月 1 日，五届全国人大二次会议一天之内通过了七部法律，即《中华人民共和国刑法》《中华人民共和国刑事诉讼法》《中华人民共和国地方各级人民代表大会和地方各级人民政府组织法》《中华人民共和国全国人民代表大会和地方各级人民代表大会选举法》《中华人民共和国人民法院组织法》《中华人民共和国人民检察院组织法》《中华人民共和国中外合资经营企业法》，被法学界称为中国法治史上著名的“一日七法”。以“一日七法”为先导，我国陆续制定了《中华人民共和国民法通则》《中华人民共和国行政诉讼法》等一大批重要法律，形成了中国特色社会主义法律体系框架，填补了多领域的法律空白，基本实现了有法可依，有力保障了新阶段国家的经济建设和社会发展。自此，中国在建立完备的法律制度、积极推行依法治国的道路上快马加鞭、顺势而为。

1985 年，浙江省温州市苍南县舥艚镇东面的海滩上，农民包郑照家的三层楼房终于建好。这幢楼房已经获得城建办批准，并办理了房屋产权登记手续。新房新气象，包郑照一家对新生活充满了期待。然而，意想不到的事情发生了，县政府以该楼房盖在海堤范围内、影响防汛抗洪为理由，对楼房进行了强制性拆除。刚盖好的楼房，手续也都齐全，却说拆就拆了，面对这一无法接受的结果，包家向法院提起了诉讼。这就是我国首例真正意义上的民告官案件。因为当时中国还没有一部保障民众对于不服行政机关行政行为的诉讼权利的法律，当地的法院没有受理这个案件。而此案的曲折发展则完整折射出中国行政诉讼法制定的过程。随着《中华人民共和国行政诉讼法》立法工作的全面展开，直至 1988 年浙江省高级人民法院指定温州市中级人民法院受理此案，包家人的案件才正式进入司法程序。该案的进展受到了社会的广泛关注，8 月 25 日开庭的日子，十几家媒体前来旁听报道。庭审从早上一直持续到晚上十点左右，原告和被告辩论十分激烈。包郑照虽然最终败诉，但原被告双方坐在同一个法庭，经过法庭辩论后能够相互理解，这是中国法治的进步。此案也进一步推动了我国行政诉讼的立法进程。

随着改革开放的持续推进，中国的经济建设取得了举世瞩目的巨大成就，社会状况也日益复杂起来，迫切要求法治建设的深入与完善。随着中国特色社会主义市场经济的逐步确立，1993 年党的十四届三中全会提出了“要高度重视法制建设，做到改革开放与法制建设的统一”“本世纪末初步建立适应社会主义市场经济的法律体系”的目标，并且要求“各级政府都要依法行政，依法办事”，“依法”成为当时社会上的共识。

经过近 20 年艰辛探索，1997 年召开的党的十五大首次提出“依法治国”理念，由此中国依法治国的新阶段正式开启，“法制”到“法治”的质变也启动了。江泽民在十五大报告中明确提出，要“进一步扩大社会主义民主，健全社会主义法制，依法治国，建设社会主义法治国家。”“依法治国，是党领导人民治理国家的基本方略，是发展社会主义市场经济的客观要求，是社会文明进步的重要标志，是国家长治久安的重要保障。”这是中国共产党首次将依法治国作为治国理政的基本方略，首次深刻阐述依法治国的本质特征和重大意义。1999 年 3 月 15 日，九届全国人大二次会议通过《中华人民共和国宪法》修正案（第 12—17 条），将“依法治国，建设社会主义法治国家”纳入宪法，使依法治国成为党领导人民治理国家的基本方略，建设社会主义法治国家成为国家建设和发展的重要目标之一。这标志着我国迈向了社会主义法治建设新阶段。

随着 21 世纪的到来，中国的改革开放实践深入进行，激发出了社会主义市场经济的无限活力，中国的经济总量也自彼时开始冲击新的世界排名。经济基础上来了，法治建设有了更厚实的土壤，同时市场经济的繁荣、社会方方面面的巨变也提出了更高要求，更加系统、更加完善的法治体系建设迫在眉睫。2002 年党的十六大提出，“我们党历来以实现和发展人民民主为己任。改革开放以来，我们坚定不移地推进政治体制改革，有力地促进了社会主义民主政治建设。发展社会主义民主政治，最根本的是要把坚持党的领导、人民当家作主和依法治国有机统一起来。党的领导是人民当家作主和依法治国的根本保证，人民当家作主是社会主义民主政治的本质要求，依法治国是党领导人民治理国家的基本方略”。2004 年 9 月，在党的十六届四中全会上又明确提出“依法执政是新的历史条件下党执政的一个基本方式”，并提出社会主义法治理念，把依法治国、依法执政、依法行政紧密结合起来等一系列科学的战略思想，为贯彻落实依法治国基本方略指明了道路。2007 年，党的十七大明确提出全面落实依法治国基本方略，加快建设社会主义法治国家，并对加强社会主义法治建设作出了全面部署。法治建设的理论越来越健全，改革开放的实践步伐也越来越坚定，两者相互促进、共荣共生。在 2011 年，随着《中国特色社会主义法律体系》白皮书的发布，中国宣布社会主义法律体系已如期建成，此时法治建设面临的主要挑战不再是立法，而是现有宪法法律的实施。

党的十八大以来，中国特色社会主义进入新时代，法治建设也迈入新阶段。党的十八大报告提出：“全面推进依法治国。法治是治国理政的基本方式。要推进科学立法、严格执法、公正司法、全民守法，坚持法律面前人人平等，保证有法必依、执法必严、违法必究。”其中“科学立法、严格执法、公正司法、全民守法”被称为“法治新十六字方针”，是对之前“有法可依、有法必依、执法必严、违法必究”的“法治十六字方针”的全面升级和深化，体现了依法治国新布局，为全面依法治国基本方略的形成奠定了理论和实践基础。2013 年 8 月 22 日，济南中级人民法院对备受关注的薄熙来案庭审进行了微博直播，6 天时间里发布了 186 条微博，共计 23 万字，11 张图片。人民法院通过纪实的方式展示了首例高级官员贪腐案件审理过程，这种信息公开方式在很大程度上满足了社会公众的知情权，使群众能够第一时间了解案件审理过程，彰显了社会公平与公正，也起到了一定普法教育作用。时任济南中级人民法院副院长兼新闻发言人的刘延杰负责了这次微博直播，他看到20多万字的微博文字被细心的网友认真找出6个错别字时，感慨道："你顺应民意的时候，出现错误也会被宽容；你违背民意时，做得再好也会被挑毛病。""现在再遇到有顾虑的案子，就甩出一句话，连薄熙来案都可以公开，还有什么案件不能公开呢？"

2013年，党的十八届三中全会在《中共中央关于全面深化改革若干重大问题的决定》中提出了"建设法治中国，必须坚持依法治国、依法执政、依法行政共同推进，坚持法治国家、法治政府、法治社会一体建设。深化司法体制改革"战略思想，习近平总书记在党的十八届三中全会上的讲话中还提出："凡属重大改革要于法有据，需要修改法律的可以先修改法律，先立后破，有序进行。有的重要改革举措，需要得到法律授权的，要按法律程序进行。"这是首次提出"于法有据""先立后破"思想，实质上扭转了改革开放以来法治建设只是经济改革的"配套"领域的现状，因以前主宰法治建设与改革关系的主导性思维是"改革先行，待条件成熟，成果显现后，以法律形式将改革的成果固定下来"。而这种方式在法律体系尚不健全的时期，对法治发展起到了积极推动作用，不仅破除了陈规，也减轻了思想观念上的阻力。

2014年10月，党的十八届四中全会作出《中共中央关于全面推进依法治国若干重大问题的决定》，正如习近平总书记所说，四中全会关于推进全面依法治国的重要决定，是围绕中国特色社会主义事业的总体布局，既体现了推进各领域改革发展对提高法治水平的要求，也反映了推进国家治理现代化对法治国家建设的要求。"依法治国，是坚持和发展中国特色社会主义的本质要求和重要保障，是实现国家治理体系和治理能力现代化的必然要求，事关我们党执政兴国，事关人民幸福安康，事关党和国家长治久安。"这是中国法治进步的体现，为从国家层面上将法治思维内化为整个社会的一种根本的价值理念，实现以法治思维推进国家治理，打下了坚实的基础。2017年党的十九大报告从坚持全面依法治国和深化依法治国实践两方面对依法治国基本方略进行了系统规定。大会强调，要在依法治国的全过程中坚持党的领导、完善中国特色社会主义法律体系、法治体系建设，坚持依法治国和以德治国相结合，依法治国和依规治党有机统一，深化司法体制改革，提高全民族法治素养和道德素质。强调必须坚持厉行法治，推进科学立法、严格执法、公正司法、全民守法。成立中央全面依法治国领导小组，加强对法治中国建设的统一领导。提出以良法促进发展、保障善治。可以说，一整套适应现代化建设需要的治理体系正在加紧构建，推动着依法治国迈向新的更高境界。

全面依法治国是一项长期而重大的历史任务，在这样一场深刻的社会变革中，会出现大量矛盾问题，法治建设各方面也存在着不少薄弱环节。2017年7月20日，中共中央办公厅、国务院办公厅就甘肃祁连山国家级自然保护区生态环境问题发出通报，严肃处理了甘肃省的一批党政干部。祁连山作为我国西部重要生态安全屏障，是黄河流域重要水源产流地，是我国生物多样性保护优先区域，国家早在1988年就批准设立了甘肃祁连山国家级自然保护区。但长期以来，祁连山却面临着局部生态破坏严重的问题。鉴于此，习近平总书记多次作出批示，要求抓紧整改，然而《甘肃祁连山国家级自然保护区管理条例》历经三次修正，部分规定始终同《中华人民共和国自然保护区条例》不一致，其在立法层面为破坏生态行为“放水”，在执法上又弄虚作假、包庇纵容，使得祁连山生态系统遭到严重破坏的状况始终得不到明显改善。既不能做到科学立法，实际上还出现有法不依、执法不严的严重违法违纪行为，反映出我国法治建设存在着现实的问题，法治领域改革面临着许多难啃的硬骨头，迫切需要从党中央层面加强统筹、协调各方。

如果中国改革是一艘航船，那么需要法治灯塔的指引才不会偏航、倒退。如果中国改革是一条奔流的大河，那么需要法治铸就的堤坝才能不外溢、不决堤。唯有坚持在法治轨道上统筹社会力量、平衡社会利益、调节社会关系、规范社会行为，依靠法治解决各种社会矛盾和问题，才能确保中国社会在深刻变革中既生机勃勃又井然有序。

（三）坚持走中国特色社会主义法治道路

习近平总书记指出："中国特色社会主义法治道路，是社会主义法治建设成就和经验的集中体现，是建设社会主义法治国家的唯一正确道路。""中国特色社会主义法治道路是一个管总的东西。具体讲我国法治建设的成就，大大小小可以列举出十几条、几十条，但归结起来就是开辟了中国特色社会主义法治道路这一条。""在坚持和拓展中国特色社会主义法治道路这个根本问题上，我们要树立自信、保持定力。"70年来，我国的法治建设、法治改革和全面依法治国之所以能够取得历史性成就，根本原因在于我们坚定不移地走中国特色社会主义法治道路。

坚持中国特色社会主义法治道路，最根本的就是坚持党的领导、人民当家作主、依法治国的有机统一。党的领导、人民当家作主、依法治国是我国社会主义民主政治的基本要素，三者相互联系、相互作用，构成一个内在统一、不可分割的整体。党的领导是人民当家作主和依法治国的根本保证。人民当家作主是社会主义民主政治的本质特征，是坚持党的领导和依法治国的坚实基础。依法治国是党领导人民治理国家的基本方式，是坚持党的领导和人民当家作主的坚强保障。

坚持中国特色社会主义法治道路，要抓住关键问题，处理好一些重大关系。

1. 重视根本大法的关键作用

1954年的《中华人民共和国宪法》是新中国宪法史上第一部社会主义类型的宪法，它规定了中国社会主义革命和建设的方向和道路；规定了中华人民共和国的基本原则和各项政治制度，对于巩固人民民主专政、保障人民当家作主、促进新中国的发展起到了重要的推动作用。1982年，中华人民共和国的第四部宪法——"八二宪法"正式颁布实施，它恢复了国家主席和人民检察院，废除了国家领导职务终身制，增加了"公民的人格尊严不受侵犯”等条文。特别是在宪法第五条中明确规定“国家维护社会主义法制的统一和尊严”，“一切国家机关和武装力量、各政党和各社会团体、各企业事业组织都必须遵守宪法和法律。一切违反宪法和法律的行为，必须予以追究”，并且“任何组织或者个人都不得有超越宪法和法律的特权”。这是党和政府对于“文化大革命”中法治被践踏的深刻反思，同时也表明了对于宪法权威的尊重，是“依宪治国”内涵的直接表现，同时也为改革开放后中国特色社会主义法治建设奠定了根本法的基础。

宪法作为我国根本大法，确立了中国特色社会主义道路、中国特色社会主义理论体系、中国特色社会主义制度，反映了我国各族人民的共同意志和根本利益。2004 年，胡锦涛在纪念全国人民代表大会成立五十周年大会上提出：“依法治国首先要依宪治国，依法执政首先要依宪执政。宪法和法律是党的主张和人民意志相统一的体现，是中国革命、建设、改革伟大实践的科学总结。宪法是国家的根本法，是治国安邦的总章程，是保证国家统一、民族团结、经济发展、社会进步和长治久安的法律基础，是党执政兴国、带领全国各族人民建设中国特色社会主义的法制保证。全党同志、全体国家机关工作人员和全国各族人民都要认真学习宪法、遵守宪法、维护宪法，保证宪法在全社会的贯彻实施。”2012 年，习近平总书记在纪念现行宪法公布施行三十周年大会上的讲话中指出：“回顾我国宪法制度发展历程，我们愈加感到，我国宪法同党和人民进行的艰苦奋斗和创造的辉煌成就紧密相连，同党和人民开辟的前进道路和积累的宝贵经验紧密相连。”2014 年《中共中央关于全面推进依法治国若干重大问题的决定》首次将“依宪治国”的政治命题写入中共中央全会的决定，指明：“坚持依法治国首先要坚持依宪治国，坚持依法执政首先要坚持依宪执政。”同时明确指出：“宪法是国家的根本法。法治权威能不能树立起来，首先要看宪法有没有权威。必须把宣传和树立宪法权威作为全面推进依法治国的重大事项抓紧抓好，切实在宪法实施和监督上下功夫。”换言之，宪法已经在推动国家治理体系中居于核心地位，并将发挥更加重要的作用。中国共产党对于“依宪治国”理念的探索已经进入了一个新的阶段，将直接推动中国特色社会主义法治建设的进步。中国特色社会主义进入了新时代，党的十九大进一步明确了要坚持“加强宪法实施和监督，推进合宪性审查工作，维护宪法权威”，表明了中国共产党在新的历史时期对于依宪治国的探索走上了新的征途。

2. 正确处理党的领导和依法治国的关系

党的领导是中国特色社会主义最本质的特征，是我国社会主义法治同西方资本主义国家法治最大的区别。对于党的领导与依法治国的关系，不少人存在疑问，也有人提出了究竟是党大还是法大的问题。首先我们必须明确，我国宪法规定：“任何组织或者个人都不得有超越宪法和法律的特权。”这里所说的“任何组织”，当然应该包括执政党。《中国共产党章程》也明确规定：“党必须在宪法和法律的范围内活动。”习近平总书记强调，党和法的关系是一个根本问题，处理得好，则法治兴、党兴、国家兴；处理得不好，则法治衰、党衰、国家衰。全面依法治国决不是要削弱党的领导，而是要加强和改善党的领导，不断提高党领导依法治国的能力和水平，巩固党的执政地位。所谓“党大还是法大”，其实是一个伪命题。一些人故意把党和法治对立起来，宣扬“党、法不能两立”，其目的就是企图从“法治”问题上打开缺口，达到搞乱人心、否定党的领导和社会主义制度的目的。

习近平总书记指出：“我们说不存在‘党大还是法大’的问题，是把党作为一个执政整体而言的，是指党的执政地位和领导地位而言的，具体到每个党政组织、每个领导干部，就必须服从和遵守宪法法律，就不能以党自居，就不能把党的领导作为个人以言代法、以权压法、徇私枉法的挡箭牌。”党和法的统一关系，集中体现为党领导立法，党保证执法，党支持司法，党带头守法。党领导立法，就是根据党和国家大局、人民群众意愿，党提出立法建议，立法机关制定体现人民根本利益和社会发展根本要求的法。党保证执法，就是党通过政治领导、思想领导、组织领导和工作领导，监督和促进执法部门严格执法。党支持司法，就是各级党政机关和领导干部要支持法院、检察院依法独立公正行使职权，让人民群众在每一个司法案件中都感受到公平正义。党带头守法，就是各级党政机关和广大党员干部必须率先垂范、带头遵守宪法法律。

只有在党的领导下依法治国、厉行法治，人民当家作主才能充分实现，国家和社会生活法治化才能有序推进。可以说，坚持党的领导，是中国特色社会主义政治发展道路的根本要求，也是我国法治与西方“宪政”的根本区别。

3. 依法治国和以德治国相结合

中国特色社会主义法治道路的一个鲜明特点就是坚持依法治国和以德治国相结合，正是坚持法治与德治两手抓、两手都要硬，才保障了改革开放和社会主义现代化建设的顺利进行，“依法治国”基本方略得以迈出重大步伐。

党的十五大正式提出依法治国与以德治国相结合的治国理念，对此，有人认为依法治国就够了，不需要再提以德治国，因为德治的前提是判断善恶，而善恶是由人来判断的，一旦处理不好德治就会变成人治。实际上，德治与法治各有优势，相互补充，却不能互相替代，两者是各有侧重的。德治即依靠道德伦理来规范、感化和制约官员和民众的行为，从而维护社会秩序。德治主要是规范和约束内心的秩序，法治主要是规范和约束外部的秩序。从这个意义上来讲，法律是成文的道德，道德是内心的法律，道德的规范与法律的约束是相辅相成的，都是规范人类行为不可或缺的要素。

1992 年，电影《秋菊打官司》轰动一时。为了“讨个说法”而挺着大肚子一次次上告的秋菊，成为中国法治建设进程中的一个符号性人物，象征着民众法治意识、权利意识的觉醒，体现出通过法律手段维护自身的利益逐渐成为大众的选择。

2016 年 12 月 9 日，中共中央政治局就我国历史上的法治与德治进行第三十七次集体学习，习近平总书记在主持学习时强调，法律是准绳，任何时候都必须遵循；道德是基石，任何时候都不可忽视。在新的历史条件下，我们要把依法治国基本方略、依法执政基本方式落实好，把法治中国建设好，必须坚持依法治国和以德治国相结合，使法治和德治在国家治理中相互补充、相互促进、相得益彰，推进国家治理体系和治理能力现代化。中共中央政治局专门就依法治国与以德治国进行多次集体学习，充分表明党中央对于依法治国与以德治国相结合的高度重视，也为新时期推进依法治国与以德治国相结合提供了行动指南。

四

集中力量才能办大事

——为什么科技发展能够实现重大突破

科技成果是一个国家综合实力的体现，科技创新越来越决定一个民族和国家的发展进程。新中国成立 70 年来，中华民族自立于世界民族之林，中国日益走近世界舞台中心，中国人民的获得感幸福感安全感不断增强，这与中国科技发展的巨大成就息息相关。70 年中国科技发展的辉煌成就，得益于社会主义集中力量办大事的制度优势，是坚持走创新之路和不断深化改革之路的产物，是充分发挥人才作用的结晶。

（一）科学规划集体攻关

新中国的诞生，为科技事业赢得了前所未有的发展机遇，由此掀开了中国科技发展史新的一页。1949 年 10 月新中国成立之初，国内仅有 30 多个专门研究机构和不足 5 万的科学技术人员，科技水平的落后让中国人在国际对比中形成巨大的心理落差。在科技事业机构零散、科研基础薄弱、专业人才奇缺、经济实力不足、国际环境恶劣的背景下，在“废墟”上重建中国科技事业成为党和国家的重要使命和迫切任务。

面对百废待兴的局面，党和政府清醒地认识到，科技事业要发展，必须有科学的发展规划。1949 年 11 月 1 日，根据《中华人民共和国中央人民政府组织法》第十八条规定，中国科学院正式成立。中国科学院既是中国最高科学研究机构，又是行使管理全国科学研究事业的政府行政职能部门，具有整合科学研究职能和政府行政职能，统筹领导中国科技事业的职责。随后相继成立的中国科学技术学会、中国气象局、国家地质部等科学技术协调与研究机构，使科技发展的组织架构进一步完善。由此，中国的科学技术发展进入新的历史阶段。

1956 年 1 月，党中央提出“向科学进军”的口号，科技事业进入一个有计划的蓬勃发展阶段。同年，中国政府成立了国家科学规划委员会，组织 600 多位科学家和技术专家，制定出新中国第一个发展科学技术的长远规划，即《1956 至 1957 年科学技术发展远景规划纲要》。在党的领导下，我国调动一切可以调动的因素，整合各方面资源，逐步建立了学科齐全的科学研究体系、工业技术体系、国防科技体系和地方科技体系。1956 年，中国第一家生产载重汽车的工厂——长春第一汽车制造厂建成投产。1957 年，飞架南北的武汉长江大桥建成，青藏、康藏、新藏公路相继建成通车，等等。体现了集中力量办大事的制度优势，也为建立健全国家工业体系和国民经济体系奠定了坚实基础。

1957 年 6 月 26 日，周恩来在第一届全国人民代表大会第四次会议上所作的《政府工作报告》中说：“1956—1967 年科学发展远景规划已经制订，并且已经作为试行草案，付诸实施。”① 这一宏伟规划提前 5 年基本完成。随后，又制订实施了“十年规划”，即《1963 年至 1972 年科学技术发展规划》。科学技术发展规划的制订与实施，增强了科技发展的目标性、计划性和科学性。发展规划的制订，充分体现了我国发展科技的坚强决心，同时从思想、制度层面为科技发展提供了保障。1958 年，毛泽东进一步提出，“现在是一场新的战争，向自然界开火”②，进行技术革新和技术革命。1960 年 2 月 20 日，中共中央决定在黑龙江省大庆地区进行石油勘探开发大会战，以铁人王

① 《建国以来重要文献选编》第 10 册，中央文献出版社 1994 年版，第 322 页。
② 《毛泽东著作专题摘编》上，中央文献出版社 2003 年版，第 954 页。

进喜为代表的大庆石油工人，以“宁可少活二十年，拼命也要拿下大油田”的顽强意志和冲天干劲，仅用两年时间就基本建成大庆油田。1963 年年底周总理在政府工作报告中宣布：“中国人民使用‘洋油’的时代即将一去不复返了。”1963 年，毛泽东进一步强调，“科学技术这一仗，一定要打，而且必须打好”①。

世界局势风云变幻，科技发展趋于自强。20 世纪 60 年代美苏争霸导致世界局势紧张，中苏关系急剧恶化影响了两国科技合作。中国为了冲破美苏两大国对核技术和空间技术的垄断，积极发展高新科技，以达到巩固国防、维护国家安全、营造安定国际环境的目的。1964 年 10 月 16 日 15 时，在苏联撤走全部专家和西方国家科技封锁背景下，我国整合科研资源、集中科研人员进行攻关，成功进行了第一次核试验。这次核试验的成功，是中国国防建设和科学技术方面取得的一项重大成就，标志着中国国防现代化建设进入了一个新的阶段。成功进行核试验后，中国政府立即发表了《中华人民共和国政府声明》，指出：“中国政府郑重宣布，中国在任何时候、任何情况下，都不会首先使用核武器。”② 中国政府的和平立场和国际担当，给全世界爱好和平的国家和人民以极大鼓舞，有力地打击了少数大国核垄断的阴谋，对世界和平作出了重大贡献。

1966 年 10 月 27 日，首次用改进型的中近程地对地导弹运载真实的核弹头，成功地进行了“两弹”结合的发射实验。1967 年成功试射第一颗氢弹。1970 年 4 月 24 日，一曲嘹亮的《东方红》响彻浩瀚无垠的天空，它向世界庄严宣告：中国人民成功地掌握了人造卫星的空间技术。从此，以“两弹一星”为标志的国防事业和航天科技事业不断取得新成就，增强了中国人民的自尊心和自信心，奠定了中国在国际上的地位。

改革开放新时期，迎来“科学的春天”。1978 年 3 月 18 日召开了全国科学大会，这是在国家百废待兴的形势下召开的一次关键会议，也是中国科

① 《毛泽东文集》第 8 卷，人民出版社 1999 年版，第 351 页。
② 《建国以来重要文献选编》第 19 册，中央文献出版社 1998 年，第 281 页。

技发展史上一次具有里程碑意义的盛会，中国迎来了“科学的春天”。邓小平高度重视运用社会主义政治优势推进科技事业的发展。1982 年他在谈论“六五”计划时说：“社会主义同资本主义比较，它的优越性就在于能做到全国一盘棋，集中力量，保证重点。”同时进一步指出，“社会主义国家有个最大的优越性，就是干一件事情，一下决心，一作出决议，就立即执行，不受牵扯”。在肯定了社会主义制度优越性的同时，也为科技发展提供了基本指引。

1988 年，中国政府先后批准建立了 53 个国家高新技术产业开发区，又先后制订了“星火计划”“863 计划”“火炬计划”“攀登计划”、重大项目攻关计划、重点成果推广计划等一系列重要计划，并建立中国自然科学基金制度，形成了新时期中国科技工作整体格局。同时组织动员多地多部门，组织大量研究力量，先后研究制订《1978—1985 年全国科学技术发展规划纲要》《1986—2000 年科学技术发展规划》《国家中长期科学和技术发展规划纲领》等规划，推动我国科技事业不断攀登新高峰。

1995 年 5 月召开的全国科学技术大会上，江泽民正式提出“科教兴国”战略，成为继 1956 年号召“向科学进军”、1978 年全国科学大会之后，中国科技事业发展史上的又一个里程碑。1997 年，制订并批准了中国科学院关于建设国家创新体系方案，投资实施知识创新工程。1998 年 6 月，国务院成立国家科技教育领导小组，历任组长为国务院总理，全面加强了对科技事业的宏观指导和整体协调。

2006 年，我国制订了《国家中长期科学和技术发展规划纲要（2006—2020）》，并发布了《关于实施科技规划纲要增强自主创新能力的决定》，提出了“自主创新、重点跨越、支撑发展、引领未来”的指导方针和到 2020 年进入创新型国家行列的奋斗目标。2012 年 7 月召开了全国科技创新大会，提出建设创新型国家是全党全社会的共同任务。要求各级党委和政府务必提高认识、增强紧迫感，加强领导、狠抓落实，发挥政府在科技发展中的引导作用，加快形成多元化、多层次、多渠道的科技投入体系。

党的十八大以来，党和国家不断创造新机制，更好地发挥集中力量办大事的优势。习近平总书记指出："过去我们取得重大科技突破依靠这一法宝，今天我们推进科技创新跨越也要依靠这一法宝，形成社会主义市场经济条件下集中力量办大事的新机制。"[①] 而在如何协调体制机制与市场作用方面，习近平总书记指出："要让市场在资源配置中起决定性作用，同时要更好发挥政府作用，加强统筹协调，大力开展协同创新，集中力量办大事，抓重大、抓尖端、抓基本，形成推进自主创新的强大合力。" 2018 年 8 月 8 日，国务院按照深化党和国家机构改革统一部署，根据议事协调机构调整有关安排和工作需要，决定将国家科技教育领导小组调整为国家科技领导小组，在实施"创新发展战略"背景下进一步加强对国家科技发展事业的宏观领导。

（二）坚持走创新之路

新中国成立以来，党和政府高度重视科技创新，把提高科技自主创新能力作为加快科技进步的主线，致力于掌握关键核心技术，努力掌握国家发展主动权。可以说，从"向科学进军"到"建设创新型国家"，中华人民共和国走过了一条矢志创新、勇攀科技高峰的独特道路。

鉴于新中国成立初期国家研究机构和研究力量弱小的状况，加上国外敌对势力的封锁，中国的出路只有一条，那就是学习苏联。1957 年 12 月 24 日，一辆从莫斯科出发的专列抵达北京。车上除 102 名苏联火箭技术人员外，还有一份苏联"还给"中国的厚礼——两发 P-1 近程地地导弹。这与当时中国面临的国际环境、美苏对峙格局以及中国自身科技实力有着直接关系。

随着国内外形势的变化，中国逐渐重视独立自主地发展本国科技事业。1956 年，中国制定了 12 年科学发展远景规划，把火箭和喷气技术列为重点发展项目。同年建立了第一个导弹、火箭研究机构。1958 年 5 月 17 日，毛泽东在中共八大二次会议上发出"我们也要搞人造卫星"的号召，掀起

① 《习近平谈治国理政》第 2 卷，外文出版社 2017 年版，第 273 页。

中国航天事业发展的第一个高潮，进而把发射人造地球卫星列入国家科学规划，组建机构开展空间物理学研究和探空火箭研制工作，并开展星际航行的学术活动和实验设备的筹建工作。1958 年 10 月 20 日，在苏联专家的帮助下，在酒泉建立了中国第一个卫星发射场。1959 年，地质学家李四光等人提出了“陆相生油”理论，打破了西方学者的“中国贫油论”，宣告了“中国贫油论”的彻底破产，随着油层的陆续发现，我国石油工业步入高速发展时期。

1960 年 2 月 19 日，上海机电设计院自行设计制造的 T-7M 试验型液体燃料探空火箭在上海南汇简易发射场试射成功，这是中国探空火箭技术取得的第一个具有工程实践意义的成果，宣告中国进入了航天时代。同年，正当中国仿制 P-2 导弹的工作进入最后阶段时，中苏意识形态领域的大论战开始，中苏党际关系、国际关系的恶化深刻影响到两国的科技合作，最终苏联撤走全部专家。而 1960 年 9 月 10 日，中国成功地发射了一枚苏制 P-2 导弹，这枚由新中国航天人自己制造出来的导弹，被命名为“东风一号”。“东风一号”的发射成功标志着我国从此走上了独立自主发展科学技术的道路。1965 年，我国完成了结晶牛胰岛素的全合成，这是世界上第一个人工合成的蛋白质，使人类在认识生命、揭开生命奥秘的道路上迈出了一大步。凡此种种，充分证明创新之于一个国家的重要性。

改革开放开启了中国创新发展的宽广之路。从新中国成立到 20 世纪 90 年代末，在底子薄、基础弱、人才缺、设施差等基础上，这一时期的科技发展以“引进、消化、吸收”为主，总体水平处于“跟跑”阶段。随着改革开放向纵深发展，创新逐渐提上议事日程。江泽民在 1995 年召开的科学技术大会上，明确提出“创新”的时代命题，指出：“我们现在技术上还比较落后，应努力学习、借鉴别国的长处，即使我们实现了现代化，也还是要不断向其他国家学习，取长补短。”① 他强调，“创新是一个民族进步的灵魂，是国家兴旺发达的不竭动力。如果自主创新能力上不去，一味靠技术引进，就会

① 《十四大以来重要文献选编》（中），人民出版社 1997 年版，第 1389 页。

永远难以摆脱技术落后的局面。”① 此后，创新思维逐渐深入人心，创新体制机制改革也逐渐展开。一方面，创新激发了整个国家和社会的活力，极大解放和发展了生产力；另一方面，一系列创新成果的涌现为国家的发展奠定了坚实基础。

2002 年党的十六大以来，党中央立足国情、面向未来，作出增强自主创新能力、建设创新型国家的重大战略决策，制订和实施《国家中长期科学和技术发展规划纲要（2006—2020 年）》，明确提出“自主创新、重点跨越、支撑发展、引领未来”的新时期科技工作指导方针。2007 年党的十七大报告把“自主创新能力显著提高，科技进步对经济增长的贡献率大幅上升，进入创新型国家行列”作为实现全面建设小康社会奋斗目标的新要求。把提高自主创新能力、建设创新型国家作为国家发展战略的核心、提高综合国力的关键，强调坚持走中国特色自主创新道路，把增强自主创新能力贯彻到现代化建设各个方面。从此，我国科技事业发展进入创新发展的新阶段。

2012 年党的十八大以来，以习近平同志为核心的党中央把科技创新作为提高社会生产力和综合国力的战略支撑，摆在国家发展全局的核心位置，创造性地提出“创新是引领发展的第一动力”② 的重大论断，深入实施创新驱动发展战略。2016 年 5 月，全国科技创新大会召开，《国家创新驱动发展战略纲要》正式发布。大会提出了到 2020 年进入创新型国家行列、到 2030 年跻身创新型国家前列、到 2050 年建成世界科技强国的“三步走”战略目标，形成了创新驱动发展战略的顶层设计。2016 年 7 月，《“十三五”国家科技创新规划》正式发布，明确提出在实施好已有国家科技重大专项基础上，实施“科技创新 2030—重大项目”。对科技创新进行战略性、全局性、长远性系统谋划，我国科技创新的整体能力显著提升，科技创新格局发生历史性转变，科技发展水平从以跟跑为主步入跟跑和并跑、领跑并存的历史新阶段，我国科技发展站在全新的历史起点上。

---

① 《江泽民文选》第 1 卷，人民出版社 2006 年版，第 432 页。

② 《习近平关于科技创新论述摘编》，中央文献出版社 2016 年版，第 7 页。

（三）改革体制 增强动力

新中国成立之初，我国就从科技发展全局出发，在原有的基础之上重新谋篇布局，构建起全新的科技管理体制。中央政府以原中央研究院和北平研究院等科研机构为基础，成立了中国科学院，并由其统筹及领导新中国的科学研究事业。为适应国家建设需要，1951 年年底至 1953 年，教育部根据苏联的经验，对全国高等学校进行院系调整，对学科专业布局进行改革，综合高校的地区分布进行改善，将工作重点转移到发展以工科为主打的专业院校上来。从根本上来讲，这与当时贯彻社会主义过渡时期总路线有着直接关系，并为形成以工业化为主导的经济格局提供了宝贵智力资源。

1956 年在周恩来的领导下，国务院成立了规划委员会，调集了几百名各门类和学科的科学家参加规划编制工作，还邀请了 16 名苏联各学科的科学家来华，帮助我们了解世界科学技术水平和发展趋势。经过七个月的反复修订，最终于 1956 年 12 月，经中共中央、国务院批准，颁布了《1956—1967 年科学技术发展远景规划纲要》（以下简称《十二年科技规划》），这是我国科学技术发展的战略性计划，它的制订拉开了我国向科学进军的序幕。《十二年科技规划》旨在便于我国科学技术部门、生产部门和教育部门迅速地学习和了解当时世界科学最先进的成就，针对我国科学界最短缺的国防建设急需的门类，尽可能迅速地补足，最终目标是迅速赶上世界先进国家科技水平，并坚持“重点发展，迎头赶上”[①] 的方针。

1958 年，中国政府对科技管理机构进行调整合并，成立国家科学技术委员会、国防科学技术委员会，各省（自治区、直辖市）、市、县陆续成立了各级科委，形成了中国的科学技术管理体系。中国科学技术事业进入了国家计划下的现代发展时期。1964 年，周恩来在政府工作报告中首次提出要实

① 《建国以来重要文献选编》第 9 册，中央文献出版社 1994 年版，第 430 页。

现工业、农业、国防和科学技术现代化，简称“四个现代化”，为科技事业发展提出了基本目标，也为科技体制改革指明了方向。

20 世纪 60 年代，国内外形势发生了重大变化。一方面，中苏关系恶化，苏联撤走全部科研人员；另一方面，国内又受反右扩大化和“大跃进”的影响，广大科研人员的科研积极性受挫。1960 年冬，党中央提出“调整、巩固、充实、提高”八字方针，要求对各行各业的工作进行调整，在这样的时代背景下，中央又提出了《1963 年至 1972 年科学技术发展规划》(以下简称《十年科技规划》)，它是在《十二年科技规划》所确定的主要任务基本完成的基础上，制订的第二个科学技术发展规划，方针是“自力更生，迎头赶上”①。《十年科技规划》虽然受到十年“文化大革命”的影响，但是仍取得了许多可喜的成就。仅头三年就取得了一批重要成果，特别是为“两弹一星”的成功作出了重要贡献。

党的十一届三中全会以来，如何突破计划经济模式下原有的科技体制，逐渐成为党和国家探索的重点问题。原有的科技体制是在以计划经济体制为主导的环境下逐渐生成的，其突出特点是科技资源集中在政府所属的独立科研院所。计划经济体制曾在特定的历史时期，为我国经济发展、国防建设和社会进步作出了重要贡献，也为科学技术自身发展奠定了坚实基础。但是，随着我国改革开放的深化和经济社会发展的迫切需求，原有科技体制越来越不适应经济社会发展的需要。自 20 世纪 80 年代始，中央决定对科学技术体制进行坚决的、有步骤的改革。

1985 年 3 月 7 日，邓小平出席全国科技工作会议，并作题为《改革科技体制是为了解放生产力》的讲话。他在讲话中指明了中国科技如何继续发展、在何种体制中运行以及科技体制改革的方向问题。1985 年，中共中央发布的《中共中央关于科学技术体制改革的决定》明确提出，改革的目的是使科学技术成果迅速地广泛地应用于生产，使科学技术人员的作用得到充分发挥，大大解放科学技术生产力，促进经济和社会的发展。通过改革科研院所

① 《建国以来重要文献选编》第 16 册，中央文献出版社 1997 年版，第 614 页。

管理模式、建立高新技术产业开发区等措施，引导和推动科学技术面向经济建设、经济建设依靠科学技术。对转变科技工作运行机制、调整科学技术系统的组织结构、改革科技人员管理制度等作出具体部署，使我国科技体制改革不断向纵深推进。

1999年，中共中央、国务院召开全国技术创新大会，发布了《中共中央国务院关于加强技术创新发展高科技实现产业化的决定》，推动应用型科研机构和设计单位向企业化转制，对社会公益类科研机构实行分类改革。这一时期，科技体制改革的重点是系统调整科研院所布局结构，加速科技成果产业化。

2006年，中央国务院召开全国科学技术大会，对国家中长期科技发展作出战略部署，发布了《关于实施科技规划纲要，增强自主创新能力的决定》，提出努力形成技术创新、知识创新、国防科技创新、区域创新、科技中介服务等相互促进、充满活力的国家创新体系。在这个过程中，我国对科技发展目标进行了影响深远的重大调整。以政府为主导的中央计划体制正在转变，一种以"经济建设必须依靠科学技术，科学技术工作必须面向经济建设"为原则，政府科技机构、产业研究部门以及高等院校之间分工明确、良性互动的新型科技体制逐步形成。

2012年党的十八大以来，以习近平同志为核心的党中央站在党和国家事业发展战略与全局的高度，谋划推动科技体制改革，更加重视通过科技体制改革最大限度解放和释放科技生产力蕴藏的巨大潜能。科技体制改革主体框架已经确立，重要领域和关键环节改革取得实质性突破，科技体制改革已经形成全面发力、多点突破、纵深发展的良好格局。2015年8月，党中央、国务院出台《深化科技体制改革实施方案》，部署了到2020年要完成的143条改革任务，目前已完成110多条改革任务。科技领域解决了多年来一直想解决但没有能解决的难题。2018年5月28日，习近平总书记在两院院士大会上的重要讲话中指出："科技领域是最需要不断改革的领域"，"实施创新驱动发展战略，最根本的是要增强自主创新能力，最紧迫的是要破除体制机制障碍，最大限度解放和激发科技作为第一生产力所蕴藏的巨大潜能”①，这为新时代加快科技体制改革提供了科学思想指导。

我国科技发展70年所实现的惊人跨越一再证明，改革是推进科技实现历史性跨越的强大动力。从“断粮断奶”鼓励科研人员投入经济主战场，实施“稳住一头、放开一片”进一步调整结构、分流人才，到院所转制、加速企业成为创新主体，到实施重大专项、建设国家创新体系，再到如今的军民融合、建设世界科技强国，我国科技体制改革从拨款制度改起，对科技管理体系、科技计划体系、经费保障体系、人才管理体系、评估评价体系等方面都进行了一系列重大改革，今天我国科技已经在支撑经济、改善民生、探索未知和培养人才等方面取得巨大成就，我国正迈入国际科技创新体系的第一阵列。

（四）人才是第一资源

功以才成，业由才广。人才是创新的根基，创新驱动实质上是人才驱动。我国是一个人力资源大国，也是一个智力资源大国，13亿多人大脑中蕴藏的智慧资源是最可宝贵的。知识就是力量，人才就是未来。世界各国科技发展历史表明，人才是第一资源，也是创新活动中最为活跃、最为积极的因素。70年科技发展壮大的历程，是我国科学技术从无到有的历程，是我国科技人才队伍由弱变强的历程。

新中国成立伊始，我国科技人员数量不足5万，无论在规模上还是在结构上，都成为制约科技事业发展的“瓶颈”。重视人才是我们党的优良传统和独特优势，1949年9月毛泽东就曾说：“世间一切事物中，人是第一个可宝贵的。”②

1950年6月14日，《政务院文化教育委员会关于中国科学院基本任务

① 《习近平关于科技创新论述摘编》，中央文献出版社2016年版，第63页。

② 《毛泽东选集》第4卷，人民出版社1991年版，第1512页。

的指示》规定："人民政协共同纲领第五章文化教育政策，特别是其中有关科学工作的各条规定，就是今后我国科学工作的总方针。概括说来，就是要发展科学的思想以肃清落后的和反动的思想，培养健全的科学人才和国家建设人才，力求学术研究与实际需要的密切配合，使科学能够真正服务于国家的工业、农业、国防建设、保健和人民的文化生活。"① 1956 年 1 月 4 日，周恩来在《关于知识分子问题的报告》中指出："为了实现向科学进军的计划，我们必须为发展科学研究准备一切必要的条件。在这里，具有首要意义的是要使科学家得到必要的图书、档案资料、技术资料和其他工作条件。"② 周恩来还提出了若干举措，为处理好知识分子问题和合理对待人才问题提供了遵循。

新政权的诞生感召了留学海外的知识分子，他们纷纷踏上回国报国之路。同时，新中国的国防、经济、政治、文化等方面的建设百废待兴，需要大量的专门人才，现实情况促使国内各方殷切期盼并争取留学生能早日回国参与建设。

1949 年年底，政务院文化教育委员会将当时有关政府部门及群众团体共 15 家单位整合为"办理留学生回国事务委员会"（以下简称办委会），由时任教育部部长的马叙伦担任办委会主任委员，专门负责妥善安置归国留学人员的工作学习、生活起居，并对在外留学人员做好调查、宣传、接济的工作。办委会成立后积极开展工作，对留学生采取"一般的号召，在自愿的基础上早日学成回国为人民服务"的原则，想方设法满足在外留学生的回国愿望，并解决回国后的工作问题。当时，美国等国政府采取软硬兼施、威逼利诱等各种手段，企图阻挠留学生返回祖国。但是，通过国内相关部门的不懈努力，到 20 世纪 60 年代中期，以钱学森、钱三强、李四光、邓稼先、华罗庚等为代表的 2500 多名留学海外的专家、学者和优秀人才陆续回国。他们中的许多人成为我国高科技领域一些学科的开创者和奠基人，为当时我国教

① 《建国以来重要文献选编》第 1 册，中央文献出版社 1992 年版，第 284 页。
② 《周恩来选集》下卷，人民出版社 1984 年版，第 186 页。

育和科技事业、经济建设和国防建设的发展作出了重大贡献。另外，这一时期新中国为了培养人才，还陆续向苏联及其他社会主义国家派出大批留学生，到1958年时，在苏联和东欧的留学人员已经超过16000人，他们在学成后全部回国，为当时国内的社会主义建设和科研工作奠定了坚实的基础。

1958年9月，全国科联和全国科普在北京联合召开全国代表大会，通过了《关于建立“中华人民共和国科学技术协会”的决议》。中国科协的成立从制度上保障了科技工作者享受服务的权利。对于促进科学技术的繁荣发展、普及推广以及科技人才的培养和成长都具有深远的意义。1975年，邓小平在主持中央日常工作的过程中十分重视对中科院的整顿工作。他提议由胡耀邦、李昌到中科院主持工作，并分别从科技路线、知识分子政策等方面着手进行整顿，最终形成了《科学院工作汇报提纲》。同年9月，邓小平在听取该汇报意见时指出：“如果我们的科学研究工作不走在前面，就要拖整个国家建设的后腿。”① 他特别提及数学家陈景润和物理学家黄昆，十分关心知识分子落实政策和用非所学的问题。

恢复知识分子名誉和知识分子地位是尊重人才的首要表现。1977年5月24日，邓小平在同中央两位同志的谈话中强调：“我们向科学技术现代化进军，要有一支浩浩荡荡的工人阶级的又红又专的科学技术大军，要有一大批世界第一流的科学家、工程技术专家。造就这样的队伍，是摆在我们面前的一个严重任务。”② 从此，“尊重知识，尊重人才”就成为改革开放后党的知识分子政策的鲜明口号政策体现。拨乱反正的开展使知识分子的名誉得到恢复，并极大提升了知识分子的社会地位。1977年恢复高考，中国的人才培养重新步入健康发展轨道。1978年3月18日，全国科学技术大会召开，邓小平在会上强调指出：“科学技术人才的培养，基础在教育。我们要全面地正确地执行党的教育方针，真正搞好教育改革，使教育事业有一个大的发展，大的提高。”③ 这次讲话极大鼓舞了一大批满怀报国之心的科技人才，为科技

① 《邓小平文选》第2卷，人民出版社1994年版，第32页。
② 同上书，第91页。
③ 同上书，第95页。

人才培养指明了方向。

1985 年，中共中央作出《关于科学技术体制改革的决定》，确立了“经济建设要依靠科学技术、科学技术要面向经济建设”的指导方针，开始了“放活科研机构、放活科研人员”的改革。1992 年党的十四大正式提出要建立社会主义市场经济体制，改革开放进入了新的征程，世界科技革命出现新的高潮，科学技术对于经济社会发展的推动作用日益明显。1995 年 5 月，中共中央作出《关于加速科学技术进步的决定》，提出实施科教兴国的重大战略，坚持教育为本，把科技与教育摆在经济、社会发展的重要位置，增强国家的经济实力及向现实生产力转化的能力，提高全民族的科技文化素质，把经济建设转移到依靠科技进步和提高劳动者素质的轨道上来。

1998 年，中科院启动了知识创新工程试点工作。1999 年，原 10 个国家工业局所属 242 个科研机构进行企业化转制；1999 年 9 月，党中央为鼓励科技人才，建立健全了表彰激励机制，对研制“两弹一星”作出突出贡献的 23 名专家作出表彰。从 2000 年起，党中央、国务院决定设立国家最高科学技术奖，以鼓励那些为新中国发展建设作出突出贡献的科技人才。2001 年，全国 20 个部门所属社会公益类科研机构开始分类改革；高教系统进行了旨在建设一批高水平研究大学的“211”和“985”工程，逐渐完善了人才培养体系和发展战略。

2008 年国家启动海外高层次人才引进计划（简称“千人计划”），并逐步拓展为“顶尖千人”“短期千人”“外专千人”“青年千人”等覆盖不同专业领域、不同年龄阶段和梯次配置的高层次科技人才引进项目体系。教育部继续实施“教育部资助留学人员短期回国工作专项经费”（又称“春晖计划”）启动项目、人才、基地三位一体的“高等学校学科创新引智计划”（又称“111 计划”），并从 2011 年实行新的“长江学者奖励计划”。2010 年 5 月 25 日，胡锦涛在全国人才工作会议上的讲话中提到：“要紧紧围绕党和国家工作大局，把服务科学发展作为人才工作的根本出发点和落脚点，确立在经济社会发展中人才优先发展的战略布局，把发挥各类人才作用作为人才工作的根本任务。”[①] 立足于当代中国国情，充分发挥人才优势，使中国进入世界人才强国行列，在这个过程中要逐步实现由人力资源大国向人才强国的转变，从而为本世纪中叶基本实现社会主义现代化奠定人才基础。

“盖有非常之功，必待非常之人。”当今世界综合国力竞争的核心在于人才竞争，谁能培养和吸引更多优秀人才，谁就能在竞争中占据优势。习近平总书记明确提出“关键在人才”的论断，并进一步指出：“世上一切事物中人是最可宝贵的，一切创新成果都是人做出来的。硬实力、软实力，归根结底要靠人才实力。全部科技史都证明，谁拥有了一流创新人才、拥有了一流科学家，谁就能在科技创新中占据优势。”[②] 2015 年 8 月 18 日，中央全面深化改革领导小组会议审议通过《统筹推进世界一流大学和一流学科建设总体方案》，将“211 工程”“985 工程”及“优势学科创新平台”等重点建设项目统一纳入世界一流大学和一流学科建设，对新时代高等教育建设进行了重新部署。2016 年国务院印发的《实施〈中华人民共和国促进科技成果转化法〉若干规定》和中共中央印发《关于实行以增加知识价值为导向分配政策的若干意见》，探索股权期权分红激励具体办法，让人才合理合法享有创新收益，对人才资源和创新价值进行了高度确认。2016 年 2 月，中共中央办公厅、国务院办公厅印发了《关于加强外国人永久居留服务管理的意见》，增强了人才引进力度。2017 年 1 月《关于深化职称制度改革的意见》正式出台，进一步完善了职称制度体系。

经过长期努力，在“科教兴国”“人才强国”“创新驱动发展战略”科学推进下，我国的人才培养、引进取得了重大成就。2014 年，清华大学技术创新研究中心发布的《国家创新蓝皮书》中指出，我国研发人员总量占到世界研发人员总量的 25.3%，超过美国研发人员总量占世界研发人员总量 17% 的比例，居世界第一。近年来，党中央不断加大科技人才培养力度，截至 2016 年年底，我国科技人力资源总量已达到 9154 万人，数量规模仍稳居全球首

① 《胡锦涛文选》第 3 卷，人民出版社 2016 年版，第 390 页。

② 《在中国科学院第十九次院士大会、中国工程院第十四次院士大会上的讲话》，《人民日报》2018 年 5 月 28 日。

位。2018 年，中国科协调研宣传部和中国科协创新战略研究院联合发布《中国科技人力资源发展研究报告——科技人力资源与创新驱动》。报告指出，我国科技人力资源学历层次分布呈明显的金字塔结构，整体学历层次逐步提高，学历结构不断改善；我国科技人力资源呈现年轻化趋势，其中 39 岁及以下的科技工作者是我国科技人力资源的主体。

70 年来，在党中央的统筹规划和科学布局下，我国科研队伍逐渐发展壮大，在农业技术、工程科技、信息科技、基础研究等各领域都涌现出一批造诣深厚的科学家。他们志存高远、爱国奉献，为中国的科技事业作出卓越贡献，是推动我国由科技大国走向科技强国的重要力量。

五

万紫千红春满园

——为什么能够实现文化事业的繁荣发展

1949 年 9 月 21 日，在新中国诞生的晨曦中，全国政协第一届全体会议隆重开幕。毛泽东在《中国人民站起来了》这篇著名讲话中，充满激情地预言：“随着经济建设的高潮的到来，不可避免地将要出现一个文化建设的高潮。”整整 70 年过去了，文化建设响应人民和时代的召唤，高擎民族精神的火炬，吹响时代进步的号角，激励亿万人民为建设一个富强、民主、文明、和谐、美丽的社会主义现代化强国而不懈奋斗。70 年来，一代又一代文化工作者以昂扬的精神状态、出色的艺术创造，热情讴歌各族人民的伟大实践，为推动我国社会发展进步、弘扬民族精神和时代精神、满足人民群众精神文化需求、促进人的全面发展，付出了辛勤劳动，作出了重要贡献。今天，我们正在向着社会主义文化强国奋力迈进，文化百花园姹紫嫣红、春光无限。

（一）坚持正确的文化发展道路

文化是一个国家、一个民族的灵魂。人类社会每一次跃进，人类文明每一次升华，无不伴随着文化的历史性进步。文化兴国运兴，文化强民族强。在我国 5000 多年文明发展历程中，各族人民紧密团结、自强不息，共同创造出源远流长、博大精深的中华文化，为中华民族克服困难、生生不息提供了强大精神支撑，为人类文明进步作出了不可磨灭的重大贡献。

我们党历来高度重视运用文化引领前进方向、凝聚奋斗力量，团结带领全国各族人民不断以思想文化新觉醒、理论创造新成果、文化建设新成就推动党和人民事业向前发展，文化工作在革命、建设、改革各个历史时期都发挥了不可替代的重大作用。回望共和国70年的峥嵘岁月，我们可以清晰地看到，文化建设走过了一段波澜壮阔、极不平凡的历程。

新中国成立之初，国家百废待兴，文化建设也走入了一个新的建设时期。1949年7月，第一次文代会召开，成立了中华全国文学艺术界联合会以及各艺术领域协会，对动员广大文艺工作者积极参加新中国社会主义文化艺术事业建设起到了推动作用，会议明确提出了文艺为人民服务，首先是为工农兵服务这一基本方针。为促进文化艺术事业发展，1956年毛泽东提出艺术问题上的"百花齐放"、学术问题上的"百家争鸣"应该成为我国发展科学和繁荣文学艺术的方针。在"二为"方向和"双百"方针的鼓舞下，广大文艺工作者的创作热情被大大激发，他们积极投身火热生活，创作了一大批优秀文艺作品，文化艺术界出现了生机勃勃的景象，形成了新中国文化艺术事业发展的第一个高潮。

新中国成立后的17年，我国文化建设虽然取得巨大成绩，但也经历了曲折，给今天的人们留下了值得深思的历史教训。由于受政治运动的冲击，文艺方针出现偏差，"双百"方针的贯彻落实受到严重干扰，广大文艺工作者的积极性创造性受到巨大挫伤，对艺术创作造成了严重冲击。后来的"文化大革命"十年更是给文化建设带来深重灾难。在这十年中，文化专制主义肆虐盛行，思想禁锢成为束缚人们思想的精神牢笼，文化百花园一片凋零，"八亿人民八台样板戏"是那时文艺局面的写照。

以党的十一届三中全会为标志，我国进入了社会主义事业发展新的历史时期。在改革开放的进程中，我国经济建设取得举世瞩目的伟大成就，极大增强了我国综合国力，为繁荣发展社会主义文化、提升国家文化软实力，推动中华文化走向世界，开辟了广阔空间。我国文化建设以解放思想为先导，以改革开放为动力，与时俱进，开拓进取，以宽阔的视野、博大的胸襟和包容的气魄，走出了一条中国特色社会主义文化发展道路。我们坚持社会主义先进文化前进方向，深化文化体制改革，建立健全现代文化市场体系，构建完善公共文化服务体系，文化产业快速发展，文化事业普惠民生，文化强国建设稳步推进，文化改革发展取得令人瞩目的成就。

党的十八大以来，在以习近平同志为核心的党中央坚强领导下，紧紧围绕全面建成小康社会目标，全面推进文化体制改革，逐步建立健全文化发展政策和体制机制，进一步优化文化发展环境，文化建设取得长足进展。积极培育和践行社会主义核心价值观，文化自信显著增强；现代公共文化服务体系初步形成，均等化程度稳步提高，服务能力不断增强；文化产业规模持续扩大，对经济增长的贡献显著提升；文化需求快速增长，发展空间不断扩大。文化改革发展成绩斐然，为稳步推进文化强国建设、实现全面建成小康社会目标提供了有力支撑。

70 年的不懈探索，70 年的接续奋斗，我国文化建设不断迈上新台阶，呈现欣欣向荣、蓬勃发展的生动局面。

——文艺创作繁荣兴旺，文艺作品异彩纷呈。广大文艺工作者潜心创作、勤奋耕耘，在文学、戏剧、电影、电视、音乐、舞蹈、美术、摄影、书法、曲艺、杂技和民间文艺等领域，创作出许多思想性、艺术性、观赏性俱佳的优秀文艺作品。尤其是近些年来，通过组织实施精神文明建设“五个一工程”、重大革命和历史题材影视创作工程、国家舞台艺术精品工程、国家重大历史题材美术创作工程等，开展“文华奖”“飞天奖”“金鸡奖”“金鹰奖”“梅花奖”等全国性评奖活动，极大激发了文艺工作者的创作热情和激情，文艺作品的数量大幅增长、质量大为提升。

——文化人才不断涌现，文化队伍日趋壮大。1949 年出席第一次文代会的代表只有 753 人，代表着解放区和国统区的 7 万余名新文艺工作者；2016 年出席第十次文代会的代表有 1550 人、第九次作代会的代表 987 名。现在中国文联所属各全国性文艺家协会会员已达 10 万余人，省级文联所属各文艺家协会会员近 100 万人，全国文艺从业人员 1000 万人。近些年来，通过实施“四个一批”人才培养工程，组织德艺双馨文艺工作者评选表彰活动，开展“三项学习教育”等，文艺工作者的思想道德修养、科学文化素养和文学艺术学养不断得到提升。

——文化惠民活动蓬勃开展，基层群众文化生活日益丰富。随着经济社会的发展和人民群众物质文化生活水平的提高，党和政府更加重视基层群众文化建设，不断加强公共文化服务体系建设，深入开展群众性文化活动。举办中国艺术节、中国京剧艺术节、中国金鸡百花电影节、中国金鹰电视艺术节等各类艺术节，在重大节庆纪念日、传统节日期间举办有声势有影响的展览、展演、展映、展示活动，深入开展“文化科技卫生三下乡”“送欢乐、下基层”“农家书屋”“万里采风”“文艺进社区”“艺术进万家”“艺术进校园”等主题鲜明、内容丰富、形式多样的文化惠民活动，受到基层群众热烈欢迎。

——文化基础设施建设逐步完善，公益性文化事业与经营性文化产业协调发展。新中国成立之初的 1952 年，在国家财力还较为薄弱的情况下，全国建立了 59 个公共图书馆，40 个博物馆，2436 个文化馆，6000 多个文化站和 2 万多个工厂、农村俱乐部、图书馆，形成了与当时国力相适应的文化基础设施。改革开放以来，随着经济实力的增长，党和政府逐步加大文化建设的投入力度。40 年间，我国公共文化设施和产品供给从相对紧缺迈入大繁荣大发展的新时代：博物馆从 340 多家增加到 4700 多家，公共图书馆从 1200 多家增加到 3100 多家，文化馆（站）从不到 7000 个增加到 44000 多个，以大型公共文化设施为骨干，社区和乡镇基层文化设施为基础的覆盖城乡的公共文化服务网络初步形成。同时，大力推进文化体制改革，大力发展经营性文化产业。2017 年全国文化及相关产业增加值 35462 亿元，增长 15.2%，占 GDP 比重 4.29%。文化产业保持两位数增长速度，高于同期经济增速。

——对外文化交流积极活跃，中华文化国际影响力明显扩大。重视发挥文化工作在服务“大外交”“大外宣”方面的重要作用，大力推动中华文化走出国门、走向世界。近些年来，对外文化交流渠道不断拓展、内容日益丰富、方式逐步多样。通过大力实施中国文化“走出去”战略，组织开展中国文化年、中国艺术周、艺术之旅等大型活动，搭建双边或多边文化交流与合作的重要平台，推出一大批具有中国特色、中国风格、中国气派的对外文化交流精品项目，全方位、宽领域、多层次的对外文化交流格局初步形成。

70 年来，我国文化事业之所以取得这样的成就，归根到底在于在党的领导下，坚持正确的文化方针，走出了一条中国特色社会主义文化发展道路。概括起来，主要有以下几个方面。

一是坚持党对文化事业的领导，确保先进文化的前进方向。中国共产党代表着中国先进文化的前进方向。高举中国特色社会主义伟大旗帜，确保先进文化的前进方向，必须坚持党对文化建设的领导，在这个原则问题上决不能有丝毫动摇。

二是坚持以马克思主义为指导，推进马克思主义中国化时代化大众化，用中国特色社会主义理论体系武装头脑、指导实践、推动工作，确保文化改革发展沿着正确道路前进。

三是坚持“二为”方向、“双百”方针、“两创”原则。坚持为人民服务、为社会主义服务，坚持百花齐放、百家争鸣，坚持创造性转化和创新性发展，弘扬主旋律、提倡多样化，以科学的理论武装人，以正确的舆论引导人，以高尚的精神塑造人，以优秀的作品鼓舞人，在全社会形成积极向上的精神追求和健康文明的生活方式。

四是坚持以人为本，贴近实际、贴近生活、贴近群众。发挥人民在文化建设中的主体作用，坚持文化发展为了人民、文化发展依靠人民、文化发展成果由人民共享，促进人的全面发展，培育有理想、有道德、有文化、有纪律的社会主义公民，培育担当民族复兴大任的时代新人。

五是坚持把社会效益放在首位、社会效益和经济效益有机统一。遵循文化发展规律，适应社会主义市场经济发展要求，加强文化法治建设，一手抓繁荣、一手抓管理，推动文化事业和文化产业全面协调可持续发展。

六是坚持改革开放，着力推进文化体制机制创新。以改革促发展、促繁荣，不断解放和发展文化生产力，提高文化开放水平，推动中华文化走向世界，积极吸收各国优秀文明成果，切实维护国家文化安全。

这些方面，是 70 年来我们党领导新中国文化建设的宝贵经验，充分体现了社会主义文化发展的特点和规律，对深入推进社会主义文化繁荣发展具有重要意义。

（二）树立高度的文化自信

“为有牺牲多壮志，敢教日月换新天。”“踏遍青山人未老，风景这边独好。”“装点此关山，今朝更好看。”……我们读毛泽东诗词，时时被其中洋溢的中国革命必胜信念、社会主义共产主义必胜信念所鼓舞、所震撼，时时被其中充满的革命乐观主义精神、革命英雄主义精神所感动、所激励。诗词中所饱含的对中华民族的自信心、对中华文化的自信心跃然纸上，令人心潮澎湃、激情涌动。

文化自信，是对自身文化价值的充分肯定，对自身文化生命力的坚定信念。只有对自己民族的文化有坚定的信心，才能获得坚持坚守的从容，鼓起奋发进取的勇气，焕发创新创造的活力。正因为文化自信连着我们的文化血脉和精神基因，连着我们的理念信念和梦想追求，连着我们的发展道路和发展方向，所以习近平总书记强调，“文化自信是一个国家、一个民族发展中更基本、更深沉、更持久的力量”，“坚定文化自信，是事关国运兴衰、事关文化安全、事关民族精神独立性的大问题”。

中华民族素有文化自信的气度。汉代雄风，盛唐气象，两宋文化之高度，展示了中华文化的灿烂辉煌。明初郑和率领200多艘海船、2.7万多人七下西洋，充当传递和平之音的友好使者而不是入侵者，这是何等的自信。只是到了近代，伴随着民族兴衰和国运沉浮，中华文化受到了冲击，“全盘西化”主张一时大行其道，甚至连要不要汉字、说不说汉语都成为问题。

中国共产党的成立是中国历史上开天辟地的大事变。中国共产党从成立之日起，就既是中华优秀传统文化的忠实传承者和弘扬者，又是中国先进文化的积极倡导者和发展者。她继承中华优秀传统文化，继承近代历史上中华优秀儿女不屈不挠的奋斗精神，在近百年波澜壮阔的奋斗历程中，取得了一个又一个胜利，为中华民族的复兴作出了伟大贡献。中国共产党之所以能够在艰难困苦中坚持战斗，在血与火的考验中取得胜利，就是因为中国共产党人充满民族自信和文化自信。

尽管文化自信这一概念是党的十八大后提出来的，但文化自信的思想和情怀却贯穿我们党领导文化建设全过程。早在1938年，毛泽东在党的六届六中全会上所作政治报告中就指出："我们这个民族有数千年的历史，有它的特点，有它的许多珍贵品。对于这些，我们还是小学生。今天的中国是历史的中国的一个发展；我们是马克思主义的历史主义者，我们不应当割断历史。从孔夫子到孙中山，我们应当给以总结，承继这一份珍贵的遗产。"1949年新中国的成立，不仅标志着中国人民政治上站立起来了，也标志着中国人民在精神文化上站立起来了。毛泽东庄严宣告："中国人被人认为不文明的时代已经过去了，我们将以一个具有高度文化的民族出现于世界。"改革开放新时期，邓小平指出，"我们要用历史教育青年，教育人民"，并强调要把革命战争年代形成的精神推广到全体人民、全体青少年中间去，使之成为中华人民共和国的精神文明的主要支柱，为世界上一切要求革命、要求进步的人们所向往，也为世界上许多精神空虚、思想苦闷的人们所羡慕。江泽民在"三个代表"重要思想中，鲜明强调我们党要代表中国先进文化的前进方向，强调"中华民族的优秀文化传统，党和人民从五四运动以来形成的革命文化传统，人类社会创造的一切先进文明成果，我们都要积极继承和发扬"。胡锦涛指出，"中华民族创造了源远流长、博大精深的中华文化，中华民族也一定能够在弘扬中华优秀传统文化的基础上创造出中华文化新的辉煌"，"我们一定要坚持社会主义先进文化前进方向，树立高度的文化自觉和文化自信，向着建设社会主义文化强国宏伟目标阔步前进"。党的十八大以来，习近平总书记深刻论述文化自信的重大命题，并把文化自信与道路自信、理论自信、制度自信并列，强调"我们要坚定中国特色社会主义道路自信、理论自信、制度自信，说到底是要坚持文化自信"。这鲜明体现了我们党高度的文化自觉和文化担当，把我们对文化的认识提升到一个新高度。

我们文化自信的理由和底气何在？我们有优秀传统文化的底蕴，也有在中国革命、建设、改革的伟大实践过程中孕育的革命文化和社会主义先进文化。这种在优秀传统文化基础上的继承和发展，夯实了我们文化建设的根基，奠定了我们文化自信的强大底气。习近平总书记指出："在5000多年文明发展中孕育的中华优秀传统文化，在党和人民伟大斗争中孕育的革命文化和社会主义先进文化，积淀着中华民族最深层的精神追求，代表着中华民族独特的精神标识。"

我们有博大精深的优秀传统文化。它是我们最深厚的文化软实力，是我们文化发展的母体。诸如"自强不息"的奋斗精神，"精忠报国"的爱国情怀，"天下兴亡，匹夫有责"的担当意识，"舍生取义"的牺牲精神，"革故鼎新"的创新思想，"扶危济困"的公德意识，"国而忘家，公而忘私"的价值理念等，一直是中华民族奋发进取的精神动力。"天人合一""天下为公"的社会理想，"以人为本""民为邦本"的治国理念，"载舟覆舟""居安思危"的忧患意识，"止戈为武""协和万邦"的和平思想，"与人为善""己所不欲，勿施于人"的处世之道，"儒法并用""德刑相辅"的治理思想，"和为贵""和而不同"的东方智慧，一直是中华民族治国理政的思想渊源。这些千百年传承的理念，已浸润于每个国人心中，成为日用而不觉的价值观，构成中国人的独特精神世界，其中最核心的内容已经成为中华民族最基本的文化基因，成为有别于其他民族的独特标识。

我们有鲜明独特、奋发向上的革命文化。革命文化诞生于血与火的革命岁月，是中国革命胜利的文化支撑和精神标识，它承载了党和人民对国家独立、民族解放、人民幸福的时代诉求和革命行动，传承和升华了中华优秀传统文化，积淀了社会主义先进文化的底蕴。它既传承了中华优秀传统文化，又引领和发展了社会主义先进文化，是我们必须传承的红色基因，是激励我们不忘初心、牢记使命、砥砺前行的强大精神力量。邓小平曾指出，"在长期革命战争中，我们在正确的政治方向指导下，从分析实际情况出发，发扬革命和拼命精神，严守纪律和自我牺牲精神，大公无私和先人后已精神，压倒一切敌人、压倒一切困难的精神，坚持革命乐观主义、排除万难去争取胜利的精神，取得了伟大的胜利”。这是对革命文化的精辟概括。夏明翰“砍头不要紧，只要主义真”的坚定信仰，方志敏《可爱的祖国》所展现的爱国主义激情，长征中红军将士“万水千山只等闲”的革命乐观主义精神，张思德全心全意为人民服务的精神，黄继光、邱少云奋不顾身的革命英雄主义精神，雷锋“干一行、爱一行、精一行”的螺丝钉精神……都是革命文化、革命精神的生动写照。

我们还有承前启后、继往开来的社会主义先进文化。它是对中华民族优秀传统文化和红色革命文化的继承和发展，是以马克思主义为指导所进行的文化创造。发展中国特色社会主义文化，就是以马克思主义为指导，坚守中华文化立场，立足当代中国现实，结合当今时代条件，发展面向现代化、面向世界、面向未来的，民族的科学的大众的社会主义文化，推动社会主义精神文明和物质文明协调发展。我们所发展的社会主义先进文化，有科学理论——马克思主义的指导，毛泽东曾深刻地指出，“自从中国人学会了马克思列宁主义以后，中国人在精神上就由被动转入主动”；有崇高的精神追求，比如我们的社会主义核心价值观，传承了中华优秀传统文化，吸收了世界文明的有益成果，有根有源、有理有义，是最能引领我们国家和民族进步的价值观；有深厚的群众基础，它是大众的文化，始终坚持以人民为中心，以满足人民精神文化需求为出发点和落脚点，做到文化发展为了人民、文化发展依靠人民、文化发展成果由人民共享；有开放包容的胸怀，不忘本来、吸收外来、面向未来，兼收并蓄、与时俱进，始终保持生机勃勃的创造活力。

我们的文化自信，不仅来自文化的积淀、传承与创新、发展，更来自当今中国特色社会主义的蓬勃生机，来自实现中国梦的光明前景。新中国成立70年来，特别是改革开放40多年来，我们创造了举世瞩目的成就。国家兴盛，文化必然兴旺，中华文化正迎来一个繁荣发展的黄金期。文化的优秀、国家的强大、人民的力量，就是我们文化自信的强大底气，文化自信的水之源、木之本。正如习近平总书记所说：“站立在960万平方公里的广袤土地上，吸吮着中华民族漫长奋斗积累的文化养分，拥有13亿中国人民聚合的磅礴之力，我们走自己的路，具有无比广阔的舞台，具有无比深厚的历史底蕴，具有无比强大的前进定力。中国人民应该有这个信心，每一个中国人都应该有这个信心。”

（三）扎根人民　扎根生活

“柳青为了深入农民生活，1952 年曾经任陕西长安县县委副书记，后来辞去了县委副书记职务、保留常委职务，并定居在那儿的皇甫村，蹲点 14 年，集中精力创作《创业史》。因为他对陕西关中农民生活有深入了解，所以笔下的人物才那样栩栩如生。柳青熟知乡亲们的喜怒哀乐，中央出台一项涉及农村农民的政策，他脑子里立即就能想象出农民群众是高兴还是不高兴。”2014 年 10 月，在文艺工作座谈会上，习近平总书记讲述柳青和群众打成一片的故事，重申“文艺为人民”这样一个最基本的价值理念。

“为什么人的问题，是一个根本的问题，原则的问题。”1942 年，毛泽东振聋发聩地提出了文艺为工农兵、为人民大众服务的根本方向。新中国成立以来，党在政策导向上不断强调要认识和处理好文艺与人民的关系，坚持为人民服务、为社会主义服务这个根本方向，要反映好民生、民情、民意，为人民鼓与呼。这既是党对文艺战线提出的一项基本要求，也是决定中国特色社会主义文艺前途命运的关键。邓小平指出：“我们的文艺属于人民”，“人民是文艺工作者的母亲”。江泽民厚望文艺家“在人民的历史创造中进行艺术的创造，在人民的进步中造就艺术的进步”。胡锦涛强调：“只有把人民放在心中最高位置，永远同人民在一起，坚持以人民为中心的创作导向，艺术之树才能常青。”党的十八大以来，习近平总书记更是在文艺工作座谈会上和中国文联十大、中国作协九大开幕式上反复强调：“文艺创作方法有一百条、一千条，但最根本、最关键、最牢靠的方法是扎根人民、扎根生活。”“一切有抱负、有追求的文艺工作者都应该追随人民脚步，走出方寸天地，阅尽大千世界，让自己的心永远随着人民的心而跳动。”70 多年风云激荡，“为人民大众”不仅成为社会主义文艺，而且成为整个社会主义文化建设的鲜明价值底色。

人民是历史的创造者，是文化发展最深厚的力量源泉。70 年来，我国文化建设坚持根基和力量在人民，坚持以人为本、人民至上，走出了一条人民共建共享的文化发展道路。

第一，文艺创作坚持为人民抒写、抒情、抒怀。一方面，人民需要文艺。特别是随着人民生活水平的不断提高，人民对包括文艺作品在内的文化产品的质量、品位、风格等的要求也更高了。另一方面，文艺需要人民。人民是文艺创作的源头活水，一旦离开人民，文艺就会变成无根的浮萍、无病的呻吟、无魂的躯壳。人民的需要是文艺存在的根本价值所在。能不能搞出优秀作品，最根本取决于是否能为人民抒写、为人民抒情、为人民抒怀。文艺只有植根现实生活、紧跟时代潮流，才能发展繁荣；只有顺应人民意愿、反映人民关切，才能充满活力。

新中国成立以来特别是改革开放以来，广大文艺工作者坚持以人民为中心的创作导向，聚焦人民的实践创造、火热生活和审美需要，创作出一大批以百姓视角反映历史和时代的优秀作品。如著名画家罗中立的油画作品《父亲》，原型是一位名叫邓开选的普通农民。这幅作品开辟了刻画普通农民的复杂性格和表现普通农民的内心思想的新领域，改变了以革命领袖为主要描绘对象的创作方法，给 20 世纪 80 年代的艺术界以巨大的震动。比如，路遥的经典之作《平凡的世界》虽然已出版 30 多年了，但人们觉得，孙少平依然活着，活在一代又一代年轻人的心中，依然那么年轻，那么有力量。这个人物为什么这样有力量？就是因为在他的身上体现了时代的重大社会变革，反映了当时和后来现实生活中千千万万年轻人的命运。再如，电视剧《渴望》《编辑部的故事》《金婚》《贫嘴张大民的幸福生活》《媳妇的美好时代》，紧跟时代变革步伐，生动反映当代中国人民的生活状况和精神状态，有力奏响时代旋律。《老农民》《父母爱情》《平凡的世界》《情满四合院》《鸡毛飞上天》《最美的青春》等作品于平常中见真情、朴实中现力量，以对社会现实的深切关注、对艺术创作的深情追求，不断开掘平凡生活所蕴含的崇高价值。

第二，把最好的精神食粮奉献给人民。“穿过大风雪，走过大草原，我的勒勒车来到你面前，从此你会明白我的歌，为什么永远唱不完……”一首动听的长调，一段优雅的舞蹈，一辆装满道具的勒勒车，一支多才多艺的队伍，这就是“天作幕来地当台，随时随地演起来”的乌兰牧骑。乌兰牧骑，蒙语原意为“红色的嫩芽”，意为红色文化工作队。内蒙古自治区第一支乌兰牧骑诞生于1957年，来自锡林郭勒盟苏尼特右旗，是一支仅有9人、两辆勒勒车、四件乐器的小队伍。在当时由于乌兰牧骑非常适合农牧民的需要，所以很快得到普及和提高。在60多年的演出实践中，乌兰牧骑创作出许多优秀剧目，培养造就了一大批优秀的文艺人才。

对于乌兰牧骑所坚持的先进文化方向，党的几代领导人都给予了充分肯定和高度评价，毛泽东3次接见乌兰牧骑队员，周恩来12次接见乌兰牧骑队员并嘱咐：“不要进了城市，忘了乡村，要不忘过去，不忘农村，不忘你们的牧场，望你们保持不朽的乌兰牧骑称号。”1983年，邓小平题词：“发扬乌兰牧骑精神，全心全意为人民服务。”1997年，江泽民题词：“乌兰牧骑是我国社会主义文艺战线上的一面旗帜。”胡锦涛视察内蒙古自治区时曾在基层观看过乌兰牧骑演出。2017年11月21日，习近平总书记给内蒙古自治区锡林郭勒盟苏尼特右旗乌兰牧骑队员回信，勉励乌兰牧骑在新时代，以党的十九大精神为指引，大力弘扬乌兰牧骑优良传统，扎根生活沃土，服务牧民群众，推动文艺创新，努力创作更多接地气、传得开、留得下的优秀作品，永远做草原上的“红色文艺轻骑兵”。

70年来，一代又一代文艺工作者秉持为人民服务的理念，把艺术送到田间地头、车间厂矿、社区军营、边疆哨所……近年来，开展了科技文化卫生“三下乡”“送欢乐下基层”“文艺进社区”“艺术进万家”“艺术进校园”“聚焦新农村、文艺为农民”等主题鲜明、内容丰富、形式多样的文化惠民活动。据统计，截至2017年年末，全国艺术表演团体15752个，全年演出293.77万场，其中赴农村演出184.44万场；群众文化机构44521个，组织开展各类文化活动197.86万场次，服务人次63951万。245条农村数字院线、约5万余支放映队活跃在基层，实现了流动电影公共服务全覆盖，确保了“一村一月放映一场电影”的目标，丰富了基层群众文化生活，产生了广泛社会影响。

第三，发展文化事业，保障人民基本文化权益。让广大人民群众参与文化活动、享受文化成果，是社会主义文化事业的重要内容，是保障人民权益、满足人民精神文化需求的重要任务。新中国成立以来，我们坚持政府主导、社会参与、重心下移、共建共享，不断完善公共文化服务体系，人民群众享受着越来越丰富的精神文化生活。

2017 年全国文化事业费为 855.8 亿元，全国人均文化事业费 61.57 元；文化事业费占财政总支出的比重为 0.42%，助力城乡文化建设。2004 年开始，国有博物馆、纪念馆、美术馆逐步实行免费开放制度。2005 年，公共文化服务体系建设提上日程，推进文化信息资源共享工程、广播电视村村通、农家书屋、农村电影放映工程、乡镇综合文化站等文化惠民工程，改善文化民生。2012 年覆盖城乡的六级公共文化服务设施网络基本建立，在此基础上不断完善公共文化服务体系，提高基本公共文化服务标准化、均等化水平，加强对农村尤其是革命老区、民族、边疆、贫困地区的扶助，促进城乡、区域发展均衡。2017 年 3 月和 11 月，先后颁布《中华人民共和国公共文化服务保障法》《中华人民共和国公共图书馆法》，通过法律形式明确政府保障人民群众基本文化权益的责任。我国的文化基础设施、场所及技术得到全面提升，文化供给正在由供给导向向需求导向转变。

第四，充分激发群众的文化热情和创造精神。2019 年 2 月 4 日晚，猪年央视春晚大幕开启，在大型歌舞节目《点赞新时代》中，来自哈尔滨市阿城区文化馆群众舞蹈团的 40 位阿姨参与演出，这也是春晚舞台上首次出现广场舞表演。2018 年全国广场舞展演活动自当年 6 月开展以来，各层次展演精彩纷呈，广大群众踊跃参与。据初步统计，截至当年 10 月底，全国共举办展演活动 6225 场，参演团队 64564 支，参演群众 209.4 万人，吸引超过 4206 万人次观看。如今的广场舞蹈活跃在祖国大地的各个角落，成为城市乡村生活的亮点和风景线，充分展现了亿万群众中巨大的文化热情和蓬勃的文化创造。

人民是文化创造的主体力量。正因为我们充分尊重人民在文化建设中的首创精神，为人人成为社会主义文化建设者提供了广阔舞台，蕴藏于人民之中的文化创造潜能充分释放出来，全社会的文化创造活力竞相迸发、充分涌流，社会主义文化繁荣发展有了永不枯竭的源泉。

（四）文化体制改革激发活力

2018 年中国电影总票房突破 600 亿元！这也是中国影市首次跨过 600 亿关口。全年共有 501 部电影上映，国产电影 381 部，其中有 8 部票房过十亿，41 部票房过亿。而 2003 年以前，我国电影产量一直徘徊在 100 部以下。看看这几年中国电影票房不断突破的轨迹：2010 年，首破 100 亿元；2013 年 12 月 8 日，突破 200 亿元；2015 年 9 月 5 日，突破 300 亿元；2015 年 12 月 3 日，突破 400 亿元；2017 年 11 月 20 日，突破 500 亿元；2018 年 12 月 29 日，突破 600 亿元。站在文化体制改革风口浪尖的电影产业描绘了一条华丽的上升曲线，成为文化体制改革成就的一个缩影。

同经济体制改革、政治体制改革、教育体制改革、科技体制改革等一样，文化体制改革与改革开放相伴相生——1978 年《人民日报》等 8 家报刊单位提出事业单位实行“事业体制，企业化管理”，拉开了我国事业单位改革的序幕。1979 年，广州出现第一家音乐茶座，市场力量开始向传统文化领域渗透；1988 年，国务院相关部门陆续颁布文化市场管理法规，文化市场的概念得以确立；2000 年，“文化产业”一词被正式写入中央文件；党的十六大实现产业和文化事业分离，重塑文化市场主体。此后，文化产业发展一路高歌猛进，文化产业增加值不断刷新。

改革创新是坚持和发展中国特色社会主义的强大动力，也是推动文化繁荣发展的强大动力。改革开放以来，特别是近些年来，党和政府加快推进国有经营性文化单位改革，深化公益性文化单位改革，健全现代文化市场体系，完善文化管理体制，创新文化走出去模式，着力构建充满活力、富有效率、更加开放、有利于文化科学发展的体制机制。从计划经济条件下的传统文化管理体制到社会主义市场经济条件下现代文化治理体系，从单纯依靠政府投入的文化事业到政府主导、社会参与的现代公共文化服务体系，从短缺的文化生产供给、零散的文化经营活动到繁荣活跃的现代文化产业和市场体系，从较为封闭单一的对外文化交流到以我为主、多层次、宽领域文化开放格局……伴随着改革开放不断深入的伟大实践，文化领域的改革发展，走过了极不平凡的历程，取得了极不平凡的成就。

党的十八大以来，文化体制改革全面深化，国家文化治理能力和水平不断提高。

——完善文化管理体制。国家新闻出版署、国家电影局统一揭牌，文化和旅游部、国家广播电视总局、中央广播电视总台等新机构挂牌组建。完善国有文化资产管理体制，推动实现管人管事管资产管导向相统一。进一步深化文化市场综合执法改革，中央及省级改革任务基本完成。

——加强文化法治建设。推动出台《中华人民共和国公共文化服务保障法》《中华人民共和国电影产业促进法》《中华人民共和国网络安全法》《中华人民共和国公共图书馆法》等重要法律。

——深化国有文化企事业单位改革。加快推进公司制、股份制改革，健全法人治理结构，建立有文化特色的现代企业制度。全面加强社会效益和经济效益综合考核评价指标体系建设，明确“社会效益指标考核权重应占50%以上”。

——文化产业提质增效，向国民经济支柱性产业迈进。2017年全国文化及相关产业增加值35462亿元，增长15.2%，占GDP比重4.29%。文化产业保持两位数增长速度，高于同期经济增速。2017年全国5.5万家规模以上文化及相关产业企业实现营业收入91950亿元，形成了9个大类文化产业。文化产业整体规模和实力不断提升，中国主要文化产品和文化服务规模已位居世界前列，成为世界第一出版大国、电视剧大国、广播大国、动漫大国，世界第二大电影市场。

——产业结构布局逐渐优化，新型文化业态不断涌现。对接“互联网+”战略，改造提升传统产业，加快发展移动多媒体、网络视听、数字出版、动漫游戏、3D和巨幕电影等新兴产业，推动上网服务、游戏游艺等行业转型升级。

改革是与开放紧密联系在一起的。我们坚持立足中国、面向世界，坚持“引进来”与“走出去”相结合，加强与世界各国的文化交流，既积极吸收借鉴人类一切优秀文明成果，又大力推动中华文化走出去，不断提升中华文化的国际影响力。截至2017年年底，我国已与157个国家签署了文化合作协定，累计签署文化交流执行计划近800个，初步形成了覆盖世界主要国家和地区的政府间文化交流与合作网络。借助文化活动、海外中国文化中心、孔子学院等平台，中国杂技、武术、书法、京剧、太极拳等传统文化纷纷走上国际舞台，“文化年”“国家年”“交流年”等各类大型国际文化活动，让对外文化交流形成品牌和合力。在与世界文化的交流激荡中，中华文化海纳百川、博采众长，不断焕发出蓬勃的生机和活力。

中华民族以源远流长的历史和博大精深的文化著称于世，中华文明是人类文明史上唯一没有中断而延续至今的伟大文明。中华民族的伟大复兴，必然伴随着中华文化的繁荣兴盛。当代中国共产党人和中国人民应该而且一定能够担负起新的文化使命，在实践创造中进行文化创造，在历史进步中实现文化进步，创造中华文化新的辉煌。

六

人民有信仰　国家有力量　民族有希望

——为什么能够保持昂扬向上的精神风貌

2018年12月18日，人民大会堂。伴随着《春天的故事》悠扬的旋律，党中央、国务院表彰的“改革先锋”依次领奖，少先队员们向他们献上美丽的鲜花，习近平总书记等党和国家领导人集体起立转身，向他们鼓掌祝贺，会场掌声雷动、激情涌动。100位改革先锋是敢为人先的弄潮儿，是拼搏奋斗的实干家，在他们身上，映照着改革开放40年的光辉历程，折射着当代中国人民昂扬向上、奋发进取的精神风貌。

伟大的民族孕育伟大的精神，伟大的精神引领伟大的事业。回望70年，新中国新社会，当家作主的中国人民扬眉吐气、奋发图强；展望中国梦，新图景新征程，奋勇追梦的中国人民激流勇进、再创辉煌。

（一）榜样的力量是无穷的

“学习雷锋好榜样，忠于革命忠于党……”《学习雷锋好榜样》的铿锵旋律已经在中华大地回响了50多个春秋，从耄耋之年的老人，到牙牙学语的孩童，十几亿中国人几乎都唱过或听过。雷锋，这位普通战士的名字，成为几代中国人的共同记忆。一代又一代人唱雷锋、学雷锋、做雷锋，无论岁月如何流转，这个仅仅走过22年的生命，一直温暖着我们的心灵，哺育和激励一代又一代人成长。高扬的雷锋精神始终熠熠生辉，已成为我们民族精神中不可缺少的一部分。

这就是榜样的力量，这就是英雄人物精神的永恒魅力。它具有穿越时空的恒久生命力，没有过时也永远不会过时。

一个有希望的民族不能没有英雄，一个有前途的国家不能没有先锋。新中国成立 70 年来，先进典型和模范人物层出不穷，他们是各个时期的先进分子，是各条战线的优秀代表，是革命、建设、改革的中坚力量。他们的先进事迹和崇高精神，代表着人民群众的愿望，反映了社会进步潮流，展现着中华民族的奋斗足迹，蕴含着时代精神的深刻内涵，是社会历史前进的生动写照。一个典型就是一面旗帜，一位英雄就是一座丰碑。各个时期、各条战线的先进人物、英雄模范，引领着时代新风，激励着全国人民奋勇前行。

人民不会忘记，“生的伟大，死的光荣”的刘胡兰，“为人民利益而死”的张思德，“毫不利己，专门利人”的白求恩……艰苦卓绝的革命战争岁月，榜样在漫长黑夜里点燃了中华民族图强的希望之火。

人民不会忘记，抗美援朝战场上的邱少云、黄继光、罗盛教、杨根思等，他们是新中国“最可爱的人”；带领人民群众战盐碱、斗风沙的河南兰考县委书记焦裕禄，“工业学大庆”中的“铁人”王进喜，上山下乡、建设农村的知青邢燕子，“宁肯一人脏，换来万户净”的淘粪工人时传祥等，他们是“新中国的建设标兵”；雷锋，更是家喻户晓的“时代偶像”……新中国成立后的 20 世纪五六十年代，先进典型是保卫和建设共和国的先锋。

人民不会忘记，勇攀科学高峰的科学家华罗庚、陈景润、蒋筑英等，吹散一度漠视知识的沉郁风气；顽强拼搏、为国争光的中国女排，以“五连冠”的战绩让国人扬眉吐气……改革开放之初，先进典型是拨乱反正、重塑社会价值的旗帜。

人民不会忘记，一心为民、淡泊名利的“人民好公仆”孔繁森、郑培民、牛玉儒、杨善洲，平凡岗位奉献自我的新时期“道德模范”李素丽、徐虎、许振超、郭明义，见义勇为的“人民英雄”徐洪刚，洪水前铸就“铜墙铁壁”的人民子弟兵……20 世纪 90 年代后，先进典型是社会主义市场经济大潮中的道德高地。

人们不会忘记，党的十八大以来，廖俊波、邹碧华等领导干部，大写“全心全意为人民服务”；黄大年、李保国等科技人才，将爱国之情、报国之志融入国计民生主战场；“大功三连”、王锐等强军先锋，用汗水热血浇筑“对党忠诚”“人民至上”……时代大潮奔涌向前，先进典型群星璀璨，真实标注着取得“历史性成就”、发生“历史性变革”的艰辛与荣耀。

毛泽东曾说过：“典型本身就是一种政治力量。”回望历史，抓典型教育是我们党思想政治教育的重要手段，是党凝聚人心的重要法宝。我们把先进典型看作有形的正能量、鲜活的价值观，以他们为一面面旗帜、一盏盏明灯，矗立起推动时代发展进步的精神桅杆，汇聚起砥砺前行的磅礴力量。

时代哺育英雄，领袖关爱英雄。毛泽东、周恩来、刘少奇、朱德、邓小平、陈云、江泽民为雷锋题词，2002 年，胡锦涛在纪念毛泽东等老一辈革命家为雷锋同志题词三十周年大会上发表重要讲话，强调要发扬光大雷锋精神；2010 年 8 月，胡锦涛对鞍山钢铁集团郭明义同志先进事迹作出重要批示，称赞他是新时期学习实践雷锋精神的优秀代表。2014 年 3 月，习近平总书记出席十二届全国人大二次会议解放军代表团全体会议，亲切接见部分基层代表，他对某工兵团“雷锋连”指导员谢正谊说：“雷锋精神是永恒的，是社会主义核心价值观的生动体现。你们要做雷锋精神的种子，把雷锋精神广播在祖国大地上。”

学习弘扬焦裕禄精神，也是党的几代领导集体一脉相承的政治嘱托。毛泽东为焦裕禄题词：为人民而死，虽死犹荣。1990 年 6 月 15 日，邓小平为华夏出版社的纪实文学《焦裕禄》题写书名。1991 年 2 月 9 日，江泽民视察兰考并题词：“向焦裕禄同志学习，全心全意为人民服务。”1994 年 5 月和 2003 年 12 月，胡锦涛先后两次视察兰考，并为“焦裕禄同志纪念馆”落成剪彩暨焦裕禄铜像揭幕。习近平曾动情地表示，“焦裕禄同志的形象一直在我心中”。早在 1990 年 7 月 15 日，当时担任福建省福州市委书记的习近平同志读了《人民呼唤焦裕禄》一文，有感于焦裕禄为人民服务的精神，赋词一首《念奴娇·追思焦裕禄》，发表在 7 月 16 日的《福州晚报》上。

念奴娇·追思焦裕禄

习近平

中夜，读《人民呼唤焦裕禄》一文，是时霁月如银，文思萦系……

魂飞万里，盼归来，此水此山此地。百姓谁不爱好官？把泪焦桐成雨。[①]生也沙丘，死也沙丘，父老生死系。[②]暮雪朝霜，毋改英雄意气！

依然月明如昔，思君夜夜，肝胆长如洗。路漫漫其修远矣，两袖清风来去。为官一任，造福一方，遂了平生意。绿我涓滴，会它千顷澄碧。

一九九〇·七·十五

注：①焦裕禄当年为了防风固沙，帮助农民摆脱贫困，提倡种植泡桐。如今，兰考泡桐如海，焦裕禄当年亲手栽下的幼桐已长成合抱大树，人们亲切地叫它“焦桐”。

②焦裕禄临终前说“我死后只有一个要求，要求党组织把我运回兰考，埋在沙丘上。活着我没有治好沙丘，死了也要看着你们把沙丘治好！”

这首词寓意高远，感情真挚，语言质朴，格调清新，真切表达了对焦裕禄精神的深情赞颂和作者自己爱民为民、责任担当的感人情怀。2009 年 4 月，习近平在河南视察，专程去兰考县参观焦裕禄事迹展，亲手种下一棵泡桐。时隔五年后，又于 2014 年 3 月和 5 月两次前往兰考，并号召党员干部向焦裕禄看齐。2014 年 8 月 27 日，习近平总书记在中南海听取兰考县委和河南省委党的群众路线教育实践活动情况汇报，2015 年 1 月 12 日，同中央党校第一期县委书记研修班学员进行座谈并发表重要讲话时一再强调，要做焦裕禄式的县委书记。

为铭记英雄，褒扬先进，党和国家开展了一系列活动，采取了一系列举措。2009 年，在全国人民喜迎新中国成立 60 周年之际，广大干部群众以饱满的政治热情评选出了“100 位为新中国成立作出突出贡献的英雄模范人物和 100 位新中国成立以来感动中国人物”。2018 年在隆重庆祝改革开放 40 周年之际，为表彰先进、鼓舞斗志，弘扬敢闯敢试、敢为人先的改革精神，激励全党全国各族人民将改革开放进行到底，党中央、国务院授予于敏等 100 名同志改革先锋称号，颁授改革先锋奖章。从 2007 年开始，中央宣传部、中央文明办、解放军总政治部、全国总工会、共青团中央、全国妇联等部门共同举办“全国道德模范”评选表彰活动，对英雄模范不仅给予崇高的荣誉，而且从法律上给予褒扬和保护。2018 年 4 月 27 日，中华人民共和国第十三届全国人民代表大会常务委员会第二次会议通过《中华人民共和国英雄烈士保护法》，为加强对英雄烈士的保护、传承和弘扬英雄烈士精神和爱国主义精神提供了有力的法治保障。

一个个先进典型勇立时代潮头、争做时代先锋，他们是时代精神的传递者、主流价值的塑造者、社会潮流的引领者，任风吹雨打不褪色，经千锤百炼更坚强。正是这一批又一批的先进典型，在中国革命、建设、改革的进程中，滋养了一代又一代社会主义事业的开拓者，激励着一代又一代中华儿女不忘初心，继续前进。站在新的历史起点上，让我们向典型学习、向榜样致敬，以榜样的力量引领崇高事业，汇聚起实现中华民族伟大复兴中国梦的强大正能量，努力创造属于新时代的光辉业绩。

（二）“两手抓、两手都要硬”

江苏张家港市，原名沙洲，1962 年建县，1986 年 9 月撤县建市。由常熟和江阴 10 多个偏远乡镇组成的沙洲县，长期在苏南地区经济垫底。苏州作家何建明在纪实报告《我的天堂》中这样写道：“当时我们沙洲建县之初，县委向上面写了一份报告，那里面有一句话我至今仍记得：我们一无所有。”从“一无所有”到“明星城市”，几十年间，张家港蝶变新生。用张家港人的话说，这一切都来自改革开放铸就的十六字“张家港精神”——团结拼搏、负重奋进、自加压力、敢于争先。

1995年10月，全国精神文明建设经验交流会在张家港召开，向全国推广“一把手抓两手、两手抓两手硬”的张家港经验。随之，“张家港精神”闻名全国，成为江苏改革开放的“三大法宝”之一。从获评第一家县级全国文明城市，到实现全国文明城市“四连冠”，张家港追求文明的脚步从未停歇，文明成了这座城市最亮丽的名片。

在神州大地上，像张家港这样物质文明与精神文明双丰收的地方还有很多，它们以一幅幅色彩斑斓的文明画卷，生动展示了社会主义中国建设的蓬勃生机和无限活力，生动展示了亿万中国人民昂扬向上的精神风貌。

社会主义，本身就内含着对科学理想、崇高精神、先进思想文化的向往和追求，社会主义社会不仅致力于实现生产力的高度发达，也致力于人的精神世界的极大丰富。早在1940年，毛泽东就指出：“我们不但要把一个政治上受压迫、经济上受剥削的中国，变为一个政治上自由和经济上繁荣的中国，而且要把一个被旧文化统治因而愚昧落后的中国，变为一个被新文化统治因而文明先进的中国。”

新中国成立后，以毛泽东同志为代表的中国共产党人一方面着手建立社会主义制度，对生产资料私有制进行社会主义改造；另一方面大力开展马克思主义、社会主义思想教育，积极建设社会主义意识形态。百废待兴的新中国在成功确立社会主义基本经济制度和政治制度的同时，逐步确立了马克思主义在意识形态领域的指导地位，亿万翻身做主人的人民大众焕发出建设新中国的巨大热情。社会主义改造基本完成后，党领导人民开始转入大规模社会主义建设时期。由于确立了对知识分子和教育科学文化的正确政策，广大青年学生和知识分子自觉学习马克思列宁主义和毛泽东思想，文化教育事业快速发展，形成了革命的、健康的、朝气蓬勃的道德风尚。后来由于党的工作在指导思想上出现严重失误，思想道德建设也经历了曲折的过程。特别是“文化大革命”期间，在“政治取代一切”“政治压倒一切”的口号声中，不恰当地运用政治运动的方式搞思想教育，“大鸣、大放、大字报、大辩论”

等极端做法大行其道，造成思想领域的过度政治化。

进入改革开放新时期，以邓小平同志为核心的第二代中央领导集体，以巨大政治勇气和理论勇气，全面推进拨乱反正，伴随党和国家工作重心的转移，思想道德建设和精神文明建设进入新时期。1979 年 10 月，邓小平在中国文学艺术工作者第四次代表大会上发表祝词强调："我们要在建设高度物质文明的同时，提高全民族的科学文化水平，发展高尚的丰富多彩的文化生活，建设高度的社会主义精神文明。"他还强调，要大力发扬党和人民在长期实践中形成的崇高精神，"大声疾呼和以身作则地把这些精神推广到全体人民、全体青少年中间去，使之成为中华人民共和国的精神文明的主要支柱，为世界上一切要求革命、要求进步的人们所向往，也为世界上许多精神空虚、思想苦闷的人们所羡慕"。1986 年，党的十二届六中全会作出《关于社会主义精神文明建设指导方针的决议》，阐述了社会主义精神文明建设的战略地位、方针原则和根本任务。这是党的历史上第一个关于精神文明建设的专门决议，是一个具有里程碑意义的纲领性文献。在这一历史进程中，我们党确立了"一个中心、两个基本点"的基本路线，提出了一手抓物质文明、一手抓精神文明，重申了"二为"方向和"双百"方针，明确了培育"四有"新人的目标任务，广泛开展了"五讲四美三热爱"等群众性精神文明创建活动，思想文化领域呈现出活跃繁荣的新气象。但在实践中，也出现了淡化意识形态、放松思想政治教育的倾向，加上当时国际大气候的影响，最终酿成了 1989 年政治风波。对此，邓小平一针见血地指出，十年最大的失误是教育，主要是思想政治教育。这一深刻教训，值得认真汲取。

党的十三届四中全会后，以江泽民同志为核心的党中央认真总结正反两方面经验教训，全面加强精神文明建设。1992 年，党的十四大确立了邓小平理论在全党的指导地位，提出了用邓小平理论武装全党的战略任务。1994 年年初，全国宣传思想工作会议，提出了"以科学的理论武装人、以正确的舆论引导人、以高尚的精神塑造人、以优秀的作品鼓舞人"的根本任务。1994 年 8 月，颁布《爱国主义教育实施纲要》，鲜明提出把爱国主义精神作为全社会的主旋律，把爱国主义教育贯穿于各项宣传教育中。1996 年，党的十四届六中全会通过了《关于加强社会主义精神文明建设若干重要问题的决议》，对社会主义精神文明建设特别是思想道德和文化建设作出新的全面部署。2001年，颁布《公民道德建设实施纲要》，大力倡导公民基本道德规范，形成与发展社会主义市场经济相适应的道德体系。这一个时期，精神文明建设形成了正确方针原则、明晰工作思路和行之有效的制度机制，实现了由适应社会主义计划经济到适应社会主义市场经济的转变，开创了新的局面。

党的十六大以后，以胡锦涛同志为总书记的党中央适应国际国内形势的新变化，把精神文明建设摆在更加重要的位置来抓。2004年2月、8月，中央先后下发《关于进一步加强和改进未成年思想道德建设的若干意见》《关于进一步加强和改进大学生思想政治教育的意见》，把加强和改进青少年思想道德建设作为精神文明建设的重要组成部分，作为事关国家前途命运的战略工程、希望工程、民心工程。2006年3月4日，胡锦涛提出了以“八荣八耻”为主要内容的社会主义荣辱观，体现了中华民族传统美德与时代精神的有机结合，为我国公民道德建设树起了新的标杆，对加强社会主义思想道德建设产生了重要的影响。党的十六届六中全会提出建设社会主义核心价值观的战略任务，为推进社会主义精神文明建设提供了根本遵循。在全国广泛开展文明城市、文明村镇、文明单位创建活动，以举办奥运会、庆祝新中国成立60周年等为契机，深入开展“讲文明树新风”活动，促进了公民思想道德素养和全社会文明程度的提升。

党的十八大以来，以习近平同志为核心的党中央高度重视精神文明建设，着眼统筹推进“五位一体”总体布局，协调推进“四个全面”战略布局，作出了一系列重大决策部署，推动社会主义精神文明建设在理论和实践上不断取得新成就、创造新经验，有效发挥了统一思想、凝聚力量的强大作用，鼓舞和激励全国人民在党中央领导下为实现中华民族伟大复兴的中国梦不断奋进。习近平总书记在多个场合，对社会主义物质文明和精神文明“两手抓、两手都要硬”的重要意义进行了系统阐释，强调“物质贫乏不是社会主义，精神空虚也不是社会主义”，“实现我们的发展目标，不仅要在物质上强大起来，而且要在精神上强大起来”，“当高楼大厦在我国大地上遍地林立时，中华民族精神的大厦也应该巍然耸立”。2013 年 8 月 19 日，在全国宣传思想工作会议上，习近平总书记进一步深刻阐释道，只有物质文明建设和精神文明建设都搞好，国家物质力量和精神力量都增强，全国各族人民物质生活和精神生活都改善，中国特色社会主义事业才能顺利向前推进。中央制定下发的《关于培育和践行社会主义核心价值观的意见》指出，要把培育和弘扬社会主义核心价值观打造成凝魂聚气、强基固本的基础工程，让核心价值观的影响像空气一样无所不在、无时不有。坚持依法治国和以德治国相结合，加强社会公德、职业道德、家庭美德、个人品德教育，弘扬中华传统美德，弘扬时代新风，由此中华大地涌现出一大批道德模范、时代楷模、中国好人、最美人物。持续深入推进的精神文明建设，挺起了中国脊梁、激发了中国力量、引领了中国风尚，为全党全国各族人民砥砺前行提供了有力的思想指导、精神支撑、智力支持。

同心掬得满庭芳，文明花开满园春。新中国成立 70 年来，亿万人民在中国共产党带领下，用勤劳与智慧创造了物质文明发展的世界奇迹，也收获了精神文明发展的丰硕成果，构建起中华民族伟大复兴的精神坐标。

（三）思想道德建设的脚步从未停歇

对于今天 40 岁以上的中国人来说，想必对“五讲四美三热爱”都不会陌生。改革开放之初，在人们思想获得巨大解放的同时，各种价值观念的碰撞也随之而来，一些消极的、错误的思想，对当时的社会风气，特别是青少年带来不良的影响和冲击。

1981 年 2 月 25 日，全国总工会、团中央、全国妇联、中国文联等 9 个单位联合发出倡议，号召在全国人民特别是广大青少年中开展以“讲文明、讲礼貌、讲卫生、讲秩序、讲道德”和“语言美、心灵美、行为美、环境美”为主要内容的文明礼貌活动。倡议宛如一股春风，迅速吹遍了全国，“五讲四美”活动生动活泼地开展起来了。随着“五讲四美”深入人心，其内容也在不断充实。到了1983年年初，“五讲四美”又增加了“三热爱”，即热爱祖国、热爱社会主义、热爱中国共产党，从而使其价值指向更加明确。

“五讲四美三热爱”给每个经历了那个时代的人留下了美好的记忆，谱写了改革开放之初社会主义精神文明建设的精彩篇章。正如著名作家叶匡政在一篇文章中所说，“五讲四美三热爱”不只是旧日时光中的一个名词。这个名词铭刻了一个时代鲜明的印痕，也携带着人们对于岁月流逝、万物复苏的记忆……它给了心灵以空间，它给了美以空间，它也表达了人们对秩序、文明、道德的渴望。

新中国成立70年来，我们党带领人民始终为追求先进的思想道德、塑造健康向上的社会风气而努力。从新中国成立之初，荡涤旧社会遗留的娼妓、吸食鸦片、赌博等丑恶现象，形成新的社会风气，到广泛开展学雷锋活动，从改革开放之初倡导“五讲四美三热爱”到开展“讲文明、树新风”活动，从颁布《公民道德建设实施纲要》到大力培育和践行社会主义核心价值观，从群众性精神文明创建活动的普遍开展到“道德模范”的评选表彰……思想道德建设的脚步从未停歇。

70年来，无论是人们民族自豪感、爱国主义热情、遵法守规意识、敬业进取精神的大大增强，还是公共秩序的明显改善、文明礼仪的广泛普及、志愿服务的蓬勃开展，都反映着社会文明程度的悄然提升，体现着中国人民昂扬向上的精神风貌。特别是在关键时刻，国人的道德风貌更是表现得淋漓尽致。每遇大灾大难，都会出现“一方有难、八方支援”的动人场面；每逢重大活动，都会看到成千上万志愿者奔波忙碌的身影……他们服务社会、无私奉献的精神成为一道亮丽的道德风景线。

古语说：“玉不琢，不成器；人不学，不知义。”一个人的道德品质需要长期教育和灌输，整个社会的道德风气也需要精心培育和引导。

而社会的发展变化也不断对道德建设提出新课题。在改革开放和发展社会主义市场经济新的历史条件下，思想道德建设也在不断与时俱进、改进创新，焕发出新的生机活力。

——我们可以感到，道德建设少了空洞的说教，更加注重实践的养成。

道德建设越来越融入人们的生产生活实际，人们由近及远、由浅入深，自觉遵守社会公德、职业道德、家庭美德、个人品德的要求。各种为人们所喜闻乐见的道德实践活动蓬勃开展，引导人们在为家庭谋幸福、为他人送温暖、为社会作奉献的过程中，领悟崇高、感受光荣，提升精神境界、培育文明风尚。

——我们可以感到，面向重点人群的道德建设力度不断加大。道德建设既应面向全体社会成员，又要抓住重点、以点带面。这些年，重点抓了三个群体的道德建设。一是领导干部。官德正则民风淳，领导干部的道德水准应该成为社会道德的标杆。从中央到地方大力推动领导干部修身立德，完善“官德”考评，使之为全社会作出表率。二是公众人物。公众人物社会知名度高、影响力大。推动文艺、体育、科技、商界等行业的公众人物注重加强自律，接受社会和舆论监督，热心公益事业，树立良好形象，以自身的模范言行发挥积极引领作用。三是青少年。青少年是国家的未来和希望，坚持从娃娃抓起，使孩子们从小养成良好的道德品质。

——我们可以感到，家庭家教家风更加为人们所重视。“家庭是人生的第一个课堂，父母是孩子的第一任老师”。中国人一向重视“家庭”在个人成长过程中的作用，无论时代如何变化，无论经济社会如何发展，家庭的生活依托都不可替代，家庭的社会功能都不可替代，家庭的文明作用都不可替代。毛泽东、周恩来、朱德等老一辈革命家都高度重视家风。近年来，在习近平总书记大力倡导下，家庭家教家风问题越发为人们所重视，评选“最美家庭”“树家风谈家教承家训”“家谱寻根 家风传承”等活动，在全国各地广泛开展，千千万万个家庭成为国家发展、民族进步、社会和谐的重要基点，成为人们梦想起航的地方。

——我们可以感到，道德领域突出问题的治理更加有力有效。当前道德领域问题很多，不可能短时期一并解决，应该从最突出、影响最恶劣、群众反映最强烈的问题抓起，集中力量，抓出成效。比如，针对诚信缺失这一突出问题，2014 年年初，中央文明办、最高人民法院等八部门共同签署了合作备忘录，开始对失信人实施联合惩戒，最有效的措施就是限制失信人高消费，主要是限制出行。为进一步扩大联合惩戒范围，2016 年 1 月，最高人民法院、国家发改委等 44 家单位签署了《关于对失信被执行人实施联合惩戒的合作备忘录》，拓展了多项联合惩戒措施。2016 年 6 月，中央全面深化改革领导小组通过了《关于加快推进失信被执行人信用监督、警示和惩戒机制建设的意见》，随后中共中央办公厅、国务院办公厅正式印发该文件。意见规定了 11 类 100 多项具体惩戒措施，实现了对失信被执行人的多层面限制，包括限制乘坐飞机、高铁、动车组一等座，纳入征信系统，限制办理贷款、信用卡，限制担任企业法定代表人、董事、监事、高级管理人员等。这些措施的采取，产生了很大的震慑力，逐渐形成了守信光荣、失信可耻，守信者一路畅通、失信者寸步难行的社会环境。

（四）筑牢精神长城

2018 年 3 月 20 日，十三届全国人大一次会议圆满完成各项议程，在北京胜利闭幕。十里长安街，迎春花蓓蕾初放；人民大会堂，盛会汇聚新时代共识。闭幕会上，全票再次当选国家主席的习近平发表了重要讲话。

"中国人民是具有伟大创造精神的人民。"

"中国人民是具有伟大奋斗精神的人民。"

"中国人民是具有伟大团结精神的人民。"

"中国人民是具有伟大梦想精神的人民。"

"有这样伟大的人民，有这样伟大的民族，有这样的伟大民族精神，是我们的骄傲，是我们坚定中国特色社会主义道路自信、理论自信、制度自信、文化自信的底气，也是我们风雨无阻、高歌行进的根本力量！"穹顶璀璨，群星闪耀。习近平声若洪钟的讲话，回荡在人民大会堂，掌声如雷，经久不息。

"人总是要有一点精神的。"一个国家、一个民族同样如此。一个民族，一个国家没有自己的精神支柱，就没有生机和凝聚力。

这样的精神光耀千秋——20 世纪五六十年代，我国面对严峻的国际形势，为打破核大国的讹诈与垄断，为了世界和平和国家安全，在条件十分艰苦的情况下，党中央高瞻远瞩，果断作出了研制“两弹一星”的战略决策。老一代科学家和广大研制人员发扬“热爱祖国、无私奉献，自力更生、艰苦奋斗，大力协同、勇于攀登”的精神，风餐露宿，顽强拼搏，团结协作，克服了各种难以想象的艰难险阻，突破了一个又一个技术难关，取得了中华民族为之自豪的伟大成就。1964 年 10 月 16 日，原子弹爆炸成功；1966 年 10 月 27 日，导弹核试验成功；1970 年 4 月 24 日，人造卫星发射成功。这是中国人民挺直腰杆站起来的重要标志，极大地鼓舞了全党全军全国人民的斗志，增强了民族凝聚力，激发了振兴中华的爱国热情。正如邓小平曾经指出的那样：“如果六十年代以来中国没有原子弹、氢弹，没有发射卫星，中国就不能叫有重要影响的大国，就没有现在这样的国际地位。这些东西反映一个民族的能力，也是一个民族、一个国家兴旺发达的标志。”广大研制工作者培育和发扬了一种崇高的精神，它就是“热爱祖国、无私奉献，自力更生、艰苦奋斗，大力协同、勇于攀登”的“两弹一星”精神。

这样的精神催人奋进——1979 年年底，在中国恢复国际奥委会席位仅一个月之后，中国女排就夺得了亚锦赛冠军，成为“三大球”中第一个冲出亚洲的项目。1981 年，中国女排在日本举行的第三届世界杯排球赛上以 7 战全胜的成绩首次夺得世界杯赛冠军。随后，在 1982 年的秘鲁世锦赛上中国女排再度夺冠。紧接着，在 1984 年的第 23 届奥运会上，中国女排实现了三连冠的梦想。在 1985 年的第四届世界杯和 1986 年的第十届世界女排锦标赛上，中国女排连续二次夺冠。于是，从 1981 年到 1986 年，中国女排创下的世界排球史上第一个“五连冠”，开创了我国大球翻身的新篇章。一时间，各行各业掀起了学习女排精神、发扬女排精神的热潮。“团结起来，振兴中华”的口号响彻神州大地。女排精神成为民族精神和时代精神的重要象征。中国女排承载着几代人的共同记忆，改革开放之初，顽强拼搏、团结奋斗、永不服输、永不放弃的“女排精神”激励着中国人努力奋斗，激发了人们对未来美好生活的向往，成为改革浪潮中激励人们奋勇前进的重要精神力量源泉。

这样的精神感天动地——2008 年 5 月 12 日，被称为天府之国的川蜀大地突然被一场大地震打破了平静，里氏 8.0 级大地震毫无征兆地自汶川向西南、西北袭来，四川、云南、陕西、甘肃等多省份受灾严重，一时间，数万人的生命丧失，上千万人的美好家园被毁，山河哭泣。在党中央、国务院和中央军委坚强领导下，全党全军全国各族人民众志成城、迎难而上，迅速展开气壮山河的抗震救灾工作，奋勇夺取抗震救灾斗争重大胜利，谱写了感天动地的英雄凯歌。在波澜壮阔的抗震救灾斗争中，我们用理想凝聚力量、用信念铸就坚强、用真情凝结关爱，大力培育和弘扬了万众一心、众志成城，不畏艰险、百折不挠，以人为本、尊重科学的伟大抗震救灾精神。这是爱国主义、集体主义、社会主义精神的集中体现和新的发展，是我们党和军队光荣传统和优良作风的集中体现和新的发展，是中华民族的民族精神在当代中国的集中体现和新的发展。抗震救灾精神是党和人民极为宝贵的精神财富。

新中国成立 70 年来，中国人民谱写的精神壮歌何止于此？从社会主义建设时期的抗美援朝精神、好八连精神、大庆精神、铁人精神、红旗渠精神、雷锋精神、焦裕禄精神、“两弹一星”精神……到改革开放新时期的女排精神、拓荒牛精神、孔繁森精神、抗洪精神、抗击“非典”精神、抗震救灾精神、北京奥运精神、载人航天精神、塞罕坝精神……激励着全国人民奋发图强、艰苦奋斗，取得社会主义建设一个又一个伟大胜利。

我们党历来高度重视培育和弘扬伟大的民族精神和时代精神。新中国成立以后，我们遇到了各种艰难险阻。毛泽东豪迈地指出：“中国人死都不怕，还怕困难吗？”“我们要保持过去革命战争时期的那么一股劲，那么一股革命热情，那么一种拚命精神，把革命工作做到底。”这种英雄气概极大地激励着中华民族，在建设新中国的征途上，披荆斩棘，勇往直前。改革开放之后，邓小平一再要求全党坚持和发扬革命和拼命、严守纪律和自我牺牲、大公无私和先人后己、压倒一切敌人和压倒一切困难、革命乐观主义和排除一切困难五种革命精神。江泽民深刻阐述了精神状态的重要性，指出：“始终保持一种坚忍不拔、奋发有为的良好精神状态，是事关党的凝聚力、战斗力，事关党同人民群众的关系，事关我们事业成功的大问题。”强调要在全党和全社会大力宣传和弘扬解放思想、实事求是的精神，紧跟时代、勇于创新的精神，知难而进、一往无前的精神，艰苦奋斗、务求实效的精神，淡泊名利、无私奉献的精神。胡锦涛指出：“要在爱国主义、社会主义旗帜下，倡导一切有利于民族团结、祖国统一、人心凝聚的思想和精神。”习近平总书记强调：“实现中国梦必须弘扬中国精神。这就是以爱国主义为核心的民族精神，以改革创新为核心的时代精神。这种精神是凝心聚力的兴国之魂、强国之魂。爱国主义始终是把中华民族坚强团结在一起的精神力量，改革创新始终是鞭策我们在改革开放中与时俱进的精神力量。全国各族人民一定要弘扬伟大的民族精神和时代精神，不断增强团结一心的精神纽带、自强不息的精神动力，永远朝气蓬勃迈向未来。”

人无精神不立，国无精神不兴。伟大的时代孕育伟大的精神，伟大的精神牵引伟大的梦想。正是以爱国主义为核心的民族精神和以改革创新为核心的时代精神，创造了一个个传奇与辉煌，使中国人一步步接近中华民族伟大复兴的梦想，而中国精神也在中华民族伟大复兴的征程中不断彰显和升华。

七

育人为本　立德树人

——为什么能够从教育大国走向教育强国

百年大计，教育为本。新中国成立初期，我国教育事业基础弱、规模小。经过70年的不懈奋斗，我国建成了世界上最大规模的教育体系，教育总体发展水平进入世界中上行列。中国教育之所以能够由弱变强，根本原因是在中国共产党的领导下，立足基本国情办教育，遵循教育发展规律，不断改善办学条件，从而为社会主义现代化事业培养了一批又一批德智体美劳全面发展的社会主义建设者和接班人。

（一）明确教育的战略地位

新中国成立时，我国教育水平远远落后于世界，“文化水平、科学水平都不高”。1949年，我国小学毛入学率为38%，实际入学率仅为20%，大多数学龄儿童都没有学上。那时，全国有文盲约3亿人，占全国总人口80%以上。高等学校在校人数只有11.7万人。据统计，1946年中等学校仅有207所，在校学生只有187.85万人；小学仅有28.9万所，在校学生只有2368.35万人。1947年全国高等专科以上学校仅有207所，在校学生只有15.5万人；在中等以上的学校中，劳动人民的子女极少。

1949年10月1日中华人民共和国成立，中华民族进入了历史的新纪元，中国教育事业也开启了新征程。这一时期，我国教育面临两大艰难任务，一是对旧教育的全面改造，二是创建符合国情的新的教育制度。

《中国人民政治协商会议共同纲领》第 41 条规定："中华人民共和国的文化教育为新民主主义的，即民族的、科学的、大众的文化教育。人民政府的文化教育工作，应以提高人民文化水平、培养国家建设人才、肃清封建的、买办的、法西斯主义的思想、发展为人民服务的思想为主要任务。"① 这就规定了我国教育制度的内容和性质，是党和国家对教育在整个国家建设中的地位、内容、性质等根本问题的基本定位。

1949 年 11 月 1 日，中央人民政府教育部举行成立典礼。同年 12 月底，第一次全国教育工作会议召开，标志着我国从半殖民地半封建教育向新民主主义教育的根本转变。在教育实践中，党和国家接管、清理和改造旧教育，进行学制改革、向工农开门，进行高等学校院系调整、以发展高等教育为重点制定和实施教育发展规划，等等。新中国教育在党的领导下走上了立足本国国情、有计划有组织发展本国教育事业的道路。这一时期，国家在完成对生产资料私有制的社会主义改造的同时，对旧中国的教育、科学、文化事业也进行了卓有成效的改造，从根本上改变了旧中国教育半殖民地、半封建的性质，建立起了新的教育制度，为新中国教育和科学文化事业的发展奠定了坚实基础。设立新中国教育制度的基本框架，使教育在国家发展中的重要战略地位得到切实体现。

1954 年，全国人民代表大会通过的《中华人民共和国宪法》明确规定："中华人民共和国公民有受教育的权利。国家设立并且逐步扩大各种学校和其他文化教育机关，以保证公民享受这种权利。国家特别关怀青年的体力和智力的发展。"② 这就标志着教育的重要战略地位以国家根本大法的形式确定下来。国家开展了扫除文盲、大力推广普通话运动，并加大了对小学、中学和高等教育的投资，教育事业获得较快发展。"文化大革命"时期，我国的

① 《建党以来重要文献选编（1921—1949）》第 26 册，中央文献出版社 2011 年版，第 766 页。
② 《中华人民共和国法规汇编》(1954 年 9 月—1955 年 6 月)，法律出版社 1956 年版，第 29 页。

教育发展走过一段弯路。

1977年，邓小平复出后，自告奋勇抓教育。他从现代化建设全局和战略高度出发，始终把教育看作全党全社会的大事，把教育与经济、科技和社会的协调发展作为中国现代化建设的系统工程。1985年5月，在全国教育工作会议上，邓小平作了《把教育工作认真抓起来》的重要讲话。他强调："我们国家，国力的强弱，经济发展后劲的大小，越来越取决于劳动者的素质，取决于知识分子的数量和质量。一个十亿人口的大国，教育搞上去了，人才资源的巨大优势是任何国家比不了的。……中央提出要以极大的努力抓教育，并且从中小学抓起，这是有战略眼光的一着。如果现在不向全党提出这样的任务，就会误大事，就要负历史的责任。"① 1988年9月，邓小平又语重心长地指出："科学技术方面的投入、农业方面的投入要注意，再一个就是教育方面。我们要千方百计，在别的方面忍耐一些，甚至于牺牲一点速度，把教育问题解决好。"② 邓小平明确提出教育优先发展的战略思想，为此后中国教育的科学发展提供了根本指针。

1994年江泽民在全国教育工作会议上的讲话中指出："在我们这样一个有近十二亿人口、资源相对不足、经济文化比较落后的国家，依靠什么来实现社会主义现代化建设的宏伟目标呢？具有决定性意义的一条，就是把经济建设转到依靠科技进步和提高劳动者素质的轨道上来，真正把教育摆在优先发展的战略地位，努力提高全民族的思想道德素质和科学文化素质。这是实现我国现代化的根本大计。"③ 这个讲话从整个经济社会发展全局的角度充分肯定了优先发展教育的极端重要性和对于现代化建设的紧迫性，对于落实优先发展教育战略指明了方向。在1995年召开的全国科技大会上，正式提出了实施"科教兴国战略"，把发展教育事业置于党和国家工作的重要位置。江泽民在1999年召开的全国教育工作会议上进一步强调了教育在整个社会主义现代化进程中的重要意义，指出"国运兴衰，系于教育；教育振兴，全

---

① 《邓小平文选》第3卷，人民出版社1993年版，第120—121页。

② 同上书，第275页。

③ 《江泽民文选》第1卷，人民出版社2006年版，第369页。

民有责”①，并提出了终身学习的理念和任务。到2001年，全国教育经费总投入达到4368亿元，其中，国家财政性教育经费3051亿元，占国内生产总值的3.19%，是进行此项指标测算以来的历史最高水平。

进入21世纪，以胡锦涛为总书记的党中央高度重视发展教育事业。从党的十四大明确提出“必须把教育摆在优先发展的战略地位”起，以后历次党代会报告都重申教育优先发展的理念。2002年，党的十六大报告重申了培养德智体美全面发展的社会主义建设者和接班人的教育方针。2007年，党的十七大提出“办好人民满意的教育”②，并提出“人才资源是第一资源”的科学论断，为推动21世纪教育事业提供了科学指导。为加快教育事业发展，2010年6月21日中共中央政治局审议通过了《国家中长期教育改革和发展规划纲要（2010—2020年）》，这一具有里程碑意义的纲领性文件成为推动教育改革发展的重大举措。2010年7月召开了21世纪第一次全国教育工作会议，对把握历史机遇发展教育事业进行了新的战略部署。

中国特色社会主义进入新时代，经济社会各项事业加快推进，教育的基础性、先导性、全局性地位和作用愈加凸显，党和国家事业发展对教育的需要、对科学知识和优秀人才的需要比以往任何时候都更为迫切。以习近平同志为核心的党中央以更高远的历史站位、更宽广的国际视野、更深邃的战略眼光指导和推动教育事业优先发展。从2012年以来，我国确保财政性教育经费占国内生产总值的比重连续达到4%，教育总体水平跃居世界中上行列，教育公平迈出重大步伐，教育保障水平明显提升。

2017年投入规模达到3.4万亿元，成为财政第一支出项目。2017年全国学前教育毛入园率为79.6%，比2012年提高15.1个百分点；15岁及以上人口平均受教育年限达到9.6年，劳动年龄人口平均受教育年限达到10.5年。高等教育向普及化阶段快速迈进，2017年，高等教育毛入学率达到45.7%，高于中高收入国家平均水平。党的十九大报告明确指出：“建设教育

① 《江泽民文选》第2卷，人民出版社2006年版，第336页。
② 《胡锦涛文选》第2卷，人民出版社2016年版，第642页。

强国是中华民族伟大复兴的基础工程，必须把教育事业放在优先位置，深化教育改革，加快教育现代化，办好人民满意的教育。”[①] 在2018年召开的全国教育大会上，习近平总书记明确指出“教育是国之大计、党之大计”，要坚持“把优先发展教育事业作为推动党和国家各项事业发展的重要先手棋”。可见，教育作为对于中华民族伟大复兴具有决定性意义的事业，其战略定位已经越来越清晰。

70年艰苦奋斗，不忘初心；70年筚路蓝缕，硕果累累。今天的中国教育已经站在新的历史起点上，优先发展教育，提高教育质量，纵深推进教育改革，是时代的呼唤，人民的呼唤。

（二）坚持育人为本

教育的根本任务是培养人。培养什么人、为谁培养人的问题，体现着教育的性质和目的，始终是教育事业发展的根本问题。新中国成立70年来，党和政府紧紧围绕人才培养这一教育的根本任务，认真贯彻落实党的教育方针，为社会主义建设、改革和发展培养了一代又一代建设者和接班人。

新中国成立初期，随着劳动人民成为国家的主人，教育的本质也发生了根本性的变化。这一历史特点决定新中国建立之初国家人才培养的目标是实现新民主主义的目标。《中国人民政治协商会议共同纲领》明确规定：中华人民共和国的教育是新民主主义的教育，是民族的、科学的、大众的教育。“应以提高人民文化水平、培养国家建设人才、肃清封建的、买办的、法西斯主义的思想、发展为人民服务的思想为主要任务。”[②] 此后，教育部根据《中国人民政治协商会议共同纲领》的规定，逐步对大中小学的教育目的和具体任务作出明确规定。随着学校德育目标的初步确立，学校的育人工作有

① 习近平：《决胜全面建成小康社会　夺取新时代中国特色社会主义伟大胜利——在中国共产党第十九次全国代表大会上的报告》，人民出版社2017年版，第45页。

② 《建国以来重要文献选编》第1册，中央文献出版社1992年版，第11页。

了明确方向。各级学校结合土地改革、镇压反革命和“三反”等政治运动，培养以“五爱”为内容的道德品质，建立革命人生观和为人民服务的思想，学生政治素质提高，爱国热情高涨，思想道德面貌焕然一新。这一时期学校的育人工作为完成民主革命遗留任务、国家政权建构等作出了重要贡献。

1956年，我国基本完成对农业、手工业和资本主义工商业的社会主义改造，国家进入全面建设社会主义时期，实践发展需要进一步明确社会主义教育的方针和目标。1957年，毛泽东在《关于正确处理人民内部矛盾的问题》中明确提出：“我们的教育方针，应该使受教育者在德育、智育、体育几方面都得到发展，成为有社会主义觉悟的有文化的劳动者。”①德智体全面发展成为此后学校教育的重要指导方针。

“文化大革命”结束后，教育战线拨乱反正，人才培养工作回到正轨。1978年12月召开的党的十一届三中全会，提出以经济建设为中心。国家对人才的需求更加迫切。鉴于改革开放的新的形势和挑战，鉴于我国社会主义教育事业发展正反两方面的经验，1978年，邓小平指出，“学校应该永远把坚定正确的政治方向放在第一位”②，进一步指出了我国教育的社会主义办学方向。邓小平十分重视培养社会主义新人和提高全民族的素质。1982年，他指出：“搞社会主义精神文明，主要是使我们的各族人民都成为有理想、讲道德、有文化、守纪律的人民。”③1985年，他又强调要“教育全国人民做到有理想、有道德、有文化、有纪律”④。这种表述后来被概括为培养“四有”新人，写入党的历次党代会报告和有关决议之中，成为中国特色社会主义教育建设的一项重要任务。

按照坚持社会主义办学方向、培养“四有”新人的要求，党和国家在教育实践中加强思想政治教育，提出了许多新举措，也进行了积极探索。如中央及教育行政部门围绕加强思想政治教育颁布了一系列文件，《中共中央关

① 《毛泽东文集》第7卷，人民出版社1999年版，第226页。
② 《邓小平文选》第2卷，人民出版社1994年版，第104页。
③ 同上书，第408页。
④ 《邓小平文选》第3卷，人民出版社1993年版，第110页。

于改革学校思想品德和政治论课程教学的通知》《小学德育大纲（试行）》《中学德育大纲》《中国普通高等学校德育大纲（试行）》《中共中央关于进一步加强和改进学校德育工作的若干意见》《中共中央关于加强社会主义精神文明建设若干重要问题的决议》等文件，明确了新时期思想政治教育的指导思想、原则和方针，为学校教育坚持人才培养的正确方向提供了基本规范和遵循。

20世纪80年代末到90年代，党和政府提出加强对学生的素质教育，并且以素质教育为中心，进一步完善德育工作体系。1999年，党中央、国务院发布《关于深化教育改革全面推进素质教育的决定》，比较全面地阐述了素质教育的思想，作出一系列重大决策。该决定指出："实施素质教育，就是全面贯彻党的教育方针，以提高国民素质为根本宗旨，以培养学生的创新精神和实践能力为重点，造就'有理想、有道德、有文化、有纪律'的、德智体美等全面发展的社会主义事业建设者和接班人。"① 在同年6月召开的全国教育工作会上，江泽民指出："思想政治教育，在各级各类学校都要摆在重要地位，任何时候都不能放松和削弱。要说素质，思想政治素质是最重要的素质。不断增强学生和群众的爱国主义、集体主义、社会主义思想，是素质教育的灵魂。"② 这次大会为完善学校德育目标体系，进一步改进和加强人才培养工作提供了科学指导。

进入21世纪，党中央根据形势发展明确提出"把立德树人作为教育的根本任务"，从此教育根本任务更加聚焦、更加明确。2006年，胡锦涛站在党和国家发展对人才培养迫切需要的高度，明确指出："要坚持教育优先发展，全面贯彻党的教育方针，坚持教育为社会主义现代化建设服务、为人民服务，把立德树人作为教育的根本任务，培养德智体美全面发展的社会主义建设者和接班人。"③ 在这一重要战略思想指导下，学校教育更加强调思想政治教育的重要性，进一步完善了课程设置，增加了思想政治教育的内容，德育被摆在更加重要的位置。中央颁布的《国家中长期教育改革和发展规划纲

① 《十五大以来重要文献选编》中，人民出版社2001年版，第859页。
② 《江泽民文选》第2卷，人民出版社2006年版，第332页。
③ 《胡锦涛文选》第3卷，人民出版社2016年版，第641页。

要（2010—2020 年）》对“育人为本”作出明确规定，指出：“要以学生为主体，以教师为主导，充分发挥学生的主动性，把促进学生健康成长作为学校一切工作的出发点和落脚点”，从而“努力培养造就数以亿计的高素质劳动者、数以千万计的专门人才和一大批拔尖创新人才”。[①] 这一纲要的颁布极大鼓舞了广大教育工作者投身人才培养的积极性、主动性。

党的十八大以来，以习近平同志为核心的党中央从坚持发展中国特色社会主义事业的战略高度，紧紧围绕培养什么人、怎样培养人、为谁培养人这一根本问题，不断深化对教育事业规律性的认识，提出一系列新理念新思想新观点，特别是多次强调把立德树人作为教育的根本任务，在师生中培育社会主义核心价值观，培养中国特色社会主义事业建设者和接班人。习近平总书记多次走进大中小学，在与师生的亲切座谈中深入阐述了立德树人的丰富内涵和途径方法。2013 年 10 月 1 日，他在给中央民族大学附属中学全校学生的回信中，要求学校承担好立德树人、教书育人的神圣职责，着力培养造就中国特色社会主义事业合格建设者和接班人。2014 年 5 月 4 日，他在北京大学师生座谈会上，要求全国高等院校走在教育改革前列，紧紧围绕立德树人的根本任务，加快构建充满活力、富有效率、更加开放、有利于学校科学发展的体制机制，当好教育改革排头兵。2014 年“六一”儿童节，他在参加北京市海淀区民族小学主题队日活动时强调，教育引导广大少年儿童树立远大志向、培育美好心灵，让少年儿童成长得更好，嘱咐少年儿童记住要求、心有榜样、从小做起、接受帮助。

党的十九大明确提出要培养担当民族伟大复兴大任的时代新人。习近平总书记在 2018 年全国教育大会上强调指出：“我国是中国共产党领导的社会主义国家，这就决定了我们的教育必须把培养社会主义建设者和接班人作为根本任务，培养一代又一代拥护中国共产党领导和我国社会主义制度、立志为中国特色社会主义奋斗终身的有用人才。”[②] 这一论述进一步指

---

① 《十七大以来重要文献选编》中，中央文献出版社 2011 年版，第 866 页。

② 《坚持中国特色社会主义教育发展道路　培养德智体美劳全面发展的社会主义建设者和接班人》，《人民日报》2018 年 9 月 11 日。

明了新时代教育工作的根本任务，指明了教育现代化的方向目标。针对当前劳动教育被淡化、弱化的弊病，他强调要在学生中弘扬劳动精神，明确提出要培养德智体美劳全面发展的社会主义建设者和接班人。2019年3月18日，习近平总书记主持召开学校思想政治理论课教师座谈会并发表重要讲话，对党的教育方针作了深刻阐释。他指出，新时代贯彻党的教育方针，要坚持马克思主义指导地位，贯彻新时代中国特色社会主义思想，坚持社会主义办学方向，落实立德树人的根本任务，坚持教育为人民服务、为中国共产党治国理政服务、为巩固和发展中国特色社会主义制度服务、为改革开放和社会主义现代化建设服务，扎根中国大地办教育，同生产劳动和社会实践相结合，加快推进教育现代化、建设教育强国、办好人民满意的教育，努力培养担当民族复兴大任的时代新人，培养德智体美劳全面发展的社会主义建设者和接班人。

认真贯彻党的教育方针，坚持育人为本，立德树人，保证了我国教育事业发展的正确方向，保障了教育事业的健康发展。

（三）稳步推进教育体制改革

教育要发展，动力在改革。回顾70年我国教育事业发展的历程，从新中国成立初期改革旧中国教育体制、建立社会主义教育体制开始，到20世纪80年代中期探索建立符合中国教育发展实情的教育体制，直到今天教育体制改革取得辉煌成就，我国教育走过了一条在改革中阔步前进的道路。

1949年12月，党和国家召开第一次全国教育工作会议，部署建立新中国教育体制的基本框架。此后一段时间，我国对原有学制、课程、教材等进行了一系列改革，并着手建立相应的规章制度。到1965年，我国初步建立起为国家建设服务的社会主义教育体制。这一体制的总体特征，就是强调中央政府对不同层次、不同类别的教育实行比较集中的统一管理，举办体制、投资体制和招生就业体制，都具有单一性、统一性和计划性。可以说，这种教育体制是特定历史阶段的产物，较好地适应了当时国家统一的有计划按比例的建设与发展要求。

改革开放以来，党和国家将“两基”工作纳入重要议程。经过长期努力，2017 年，九年义务教育巩固率达到 93.8%，高中阶段毛入学率达到 88.3%。改革开放 40 年来，我国劳动力平均受教育年限从 5.7 年提高到 10.5 年。正是改革，特别是教育体制改革，让教育普及程度越来越高。

20 世纪 80 年代，随着经济社会的不断发展，原有的高度集中的计划经济体制的弊端逐渐暴露，限制了生产力的发展。1984 年，党的十二届三中全会通过了《中共中央关于经济体制改革的决定》，以农村经济体制改革为首，经济体制改革全面推开。同时，我国教育发展同现代化建设和改革开放不适应的现象十分突出，教育处于“不改就没有出路”的状态。我国教育改革和发展面临着何去何从的时代性难题。在这样一个社会发展的关键时刻，1983 年国庆前夕，邓小平为北京景山学校题词：“教育要面向现代化，面向世界，面向未来。”[①]“三个面向”意蕴深刻，是邓小平教育理论的思想精髓，成为新的历史时期我国教育改革与发展的重大战略指导方针。

1985 年 5 月，党中央召开改革开放后第一次全国教育工作会议，颁布《中共中央关于教育体制改革的决定》(以下简称《决定》)，明确指出“教育必须为社会主义建设服务，社会主义建设必须依靠教育”[②]。《决定》选取若干突破点作为改革主攻方向，包括把发展基础教育的责任交给地方，有步骤地实行九年义务教育，大力发展职业教育，扩大高等学校办学自主权等。《决定》的颁布，是我国教育改革史上的一个重要里程碑。在《决定》指导下，基础教育管理体制、教育投资体制、学校内部管理体制等方面取得明显进展。

然而，任何改革都不是一蹴而就的，特别是刚刚开始破冰的体制改革。20 世纪 80 年代末 90 年代初，李岚清任对外经济贸易部部长期间，有一次，

① 《邓小平文选》第 3 卷，人民出版社 1993 年版，第 35 页。
② 《十二大以来重要文献选编》中，人民出版社 1986 年版，第 721 页。

他有事要找部里的财务司司长，该司长在电话里说：“李部长，我现在正被外地来的几位外贸中专校长围住，等我处理一下，马上就来。”李岚清感到很奇怪，便问那位司长那些院校的领导来有什么事。司长无奈地回答：“还能有什么事，无非是来要钱盖房子，连盖托儿所、厕所都要来部里要钱。”这个事例典型地反映出一个问题，就是直到20世纪90年代初，任何一件小事都要经过最高层次的主管部门批准才能得到解决，政府包得过多、管得过死等体制弊端已经成为制约教育发展的瓶颈。

1993年，在邓小平南方谈话的指引下，波澜壮阔的经济体制改革强劲铺开，新一轮教育体制改革也迅速掀起。此时，中共中央颁布《中国教育改革和发展纲要》，进一步明确了加快办学体制改革目标，要求建立与社会主义市场经济体制相适应的教育管理体制。这一时期教育改革发展的主要特征是实施素质教育，扭转人才培养模式，培养创新人才，“211工程”“985工程”相继实施，《中共中央国务院关于深化教育改革全面推进素质教育的决定》《面向21世纪教育振兴行动计划》等陆续出台，积极应对世界性高新技术革命和知识经济到来的挑战。

进入21世纪，我国教育改革发展更加关注改善民生、促进公平、提高质量。这一阶段最具有标志性意义的文件莫过于《国家中长期教育改革和发展规划纲要（2010—2020年）》。该纲要明确了“优先发展，育人为本，改革创新，促进公平，提高质量”的新目标，为加快从教育大国向教育强国、从人力资源大国向人力资源强国迈进指明了方向，推动了新时期教育的快速发展。2008年城乡义务教育实现全部免除学杂费，是改革开放40年中国教育改革成就的重要标志，也是这一时期推进教育公平的有力体现。

党的十八大以来，以习近平同志为核心的党中央坚持把教育摆在优先发展的战略位置，深化教育体制改革成为教育发展的核心命题。2017年出台的《关于深化教育体制机制改革的意见》，从体制机制层面提出了施工路线图和时间表，提出了切实可行的实施方案和解决办法，在改革的力度、广度、深度上又有了新的突破，标志着我国教育综合改革由“立柱架梁”进入“内部装修”的新阶段。这一时期的教育体制改革更加关注教育公平和质量，出台

《关于深化考试招生制度改革的实施意见》《统筹推进世界一流大学和一流学科建设总体方案》《国务院关于进一步完善城乡义务教育经费保障机制的通知》《中共中央国务院关于学前教育深化改革规范发展的若干意见》等一系列政策文件，积极回应人民对更好教育的新期待。这一时期，一批标志性、引领性的改革举措取得明显成效，教育公共服务水平和教育治理能力不断提升，教育制度体系进一步完善，我国教育总体发展水平进入世界中上行列。

党的十九大报告指出："建设教育强国是中华民族伟大复兴的基础工程，必须把教育事业放在优先位置，深化教育改革，加快教育现代化，办好人民满意的教育。"① 在2018年全国教育大会上，习近平总书记发表重要讲话，着眼我国教育事业的长远发展，对深化教育体制改革作出了重点部署，为坚决破除制约教育事业发展的体制机制障碍指明了方向和路径，对于加快推进教育现代化、建设教育强国、办好人民满意的教育具有重大意义。

改革开放是决定中国命运的关键一招，为教育事业发展提供强劲动力。正是教育体制改革的不断深化，推动着我国教育事业蓬勃发展。

（四）建设高素质教师队伍

办好教育靠教师。党和政府历来高度重视教师队伍建设。新中国成立之初，党和政府在接管、改造旧学校的过程中，除个别敌对分子外，对原有教职员都予以留用；同时，通过团结、教育和思想政治教育、开展教师在职培训、培养新教师等办法，建立起新型的人民教师队伍。

1951年，首次全国师范教育工作会议召开，决定建立起新型的师范学校系统，为高级中学、初级中学、小学和幼儿园培养新师资，这些师资必须是用马克思列宁主义、毛泽东思想武装起来的，熟悉业务的，并能全心全意

① 习近平：《决胜全面建成小康社会　夺取新时代中国特色社会主义伟大胜利——在中国共产党第十九次全国代表大会上的报告》，人民出版社2017年版，第45页。

为人民的教育事业服务的人民教师。新的师范教育制度的确立和各级各类师范学校的发展，为中华人民共和国培养出大量经过新教育熏陶的师资力量。新中国教师队伍的结构不断改变，新型人民教师的队伍不断壮大。

“文化大革命”十年中，教育领域受到“左”的错误的严重影响，教师队伍遭到严重的破坏，以致出现数量不足、后继无人、待遇较差、素质不高、队伍不稳的状况。1977 年，邓小平提出要“尊重知识、尊重人才”，调动知识分子的积极性。同年，他还谈到要“加强学校的教师队伍，科研系统有的人可以调出来搞教育，支援教育”。此后，随着拨乱反正的推进，中国教育进入了历史性的转折期。1978 年 4 月 22 日至 5 月 16 日，全国教育工作会议在北京召开，邓小平在开幕式上作了重要讲话，反复强调要尊师重教，要提高人民教师的政治地位和社会地位。他说：“一个学校能不能为社会主义建设培养合格的人才，培养德智体全面发展、有社会主义觉悟的有文化的劳动者，关键在教师。”[①] 改革开放之后，在邓小平的关注和直接推动下，各级政府采取了一系列重大举措，教师队伍得以重建。1985 年国家规定把每年的 9 月 10 日定为“教师节”，1986 年起国家开始开展全国性的教师奖励活动，授予优秀教师以“全国优秀教师”“全国优秀教育工作者”“全国教育系统劳动模范”等荣誉称号。教师的社会地位和经济待遇大大提升，激发了教师的工作积极性，尊师重教的社会新风尚逐步形成。

1996 年，开始实施科教兴国战略，为此需要高素质的教师队伍来保障。2002 年 9 月 8 日，在北京师范大学百年校庆大会上，江泽民全面阐述了教师的地位和作用，深刻阐明了教师和教育的关系：教师是人类文明的传承者，是培养人才的关键，是推动教育事业又快又好发展的关键，归根到底就是“教育大计，教师为本”。1993 年的《中华人民共和国教师法》首次以法律形式明确了教师在我国社会主义现代化建设中的重要地位，对教师的权利、义务、任用、考核、培训和待遇等方面作了全面的规定，是我国教师队伍建设走向规范化、法制化的根本保障。根据《中华人民共和国教师法》的规定，

① 《邓小平文选》第 2 卷，人民出版社 1994 年版，第 108 页。

1995年国家开始实施《教师资格条例》。相关法律法规的颁布与实施，为教师队伍建设提供了系统全面的法制规范，进一步促进了教师队伍的建设。这一时期，通过评选特级教师、奖励优秀教师、建立新的工资制度，启动“安居工程”，实施教师职务制度、加强培训和推进教师队伍法制化建设等重大举措，稳定和扩大了教师队伍，提高了教师的素质。

2007年8月31日，胡锦涛在全国优秀教师代表座谈会上指出：“教师是人类文明的传承者。推动教育事业又好又快发展，培养高素质人才，教师是关键。没有高水平的教师队伍，就没有高质量的教育。尊重教师是重视教育的必然要求，是社会文明进步的重要标志，是尊重劳动、尊重知识、尊重人才、尊重创造的具体体现。要进一步在全社会弘扬尊师重教的良好风尚，把广大教师的积极性、主动性、创造性更好地发挥出来。”①《国家中长期教育改革和发展规划纲要（2010—2020年）》明确提出：“加强教师队伍建设”，体现为“建设高素质教师队伍”“加强师德建设”“提高教师业务水平”“提高教师地位待遇”“健全教师管理制度”五个方面，成为教师队伍建设的重要指导方针。

党的十八大以来，党和国家始终把教师队伍建设作为最重要的基础性工程，努力造就一支能够肩负建设教育强国历史重任的高素质、专业化教师队伍。坚持师德为先，建立健全大中小学师德体系，引导广大教师以德立身、以德立学、以德施教，争做“四有”好老师，做好学生“四个”引路人。2018年1月20日，中共中央、国务院印发《关于全面深化新时代教师队伍建设改革的意见》。这是一个里程碑式的政策文件，是新中国成立以来党中央出台的第一个专门面向教师队伍建设的政策文件。以习近平同志为核心的党中央立足新时代，将教育和教师工作提到了前所未有的政治高度。此后，“落实”成为党和国家教师工作的关键词和主旋律，教育部研究出台一系列配套文件和政策举措，推动各地结合自身实际出台实施意见。2018年2月，教育部等5部门印发《教师教育振兴行动计划（2018—2022年）》。针

① 胡锦涛：《在全国优秀教师代表座谈会上的讲话》，《人民日报》2007年9月1日。

对当前师范教育在生源质量、课程教学、体系建设、师资等领域存在的薄弱环节，以提升教师教育质量为核心，以加强教师教育体系建设为支撑，明确今后5年教师教育振兴发展的“五项任务”和“十项行动”。

2019年1月，习近平在视察南开大学时指出：“专家型教师队伍是大学的核心竞争力。要把建设政治素质过硬、业务能力精湛、育人水平高超的高素质教师队伍作为大学建设的基础性工作，始终抓紧抓好。”经过长期努力，至2019年，一套“中央统领、地方支撑、无缝对接、全面覆盖”的新时代教师队伍建设改革制度体系已经初步构建完成。目前，我国有1600多万名教师。这些教师就职于51万所学校，支撑起了3.06亿在校学生这个世界上最大规模的教育体系，为我国实现从人口大国向人力资源大国的转变作出了重要贡献。

2019年2月23日，《中国教育现代化2035》部署了面向教育现代化的十大战略任务，其中第七个战略任务是“建设高素质专业化创新型教师队伍”。具体内容为：大力加强师德师风建设，将师德师风作为评价教师素质的第一标准，推动师德建设长效化、制度化。加大教职工统筹配置和跨区域调整力度，切实解决教师结构性、阶段性、区域性短缺问题。完善教师资格体系和准入制度。健全教师职称、岗位和考核评价制度。培养高素质教师队伍，健全以师范院校为主体、高水平非师范院校参与、优质中小学（幼儿园）为实践基地的开放、协同、联动的中国特色教师教育体系。强化职前教师培养和职后教师发展的有机衔接。夯实教师专业发展体系，推动教师终身学习和专业自主发展。提高教师社会地位，完善教师待遇保障制度，健全中小学教师工资长效联动机制，全面落实集中连片特困地区生活补助政策。加大教师表彰力度，努力提高教师政治地位、社会地位、职业地位。

70年来，党和国家不断强调加强教师队伍建设。一代又一代政治素质过硬、业务能力精湛、育人水平高超的高素质教师队伍，成为支撑中国从教育大国走向教育强国的中坚力量。

八

一枝一叶总关情

——为什么能够使人民生活不断改善

民生连着民心，民心关系国运。新中国成立70年来，民生事业扎实推进，人民生活显著改善。一枝一叶总关情，群众利益无小事。新中国在发展中保障和改善民生，人民群众的获得感、幸福感、安全感不断提升。

（一）保障和改善民生没有终点

新中国成立时，社会可谓千疮百孔、满目疮痍。连年战争使得原本就不发达的旧社会雪上加霜，我国的工业基础，特别是重工业基础，非常薄弱。据联合国亚太事务委员会的统计，1949年我国的人均国民收入只有27美元，不仅达不到印度57美元的一半，甚至低于当时整个亚洲44美元的人均收入。同时，城镇失业工人数量从1949年到1951年年均达400多万人，失业率高达20%以上，家庭生活也极为困难。

新中国成立初期，我国医疗卫生条件十分落后，缺医少药，人均寿命短，人口死亡率高。有限的医疗资源大都集中在城市，农村医疗和医药匮乏一直是党和国家焦虑的问题。根据《1981中国经济年鉴》公布的新中国在1949年的国民经济主要数据显示：总人口为54167万人，人口出生率为36‰，死亡率为20‰，平均寿命为35岁。据不完全统计，新中国成立初期，全国的普通医院的数量只有473间，卫生院数量只有246间，卫生所的数量有487所，而专科医院也就只有48所。全国有正式医师资格的竟不足两万人。落后的医疗卫生条件，无法为人民的健康提供保障。

在中国共产党的领导下，勤劳勇敢的中国人民，就是在这样一张白纸上，开始了紧锣密鼓的生产恢复与建设工作，创造了一个又一个奇迹，画出了最动人的图画。

70年来，我国居民收入显著增长，消费实现了转型升级。全国居民人均可支配收入由171元增加到2.6万元，中等收入群体持续扩大。现在，城乡居民的恩格尔系数下降到了40%以下，交通通信、教育文化娱乐等服务支出的占比不断增加，消费质量大幅度提升，居民文化娱乐活动更加丰富多样。从社区便利店到各种大型购物中心，以及触手可及的网上商城，人们有了更丰富的消费选择和更便利的消费体验。特别是电子商务的发展普及，使得不论城市还是农村都同样享受到社会进步带来的消费盛宴。

70年来，我国社会保障制度日益完善，养老、医疗、失业、工伤、生育保险制度不断健全，建立了世界最大的社保体系，为亿万人民生活兜底。“得了阑尾炎，白种一年田”，这样的顺口溜反映了过去民众对于“看病难，看病贵”的无奈，这种情况已经得到改变。目前，基本医疗保险覆盖人数已经超过13亿人，基本实现全民医保。失业、工伤、生育保险的参保人数均达到约2亿人，也覆盖了绝大多数职业群体。企业退休人员基本养老金实现了自2005年以来连续14年的上调，城乡居民养老保险基础养老金最低标准、失业保险、工伤保险等各项社会保险待遇水平都随经济社会发展得到了相应提高，我国基本养老保险覆盖人数已经超过9.3亿人。

70年来，医疗卫生条件持续改善，人民群众健康水平明显提升。当前，我国居民预期寿命超过77岁，健康水平已优于中高收入国家平均水平。在深化医疗改革方面，取得了许多重大阶段性成效：分级诊疗制度加快形成，所有公立医院全面取消药品加成政策；织起覆盖城乡、多层次衔接的基本医疗保障网，跨省异地就医费用逐步实现直接结算；实施药品生产流通使用全流程改革，基本实现儿童药、短缺药持续稳定供应；落实抗癌药“零关税”

配套措施，切实减轻群众负担；免费基本公共卫生服务扩展到 14 类，开展 21 种大病集中救治，细化慢病签约服务，加强重病兜底保障，农村贫困人口医疗费用报销比例提高到 80% 以上。

习近平总书记指出，人民对美好生活的向往，就是我们的奋斗目标。党的十八大以来，在世界经济复苏乏力、国内财政收入增速放缓的背景下，以习近平同志为核心的党中央坚持以人民为中心，不断改善人民生活，增进人民福祉，一项项民生新政相继出台，一件件民生实事落地见效。我国各项民生指标逆势上扬，在幼有所育、学有所教、劳有所得、病有所医、老有所养、住有所居、弱有所扶上取得一系列开创性成就。改革发展成果更多更公平惠及全体人民，正朝着实现全体人民共同富裕不断迈进。

“保障和改善民生没有终点，只有连续不断的新起点。”当前，民生需求的不再仅仅是“吃饱穿暖”或“吃好穿好”，而是走向了更高层次——更好的教育、更可靠的社会保障、更高水平的医疗卫生服务、更舒适的居住条件、更优美的环境、更丰富的精神文化生活……也就是“人民日益增长的美好生活需要”。正因为如此，经济社会发展还需要再上一层楼、更进一步，我们既要去产能、去杠杆，又要守底线、稳就业；既要“金山银山”，又要“绿水青山”……从养老到医疗，从教育到就业，许多两难问题亟待破解，许多民生关切需要回应。这就需要继续化民生关切为民生动力，以民生诉求推动发展进程。

（二）打赢脱贫攻坚战

消除贫困、改善民生、逐步实现共同富裕，是社会主义的本质要求，是中国共产党的重要使命。新中国成立以来，我们党一直带领人民与贫困作斗争。改革开放以来，我们实施大规模扶贫开发行动，使 7 亿多农村贫困人口成功脱贫。党的十八大以来，我国坚持精准扶贫、精准脱贫基本方略，坚决打赢打好脱贫攻坚战，中国特色扶贫开发道路越走越宽广，为全球减贫治理贡献着中国智慧和中国方案。

新中国成立以来，作为世界上最大的发展中国家，一直都在和贫困作斗争。党和政府根据不同时期农村贫困状况的特点，采取了相对应的扶贫政策和措施，表现出明显的阶段性特征。

新中国成立初期，历经战争磨难，国家十分贫穷落后。我国着眼于缓解整个社会的贫困状况，开展了经济恢复和重建工作。通过土地改革，使贫困的农民从地主的压迫与剥削中解放出来，为农民摆脱贫困创设了基本前提。土地改革后，面对汪洋大海般的小农生产，如何带领他们走出贫困，发展生产，是摆在党和政府面前的一个难题。对此，我国采取的主要办法是把分散的个体小生产“组织起来”，通过建立公有制来解决贫困问题。

在这一时期，我国还未对扶贫作出专门性的政策安排，主要采取了一些发展生产、缓解贫困的广义的扶贫措施。比如，在全国开展大规模的基础设施建设，改善农村交通条件和灌溉设施；在全国建立了农村信用合作体系，发展农村基本医疗卫生和农村基础教育；初步建立了以社区“五保”制度、以农村特困人口救济为主的社会基本保障体系。总之，由于新中国成立初期贫困人口数量太多，我国财政状况也十分困难，力所能及能够采取的手段主要是“输血式”救济扶贫。尽管有时“救急不救穷”，但仍缓解了全社会的贫困程度。

改革开放以来，我国推动农村土地经营制度改革，以家庭承包经营制度取代人民公社的集体经营制度。此举极大调动了农民的生产积极性，解放了农村生产力，为扶贫开发提供了强劲动力。此外，推动农产品购销制度改革，农产品价格逐步放开，恢复了农村集贸市场；放开农村金融与工商业投资，各地乡镇企业异军突起，为农民创造了非农就业机会。总之，体制改革释放出巨大减贫效应，为贫困人口的脱贫提供了改革红利，为解决农村的贫困问题找到了出路。

20 世纪 80 年代，我国开始通过以工代赈、“三西”农业建设等专项扶贫政策促进落后地区发展。所谓以工代赈，就是让贫困人口通过出工投劳来获得救济。这种方式不仅为贫困人口提供了增加实物收入的机会，还在贫困地区建设了一大批公路、通信设施等基础设施，为贫困地区进一步发展创造了条件。

改革开放后，东部地区率先发展，但也出现了区域间发展不协调不平衡的问题，此时的贫困问题也由普遍存在转变为区域性集中凸显。为此，我国于 1986 年 5 月 16 日，成立了专门的扶贫机构——国务院贫困地区经济开发领导小组，也就是后来的国务院扶贫开发领导小组，具体负责组织、领导、协调贫困地区的经济开发工作。从此，我国的扶贫工作由道义帮扶转变为了制度性扶贫，并被纳入国民经济发展规划。

此外，这一时期还确定了 331 个国家重点扶持贫困县，发放国家扶贫资金，首开贫困县评定先河。同时，改变了扶贫思路，不再单纯依靠体制改革推动扶贫，实现了从救济式扶贫向开发式扶贫的转变。经过这一阶段的努力，农村贫困人口减少到 8000 万人，平均每年减少 640 万人，年均递减 6.2%；贫困人口占农村总人口的比重从 14.8% 下降到 8.7%。

1994 年 4 月，国务院印发了《国家八七扶贫攻坚计划》的通知，计划集中人力、物力、财力，动员社会各界力量，明确了资金、任务、权利、责任“四个到省”的扶贫工作责任制，力争用 7 年的时间，解决当时全国农村 8000 万贫困人口的温饱问题。该计划对这个阶段的扶贫工作作了战略调整，把扶贫工作重点放到中西部贫困地区，把扶贫到户工作摆到了突出的位置，把解决贫困残疾人温饱纳入大扶贫。这也是新中国历史上第一个有明确目标、明确对象、明确措施和明确期限的扶贫开发行动纲领。“八七”攻坚计划完成时，既使我国提升了农村绝对贫困户的标准，也使中国贫困人口缩减到 3000 万人。

进入 21 世纪，面对多元贫困、阶层贫困凸显，我国将连片特困地区作为扶贫开发的主战场，启动实施两个十年扶贫开发纲要，提出建设社会主义新农村战略。大幅提高国家扶贫标准后，新一阶段扶贫对象至少有 9000 万人。其中，全国农村没有解决温饱问题的贫困人口有 3000 万，另外还有低收入人口 6000 多万。2001 年 5 月，中央扶贫开发工作会议召开，《中国农村扶贫开发纲要（2001—2010 年）》出台。这是继“八七计划”之后，又一个指导全国扶贫开发的重要文件。

2011年，为进一步促进共同富裕，实现到2020年全面建成小康社会奋斗目标，又制定了《中国农村扶贫开发纲要（2011—2020年）》，提出实行扶贫开发和农村最低生活保障制度有效衔接，开启了扶贫开发与社会保障“两轮驱动”的扶贫新阶段，并逐步形成“低保保生存、救助防返贫、扶贫促发展、开发奔小康”的新格局。

党的十八大以来，以习近平同志为核心的党中央高度重视脱贫开发工作，把脱贫攻坚作为全面建成小康社会的底线任务和标志性指标，制定精准扶贫、精准脱贫方略，全面打响脱贫攻坚战。入之愈深，其进愈难。国际经验表明，当一个国家的贫困人口占总人口的比例低于10%时，扶贫减贫就进入最困难阶段。2012年，我国的这一比例为10.2%，还有9989万贫困人口，贫困问题仍是我国经济社会发展中的突出短板。小康不小康、关键看老乡，正如习近平总书记在关于制定“十三五”规划建议的说明中所指出的，“我们不能一边宣布全面建成了小康社会，另一边还有几千万人口的生活水平处在扶贫标准线以下，这既影响人民群众对全面建成小康社会的满意度，也影响国际社会对我国全面建成小康社会的认可度”。

2013年11月，习近平总书记在湖南湘西十八洞村考察扶贫开发工作时，首次提出“精准扶贫”的重要理念，为我国的扶贫工作提供了遵循。“我们在抓扶贫的时候，切忌喊大口号，也不要定那些好高骛远的目标。把工作要做细，实事求是、因地制宜、分类指导、精准扶贫。”

所谓精准，聚焦在六个方面——扶持对象精准、项目安排精准、资金使用精准、措施到户精准、因村派人精准、脱贫成效精准。这就要求改变过去扶贫工作“大水漫灌”和“撒胡椒面儿”的做法，不搞手榴弹炸跳蚤，因村因户因人施策，对症下药、精准滴灌、靶向治疗，扶贫扶到点上、扶到根上，让扶贫资源能够精准地与贫困个体对接，让扶贫利益能够落实在扶贫对象身上。

经过三年的精准扶贫，“脱贫攻坚已经到了啃硬骨头、攻坚拔寨的冲刺阶段，所面对的都是贫中之贫、困中之困”。党中央、国务院审时度势，于

2015年11月，召开了中央扶贫开发工作会议，出台了《关于打赢脱贫攻坚战的决定》，对脱贫攻坚进行专门的部署，提出了打赢脱贫攻坚战。这是根据此前三年的任务进展情况提出来的，通过开展攻坚战，加大力度，加快进度，确保如期打赢。文件指出，到2020年，要实现现行标准下贫困人口的全部脱贫，贫困县全部摘帽，区域性整体贫困问题得到解决。文件要求，在对贫困人口实行精准识别和建档立卡的基础上，根据扶持对象精准、项目安排精准、资金使用精准、措施到户精准、因村派人精准、脱贫成效精准的工作标准，发展特色产业脱贫、引导劳务输出脱贫、结合生态保护脱贫、实施易地搬迁脱贫、着力加强教育脱贫、开展医疗保险和医疗救助脱贫、实行农村最低生活保障制度兜底脱贫、探索资产收益扶贫，并健全留守儿童、留守妇女、留守老人和残疾人关爱服务体系，采取多种形式实现脱贫目标。

当前，我国精准扶贫已经实施了六年，脱贫攻坚战已经打了三年，扶贫开发工作取得了重大决定性成就，这可以通过以下几个方面的数据来体现。从贫困人口数量来看，我国贫困人口从2012年的9899万人减少到2018年的1660万人，6年时间内就减少了8000多万人，平均下来每一年就减少1300多万人，现在已经做到了85%左右脱贫。贫困发生率也从10.2%下降到1.7%，减少了9个百分点左右。

“小康路上一个都不能掉队。”2020年，我国将实现现行标准下农村贫困人口全部脱贫，贫困县全部摘帽，所有贫困地区和贫困人口将一道迈入全面小康社会。这一目标与我国之前几轮扶贫相比有一个最大的不同，就是“不留锅底”。国家八七扶贫攻坚计划和第一个十年扶贫纲要结束时，还分别剩了3209万和2688万当时标准的贫困人口。这次要做到全部脱贫摘帽，是历史性的。总之，2020年如期打赢脱贫攻坚战，这将在中华民族几千年发展史上首次整体消除绝对贫困现象，我国也将提前10年完成联合国2030年可持续发展议程确定的减贫目标，继续走在全球减贫事业的前列，这对于中华民族、对于整个人类都具有载入史册的伟大意义。届时，绝对贫困现象会被消除，相对贫困问题依然存在，扶贫工作将进入一个新的发展阶段。

（三）扶贫开发的中国经验与中国方案

经过 70 年的扶贫工作实践，我国已经形成了具有中国特色、世界意义的扶贫开发道路，为全球减贫事业贡献了中国智慧和中国方案。

一是坚持党的领导，发挥制度优势。“越是进行脱贫攻坚战，越是要加强和改善党的领导。”坚持党的领导，是“中国式扶贫”的鲜明特色，也是取得历史成就的根本保证。回顾我国扶贫开发的各个历史阶段可以发现，正是因为坚持了党的坚强领导，充分发挥了中国特色社会主义的制度优势，集中力量办扶贫开发的大事，才得以攻坚克难，扎实推进，书写出一份精彩的“扶贫答卷”。党的十八大以来，在党的领导下，严格执行脱贫攻坚一把手负责制，层层签订脱贫攻坚责任书、立下军令状，省市县乡村齐抓扶贫。这种自上而下、直达基层的高效动员体系，形成了五级书记抓扶贫、全党动员促攻坚的良好局面，为脱贫攻坚提供了坚强政治保证。

二是建立制度体系，提供制度保障。我国制度化扶贫始于 1986 年，成立了国务院贫困地区经济开发领导小组（1993 年改为国务院扶贫开发领导小组），从那时起开始实施有计划、有组织、大规模的扶贫开发。党的十八大以来，我们围绕精准扶贫精准脱贫，加强脱贫攻坚的四梁八柱顶层设计，建立脱贫攻坚责任、政策、监督、投入、动员、考核等制度体系，较真碰硬，真帮实扶，为打赢脱贫攻坚战提供制度保障。通过建立脱贫攻坚责任体系，构建起“中央统筹、省负总责、市县抓落实”的扶贫管理体制。

三是坚持精准方略，提高脱贫实效。精准扶贫改变以往扶贫工作中存在的福利化、平均主义倾向，防止平均数掩盖大多数，真正把好钢用在了刀刃上。实施精准扶贫，主要是解决好了扶持谁、谁来扶、怎么扶、如何退的问题。通过为每个贫困户和贫困村建档立卡，搞清楚谁贫困，有多贫困，为什么贫困这些“贫困家底”，并坚持缺什么补什么，确保扶到点上、扶到根上，一户一本台账、一户一个脱贫计划、一户一套帮扶措施。

四是强化社会动员，凝聚各方力量。“脱贫致富不仅仅是贫困地区的事，也是全社会的事。”扶贫开发，应为全社会的“大合唱”，而非政府一家的“独角戏”。回顾我国扶贫减贫的历史可以发现，广泛动员社会力量参与到扶贫开发事业中，是扶贫取得伟大成就的宝贵经验，也是我们党的政治优势和社会主义制度优势在脱贫攻坚领域的重要体现。“人心齐，泰山移。”在我国70年的扶贫开发进程中，从党政机关、军队、武警部队、国有企事业单位率先开展定点扶贫，到东部发达地区与西部贫困地区结对扶贫，再到市场组织、社会组织逐步参与到中国农村的减贫事业中来，并被纳入国家正式的扶贫制度安排，我国逐步形成政府、市场、社会协同参与的大扶贫格局。另外，我国动员民营企业、社会组织、公民个人参与社会扶贫。它们通过捐资助学、发展产业等方式，显现出社会扶贫的巨大发展潜力。

五是扶贫先扶志、扶贫必扶智。“扶贫不是慈善救济，而是要引导和支持所有有劳动能力的人，依靠自己的双手开创美好明天。”打赢打好脱贫攻坚战，不但要求各级党委政府给钱、给物、给牛羊，为贫困群众“输血”，更重要的是有针对性地扶志、扶智，激发贫困群众自我发展的内生动力，有效“造血”。总结实践经验可以发现，“志智双扶”是打赢脱贫攻坚战的根本之策，以“造血”巩固“输血”的成果，才能把穷根彻底拔除。党的扶贫政策不是养懒人的政策，我国扶贫注重采用生产奖补、劳务补助、以工代赈等机制，强化扶志教育和典型示范，引导贫困群众发展产业和就业，因地制宜发展壮大村级集体经济，不大包大揽，不包办代替，不简单发钱发物，发挥贫困群众主体作用，唤起贫困群众自我脱贫的斗志和决心。扶贫必扶智。脱贫致富不仅要注意“富口袋”，更要注意“富脑袋”。我国扶贫注重发展乡村教育，“发展教育脱贫一批”作为扶贫举措，让每个乡村孩子都能接受公平、有质量的教育，阻止贫困现象代际传递。除加强基础教育外，加强贫困人口的职业技能培训，使他们能掌握就业本领，依靠自己的双手摆脱贫困。

（四）不断增强人民群众的获得感

新中国成立以来，中国共产党在改善民生方面取得了伟大成就，人民群众的获得感不断提升，这是中国共产党全心全意为人民服务根本宗旨的生动体现。

1. 坚持人民至上的执政理念

1949 年，党中央离开西柏坡之际，毛泽东说，今天是进京的日子，进京赶考去。2018 年，习近平说，时代是出卷人，我们是答卷人，人民是阅卷人。不论是“赶考”还是“答卷”，中国共产党始终把人民当作评判者。回顾历史可以发现，从毛泽东将“为人民服务”作为党的根本宗旨，到邓小平将“是否有利于提高人民的生活水平”作为评判是非得失的重要标准，到江泽民指出要“始终代表最广大人民群众的根本利益”、胡锦涛要求“权为民所用，情为民所系，利为民所谋”，直至党的十八大以来，习近平总书记提出“以人民为中心的发展思想”，党在不同历史时期提出了一脉相承、与时俱进的执政理念，彰显了人民至上的价值取向，为改善民生提供了思想指导。

毛泽东在长期革命与建设实践中，提出为人民服务的思想，将群众路线作为党的根本组织路线和政治路线。早在新中国成立前党的七届二中全会上，毛泽东就明确地指出，中国共产党就要着力解决民生问题，改善人民生活，“工人失业，工人生活降低，不满意共产党。这种状态是完全不能容许的”。他强调，如果不能“使工人生活有所改善，并使一般人民的生活有所改善，那我们就不能维持政权，我们就会站不住脚，我们就会要失败”。毛泽东从巩固新生人民政权的高度强调了改善民生的重要性，把改善民生作为巩固新生人民政权的重要一招。

党的十一届三中全会后，我们党认真总结新中国成立以来民生建设正反两方面经验，重申了发展生产对于改善民生的基础性作用。邓小平尤其关注民生，认为能否解决好民生问题关系社会主义的前途命运，指出“不坚持社会主义，不改革开放，不发展经济，不改善人民生活，只能是死路一条”。而解决民生问题的前提是正确理解社会主义的本质，即“社会主义最大的优越性就是共同富裕，这是体现社会主义本质的一个东西”。要实现共同富裕，就“要允许一部分地区、一部分企业、一部分工人农民，由于辛勤努力成绩大而收入先多一些，生活先好起来。一部分人生活先好起来，就必然产生极大的示范力量，影响左邻右舍，带动其他地区、其他单位的人们向他们学习。”为了冲破僵化思想的束缚，邓小平还提出要把是否“有利于发展社会主义社会的生产力、有利于增强社会主义国家的综合国力、有利于提高人民的生活水平”作为评判是非得失的重要标准。

面向 21 世纪，在国际共产主义运动出现挫折，党执政面临挑战的时候，江泽民提出了“三个代表”重要思想，特别强调了党要始终代表中国最广大人民群众的根本利益，始终坚持把人民的根本利益作为出发点和归宿，要实现好、维护好和发展好最广大人民的根本利益，关注的仍然是民生这个根本问题。江泽民明确提出了必须把发展作为党执政兴国的第一要务，把关注民生作为党长期执政的基石，深刻揭示了发展、执政与民生的辩证统一关系。

在全面建设小康社会的关键阶段，胡锦涛提出了“以人为本”的科学发展观，明确了“权为民所用，情为民所系，利为民所谋”的共产党人权力观。胡锦涛指出，执政为民，就要以解决人民群众最关心、最直接、最现实的利益问题为重点，使经济社会发展成果更多地体现到改善民生上。特别是将“保障民生、改善民生”的问题作为国家大计明确地写进党的报告中，是对我们党民生理念的丰富和深化。

“以人民为中心”是党的十八大以来，习近平总书记反复强调的核心价值理念，并逐步发展成为“以人民为中心的发展思想”。2013 年 8 月，习近平总书记在全国宣传思想工作会议上就提出“要树立以人民为中心的工作导向”。2014 年 10 月，他在文艺工作座谈会上强调“坚持以人民为中心的创作导向”。2015 年，在党的十八届五中全会上，首次提出了着力践行以人民为中心的发展思想。在党的十九大报告中，习近平总书记多次提到“以人民为中心”，将其作为新时代坚持和发展中国特色社会主义的重要内容。在庆祝改革开放40周年大会讲话中，习近平指出，必须坚持以人民为中心，不断实现人民对美好生活的向往，将其作为改革开放40年9条宝贵经验之一。

2. 处理好发展经济与改善民生的关系

“如果在一个很长的历史时期内，社会主义国家生产力发展的速度比资本主义国家慢，还谈什么优越性？”改革开放之初，邓小平关于社会主义优越性的论述，仍振聋发聩。而今，中国已成为全球第二大经济体，邓小平的另一番话则引发了人们更多思考：“社会主义不是少数人富起来、大多数人穷，不是那个样子。社会主义最大的优越性就是共同富裕，这是体现社会主义本质的一个东西。”回望历史，从致力“先富”到强调“共富”，只有正确处理好“做大蛋糕”与“分好蛋糕”的辩证关系，才能“让全国人民都发财”，朝着共同富裕方向稳步前进。

新中国成立以来，我们把握不同发展阶段中改善民生的核心问题，实现了发展经济与改善民生的良性互动。改革开放之初，经济总量相对弱小，这时民生问题的核心是生存下去，改善民生首要破解的是历史遗留的贫困、计划经济的后遗症、僵化的思想观念，也就是说，要打破平均主义“大锅饭”，允许一部分地区、一部分人先富起来，燃旺全社会的发展热情。因此，这一阶段需要在保证经济高速增长的同时，为人民提供基本的物质生活保障。“社会生产力发展的过程就是攒钱的过程。”钱要慢慢攒起来，并首先花在连续发展社会生产力方面，这样钱才能越攒越多。这是解放和发展生产力无法逾越的历史阶段，相对应的民生政策随之出台。比如，党的十六大前，在收入分配方面一直强调“效率优先，兼顾公平”，“效率优先”便成为策略性选择。

进入21世纪，国力大大增强，“有能力把相当一部分钱花在老百姓能够直接感受到的生活质量提高方面”，民生问题的核心也逐步转变为基本民生的全面保障，这就要求教育、就业、收入、社会保障、环境等基本民生制度越发完善。由此，从党的十六大开始，我国开展了大规模的民生制度体系的建设，并在党的十六届四中全会上正式提出开展“社会主义社会建设”，将之与经济、政治、文化等并列，号召建设社会主义和谐社会。与此同时，相对应的民生政策也随之发生了转化。比如，在收入分配方面，党的十六大首次提出“初次分配注重效率、再次分配注重公平”，党的十七大进一步提出“初级分配和再次分配都要处理好效率与公平的关系，再次分配更加注重公平”。总的来说，社会主义市场经济的制度创新，最大限度地释放了中华民族的创造力，“既不能鼓励懒汉，又不能造成打‘内仗’”，推动中国经济持续高速增长，这才让“站起来”的中国逐步走向“富起来”。

党的十八大以来，中国特色社会主义进入了新时代，我国社会主要矛盾已经转化为人民日益增长的美好生活需要和不平衡不充分的发展之间的矛盾，这也对民生事业提出了新的要求——通过创新发展、协调发展、绿色发展、开放发展和共享发展，大力提升发展质量，不断消除地区差距、收入差距、城乡差距，更好满足广大人民群众在经济、政治、文化、社会、生态等方面日益增长的需要，逐步实现共同富裕。当前，我国经济发展与改善民生已形成良性循环，从近几年的发展可以看出，虽然我国经济增长从高速转为中高速，但是民生改善的幅度却在加大，如此使得内需对经济增长的贡献率不断提高，成为国民经济持续较快发展的强有力引擎。

总结历史经验可以发现，我国处理好发展经济与改善民生的关系，主要是做到了以下三条。一是坚持将改善民生作为经济社会发展的出发点和落脚点，让改善民生成为经济发展的动力来源。人民之所以支持改革、拥护改革、参与改革，也是因为享受到了改革和发展的成果，生活得到了极大的改善。二是坚持福利水平与经济发展水平相适应，抓住不同时期民生事业发展的核心问题，做到量力而行、尽力而为，不能竭泽而渔，也不消极拖延。三是坚持了共建与共享的结合，形成人人参与建设、普遍崇尚劳动的社会氛围，引导人民群众树立共建共享美好生活的理念。总的来说，我国既遵循了民生改善的普遍规律，又抓住了不同时期的重点问题，改革开放以来改善民生的行动并没有受到西方新自由主义、民粹主义和福利国家等思想的干扰，既做大了蛋糕，又分好了蛋糕，为经济发展奠定了良好的社会基础，在此基础上真正改善民生。

3. 处理好改革发展稳定的关系

“改革是中国的第二次革命”“发展是硬道理”“稳定压倒一切”。作为我国社会主义建设中的三个重要支点，改革是经济社会发展的强大动力，发展是解决一切经济社会问题的关键，稳定是改革发展的前提，三者缺一不可。特别是改革开放以来，无论是风平浪静时，还是波涛汹涌处，改革航船之所以能够乘风破浪，各项民生事业之所以能够稳步推进，一个重要的原因是处理好了三者之间的关系，将改善人民生活作为三者结合点。把改革的力度、发展的速度和社会可承受的程度统一起来，实现了前所未有的发展变革，同时又保持了安定团结，最终造福人民。

新中国成立之初，我们较好地处理了改革、发展、稳定三者的关系。当时，国际国内的各种矛盾错综复杂，内有通货膨胀，外有战争威胁，可以说矛盾重重，危机四伏。在三年国民经济恢复时期，党带领人民把稳定经济、稳定物价、稳定大局作为首要目标，提出了“不要四面出击”的战略思想。“不要四面出击”的方针，明确了打击的对象和依靠的力量，团结一切可以团结的力量，缓和一切可以缓和的地方。在此方针指导下，我国合理地调整工商业，使工厂顺利开工，解决了工人失业问题；实行减租减息、剿匪反霸、土地改革；认真地、谨慎地做好统一战线工作；团结少数民族的广大群众。这在经济上调动了各方面的积极性，形成了推动经济和社会发展的合力；政治上使工人、农民、小手工业者都拥护共产党，使民族资产阶级和知识分子中的绝大多数人不反对共产党，使天下大定，人心凝聚。

在稳定的基础上，新中国成立初期有计划、有组织地进行了两次改革。第一次是国家没收官僚资本、实行土地改革、统一财政经济三大社会经济改革措施，把旧中国的经济政治体制改造成为新民主主义经济政治体制。第二次是对农业、资本主义工商业和个体手工业这三大领域进行社会主义改造，从新民主主义经济体制过渡到社会主义经济体制。这两次改革最终还是服务于发展，也就是把社会主义工业化作为主要任务，以“三改”带动“一化”。由此可见，新中国成立初期在走向现代化的进程中，实现了改革、发展、稳定的协调一致。

党的十一届三中全会后，确立了社会主义初级阶段的基本路线，可以归纳为“一个中心，两个基本点”。“一个中心”，就是以经济建设为中心，实质上是讲发展；“两个基本点”，一是改革开放，也就是讲改革；二是四项基本原则，也就是讲稳定。这样来看，基本路线要求的正是发展、改革、稳定三者的统一。邓小平特别强调了稳定的重要性，提出“中国的问题，压倒一切的是需要稳定。没有稳定的环境，什么都搞不成，已经取得的成果也会失掉。”江泽民强调，改革是一场深刻的社会变革，必然要求进行利益调整、体制转换和观念更新，因此要始终正确把握改革发展稳定的关系，在社会稳定中推进改革发展，通过改革发展促进社会稳定。党的十六大以后，党中央着眼于科学发展和构建社会主义和谐社会，自觉调整生产关系与生产力、上层建筑与经济基础不相适应的方面，协调好了改革、发展、稳定的关系。

党的十八大以来，改革的复杂程度、敏感程度、艰巨程度不亚于以往任何时候。在“触动利益比触动灵魂还难”的条件下，改革进入“深水区”，面临许多“硬骨头”——剥离审批部门的“权力依恋”，无疑是老虎嘴中拔牙；勒住地方政府的“卖地冲动”，无异深水之中除暗礁……从推进行政体制改革，到加强社会管理创新；从调整收入分配差距，到破解各种民生难题，都要求冲破思想观念障碍，突破利益固化藩篱。

以习近平同志为核心的党中央，进一步处理好改革、发展、稳定三者之间的关系，以更大的政治勇气和智慧全面深化改革。习近平总书记指出，在推进改革中要坚持正确的思想方法，特别强调要处理好六个方面的关系，其中就包括改革发展稳定的关系。这就要求把改革的力度、发展的速度和社会可承受的程度统一起来，在社会稳定中推进改革发展。与此同时，找准三者的结合点，最终落脚到改善人民生活。总之，无论改革还是发展，都是为了实现人民的利益，如果改革发展成果没有更多更公平惠及全体人民，人民生活水平没有得到稳步提高，改革将失去动力，发展将失去意义，稳定也就无从谈起。放眼全球，政局动荡、社会动乱曾让许多国家错失了发展机遇，人民也陷入痛苦之中。正因为我们始终坚持正确处理改革发展稳定的关系，才得以“风景这边独好”。

九

像石榴籽一样紧紧抱在一起

——为什么能够实现民族团结和共同繁荣发展

“五十六个星座五十六枝花，五十六族兄弟姐妹是一家，五十六种语言汇成一句话爱我中华，爱我中华，爱我中华”。这首脍炙人口、家喻户晓的民歌《爱我中华》，用诗一般的语言和欢乐的节奏唱出了中华民族56个民族亲如一家、至诚至爱的和谐团结的情感。

（一）确立民族区域自治制度

新中国成立时，全国少数民族人口约有2800万人，约占全国总人口的6%左右，但分布的地区很广，占到全国总面积的50%—60%，主要聚居和杂居在内蒙古自治区、新疆维吾尔自治区、广西壮族自治区、宁夏回族自治区、西藏自治区及云南、贵州、四川、青海、吉林、甘肃、湖南等省区。

汉族地区与少数民族地区在政治、经济、文化等方面有很大差距。少数民族之间及单一少数民族内部的经济、政治社会发展也很不平衡，各种不同社会经济形态并存：经济方面表现为既有地主经济、资本主义经济，又有封建农奴制、奴隶制等；在政治社会方面表现为，少数民族的政治制度和政权形式也很复杂，有世袭的封建王公、政教合一的僧侣贵族统治制度，也有以父系血缘为纽带的家支制度，还有土司、山官、王子、部落头人和千百户制度，等等。另外，有的少数民族对人民政府抱有疑虑，有些地方由于复杂的历史原因和反动势力的挑拨，甚至还存在着严重的民族对立。少数民族大多信仰宗教，由于过去受反动宣传的影响，一部分少数民族上层及信教群众不了解共产党和人民政府宗教信仰自由的政策，以至民族问题往往同宗教问题交织在一起而难于处理。做好民族工作，促进民族团结和共同繁荣是执政党面临的重要任务。

采取什么样的国家结构形式成为筹备新中国必须解决的重大问题。第一次世界大战后，世界上出现了一个很大的民族自决的浪潮，俄国十月革命后成立了苏维埃社会主义共和国联邦。在统一的多民族的中国，是学习苏联搞联邦制，还是从自身实际出发实行民族区域自治？对此，在起草《中国人民政治协商会议共同纲领》的过程中，毛泽东向党内外征询意见，最终选择了民族区域自治。中国为什么没有采用联邦制而选择民族区域自治制度？

第一，为了加强各民族团结，防止帝国主义及国内敌对分子的挑拨分化。1949 年 9 月 7 日，周恩来在向政协代表作《关于人民政协的几个问题》的报告时指出，中国是多民族的国家，“我们主张民族自治，但一定要防止帝国主义利用民族问题来挑拨离间中国的统一。”“今天帝国主义者又想分裂我们的西藏、台湾甚至新疆，在这种情况下……我们国家的名称，叫中华人民共和国，而不叫联邦。”“我们虽然不是联邦，但却主张民族区域自治，行使民族自治的权力。”这个问题经中国人民政治协商会议讨论达成一致，在《中国人民政治协商会议共同纲领》中明确规定：“中华人民共和国境内各民族一律平等。”“各少数民族聚居的地区，应实行民族的区域自治，按照民族聚居的人口多少和区域大小，分别建立各种民族自治机关。”1947 年 5 月，在中国共产党领导下成立内蒙古自治政府，强调内蒙古自治政府为“非独立政府，仍属中国版图，并愿为中国真正民主联合政府之一部分”。这为党领导建立区域性民族自治提供了成功的范例。

第二，由多民族的历史特色决定的。我国多民族的历史与苏联多民族的历史不同，民族关系也有很大差异，主要表现在，苏联少数民族人口约占全国总人口的 47%，且每个民族聚居集中，内部联系相对单纯密切。我国少数民族人口只占全国总人口的6%，且呈现出大杂居、小聚居的状态，汉族和少数民族之间、几个少数民族之间往往互相杂居或交错聚居，长期的交流及通婚，大多数民族融合了多种民族成分。自古以来，我国天下大一统的理念深入人心，各民族为推动统一大业都发挥了积极的作用。

第三，基本国情的必然要求。马克思列宁主义的民族理论，根本上主张在统一的（单一制的）国家内实行地方自治和民族区域自治，只在例外的情况下允许联邦制。十月革命前，俄国是帝国主义国家，经过二月革命和十月革命，许多非俄罗斯民族实际上已经分离为不同国家，因此不得不采取联邦制把按照苏维埃形式组建的各个国家联合起来，作为走向完全统一的过渡形式。中国是半殖民地半封建国家，各民族包括汉族人民都同样遭受了帝国主义的压迫剥削，都是受欺凌的被压迫民族，在共御外侮的伟大斗争中，各民族在中国共产党领导下，并没有经过民族分离，各民族同仇敌忾，一致对外，建立了密切联系，始终都是一个统一的国家。

中华人民共和国的成立，开启了各民族平等合作、繁荣发展的新纪元。中国共产党认真总结新民主主义革命时期解决国内民族问题的经验，通过召开中国人民政治协商会议，最终将民族区域自治确立为我国解决民族问题的基本政策和政治制度，并在当时起到临时宪法作用的《中国人民政治协商会议共同纲领》中加以确定。1952年《中华人民共和国民族区域自治实施纲要》对自治制度的原则、自治地方的权利、行政级别等基本内容进一步作了具体的规定，使民族区域自治作为我国的一项基本政策和政治制度以国家法律的形式固定了下来。至此，民族区域自治政策作为解决中国民族问题的基本政策最终得到确定。民族区域自治制度是指在国家统一领导下，各少数民族聚居的地方实行区域自治，设立自治机关，行使自治权的制度。它是我国的基本政治制度之一，是建设中国特色社会主义政治的重要内容，是实现各民族平等、团结和共同繁荣的重要保障。

1955年12月，国务院根据《中华人民共和国宪法》的规定，发布了《关于改变地方民族民主联合政府的指示》《关于建立民族乡若干问题的指示》，指出适合建立自治州、自治县的改建为自治州、自治县，适合建民族乡的改建为民族乡。

早在1947年5月，内蒙古自治区成立。它是我国建立最早的一个民族自治区。新疆维吾尔自治区成立于1955年10月1日。宁夏回族自治区于1958年10月25日成立。1958年3月5日成立广西僮族自治区，1965年改为广西壮族自治区。西藏自治区于1965年9月1日成立。民族区域自治制度赢得了各族人民的衷心拥护，巩固了平等、团结、互助、和谐的社会主义民族关系。55个少数民族中，44个少数民族建立了自治地方，民族自治地方占全国土地总面积的64%，实行民族区域自治的少数民族人口约占全国少数民族总人口的75%。我国建立民族自治地方的任务基本完成。这些少数民族地区的经济社会正在发生着翻天覆地的历史性变化。

20世纪80年代末，针对苏联和东欧的动荡，实行联邦制的苏联，在经历70年的风雨后分裂解体，一分为十五；曾经辉煌一时的南斯拉夫联邦一分为六。邓小平对来访的外国领导人说："解决民族问题，中国采取的不是民族共和国联邦的制度，而是民族区域自治的制度。我们认为这个制度比较好，适合中国的情况。我们有很多优越的东西，这是我们社会制度的优势，不能放弃。"

70年的实践证明，实行民族区域自治，既能发挥各少数民族和民族地区的积极性，又保证了中央必要的集中和祖国的统一。它把民族因素同区域因素、政治因素同经济因素恰当地结合了起来，具有强大的生命力。因此，实行民族区域自治有利于保障少数民族的权利，有利于保障各民族的关系，有利于各民族共同繁荣进步，有利于国家的稳定和统一。可以说，我国的民族区域自治制度不仅体现了世界各国保护"少数人"权益的普遍共识，更把这个普遍共识转变为扎扎实实的行动，为各国正确处理民族问题提供了一种"中国模式"。

（二）民族区域自治制度的巩固与发展

党的十一届三中全会后，我国进入改革开放的新时期。随着拨乱反正工作的开展，在民族工作方面，我国重新恢复了民族区域自治制度在解决中国民族问题上的基本政策的地位，并把巩固和发展民族区域自治制度作为国家建设的一项长期的重要任务确定下来。

民族区域自治制度的地位进一步提升。1980 年 3 月至 1984 年 3 月，中共中央先后召开了多次座谈会，讨论了西藏自治区、新疆维吾尔自治区、云南、内蒙古自治区、青海等民族省区的工作问题，形成了一系列重要文件，对于恢复和发展民族区域自治制度发挥了重要作用。1980 年，邓小平针对过去实施民族区域自治过程中出现的问题，提出“要使各少数民族聚居的地方真正实行民族区域自治”。1992 年、1999 年先后两次召开中央民族工作会议，要求把坚持和完善民族区域自治制度作为国家制度建设的重大任务。1997 年，江泽民在党的十五大政治报告中，把人民代表大会制度、中国共产党领导的多党合作与政治协商制度、民族区域自治制度一同表述为我国的三项基本政治制度，进一步确立了民族区域自治制度在国家政治体制中的重要地位。1999 年 9 月，江泽民在《中央民族工作会议暨国务院第三次全国民族团结表彰大会上的讲话》中指出，民族区域自治是我国的一项基本政治制度，它把国家的集中统一领导与少数民族聚居区的区域自治紧密结合起来，具有强大的政治生命力，我们要始终不渝地坚持并不断加以完善。2001 年，全国人大常委会通过了新修订的《中华人民共和国民族区域自治法》，正式在法律上把民族区域自治制度确立为国家的一项基本政治制度。

民族区域自治制度法制化建设不断加强。1982 年修订的《中华人民共和国宪法》不仅恢复了 1954 年宪法关于民族区域自治的一些重要原则，而且还在总结过去实行民族区域自治经验和教训的基础上，根据新时代新形势的发展变化，增添了一些具有时代精神的新内容，如明确规定民族自治地方的人大常委会主任或者副主任、自治区主席和自治州州长以及自治县县长应当由实行区域自治的民族公民担任。

1984 年 5 月颁布了《中华人民共和国民族区域自治法》。这是实施宪法规定的民族区域自治制度的基本法律。实行民族区域自治，对发挥各族人民当家作主的积极性，发展平等、团结、互助的社会主义民族关系，巩固国家的统一，促进民族自治地方和全国社会主义建设事业的发展，都起了巨大的作用。这些标志着我国的民族区域自治建设真正步入了法制化的轨道。1993年国家民委发布实施了《民族乡行政工作条例》和《城市民族工作条例》，推动散杂居少数民族工作走上法制化道路。

2001年，全国人大常委会通过了新修订的《中华人民共和国民族区域自治法》。这个新修订的法律，最核心的内容就是正式在法律上把民族区域自治制度确立为国家的一项基本政治制度，同时指明了少数民族地区今后发展的方向和目标，强调了民族自治地方的自主权和上级国家机关对自治地方的支持力度；明确了民族法制建设的要求，制定与自治法相配套的法规和规章。该法集中体现了党的民族政策，体现了各族人民的共同愿望，是坚持和完善民族区域自治制度的法律保证。在此基础上，2005年5月国务院颁布了《实施〈中华人民共和国族区域自治法〉若干规定》。这是国务院制定的第一部行政法规，是21世纪坚持和完善民族区域自治制度的重大举措，这也充分表明了我国坚持和完善民族区域自治的坚定决心。2006年6月至9月，《中华人民共和国民族区域自治法》执法检查组分赴内蒙古自治区、宁夏回族自治区、新疆维吾尔自治区、广西壮族自治区、云南、贵州等进行检查，建立了《中华人民共和国民族区域自治法》的监督机制，确保了法制建设的进一步完善。

目前，我国现行的民族区域自治法律体系，主要由三大部分组成。第一部分是《中华人民共和国宪法》《中华人民共和国民族区域自治法》及有关民族区域自治的各项法规，这是基本规范。第二部分是国务院及所属部门所制定的有关实施民族区域自治法的行政法规和行政规章规范。第三部分是各民族自治地方制定的自治条例、单行条例、变通规定及补充规定等，统称为地方性自治法规。民族工作的法制建设有力地推动了民族事务治理法治化。

推动民族区域自治制度实施的政策不断出台。为推动民族区域自治制度的有效实施，党和国家不断颁布推动少数民族地区经济社会发展的政策举措。1979年开展了对口支援政策，1983年11月，国务院批准了国家计委和国家民委《经济发达省、市同少数民族地区对口支援和经济技术协作工作座谈会纪要》，明确了对口支援工作的重点、任务和原则。1996 年 7 月，国务院办公厅转发国务院扶贫开发领导小组《关于组织经济较发达地区与经济欠发达地区开展扶贫协作的报告》；1999 年中央提出了西部大开发战略，为此国务院先后出台了《关于实施西部大开发若干政策措施的通知》《关于进一步完善退耕还林政策措施的若干意见》等政策措施，并制定实施了《西部地区人才开发十年规划》《“十五”西部开发总体规划》等发展规划，对西部大开发作出了一系列重大的战略部署。再如，2005 年，国务院编制了《扶持人口较少民族发展规划》《少数民族事业“十一五”规划》《兴边富民行动“十一五”规划》3 个专项规划，2007 年出台了《关于进一步促进新疆经济社会发展的若干意见》，2008 年出台了《关于进一步促进宁夏经济社会发展的若干意见》等。2010 年 5 月，中共中央、国务院在北京召开新疆工作座谈会，又掀起了全国对口支援新疆的高潮。这些政策的出台和实施，有力推动了少数民族地区的全面发展，丰富和充实了民族区域自治制度。

例如，内蒙古自治区作为我国最早成立的少数民族自治区，取得巨大成就，尤其是改革开放 40 年的成就更是斐然。40 年来，内蒙古自治区全区生产总值从 1978 年的 58 亿元增长到 2017 年的 1.6 万亿元，年均增长 11.7%。40 年来，内蒙古自治区农牧业综合生产能力跃上新台阶，2017 年粮食产量达到 651 亿斤，比 1978 年增长 5.5 倍；涵盖 41 个所有行业大类的工业体系已构建成型，2017 年全部工业增加值比 1978 年增长 112.7 倍；第三产业比重逐年上升，2017 年第三产业增加值比 1978 年增长 150.7 倍，对 GDP 的贡献率达到 75.8%。党的十八大以来，内蒙古自治区累计投入民生资金 13790 亿元，年均增长 6.8%。城镇居民人均可支配收入由 1978 年 301 元增加到 2017 年的 35670 元，农牧民收入由 131 元增加到 12584 元，城乡居民生活一年比一年好。教育事业长足进步，文化繁荣发展，健康内蒙古建设成效显著。针对基础设施短板方面，40 年来内蒙古自治区大幅提升发展保障能力。2017 年年底全区公路通车总里程达到 19.9 万公里，是 1978 年的 11 倍，高速公路和一级公路里程均居全国前列。铁路运营总里程超过 1.4 万公里，是

1978年的8.8倍，居全国首位。民用机场达到27个，实现盟市运输机场全覆盖。

（三）实现各民族共同繁荣发展

民族问题是社会问题的一部分。斯大林说："社会生活在变化，'民族问题'也跟着在变化。"即在不同的社会里，不同的经济生活、政治关系和思想文化关系，就会产生不同性质、不同内容、不同形式的民族问题。民族问题既包括民族自身发展，又包括民族之间，民族与阶级、国家之间的关系。我国民族问题的特点表现为与经济问题与政治问题交织在一起，现实问题与历史问题交织在一起，民族问题与宗教问题交织在一起，国内问题与国际问题交织在一起。

新中国的成立，实现了中华民族的独立和解放。针对旧中国时期存在的剥削制度和民族压迫，党和国家制定实施了以民族平等、民族团结、民族区域自治和各民族繁荣进步为核心的民族政策，进行了民族识别，普遍建立民族自治地方，培养了大批少数民族干部，积极帮助少数民族发展，使各民族进入了社会主义时代，确保了少数民族的政治、经济、文化地位，建立了新型的社会主义民族关系，由此开辟了适合中国国情的、具有中国特色的解决民族问题的正确道路。以哈萨克族为例，新中国成立后，党和政府全面开展对流散逃亡濒临灭绝的哈萨克人的争取、团结和安置工作，给他们划定居住区和放牧地区，并拨款帮助他们购置牛、羊、帐篷等，从穿衣到吃饭，采取头两年包下来的政策，帮助他们建立自治地方（即甘肃省阿克塞哈萨克族自治县），使他们融入了社会主义大家庭。实践充分证明，只有中国特色社会主义才能繁荣各民族、发展各民族、振兴各民族。中国特色社会主义道路是解决我国民族问题的根本道路。

一是坚持民族平等原则，实现了真正的民族平等。民族平等体现了党和政府对待所有民族的基本态度和原则，是民族工作实践的根本出发点与归宿。民族平等是指各民族不论大小、先进与落后，在政治、经济、文化、教育、宗教等社会生活的各个领域都享有同样的权利，占有相同的地位。

新中国成立后，我国民族关系开始了崭新的一页。以毛泽东同志为核心党的第一代中央领导集体，确立了民族平等、民族团结、民族区域自治、各民族共同繁荣发展的民族工作思想，积极废除民族压迫和民族剥削制，消除民族之间的猜疑、隔阂、歧视、不信任、仇恨等问题。1949 年《中国人民政治协商会议共同纲领》明确了“各民族一律平等”。1950 年 3 月召开第一次全国统战工作会议，要求逐步消除历史上造成的民族间的仇恨、隔阂、猜忌、歧视和不信任的心理。在民族地区进行了土地改革、民主改革，废除了少数民族地区存在的奴隶制、封建农奴制等，进行了民族识别，使少数民族共同走上了民族平等的社会主义道路，各民族真正有了相互平等的可能性。1951 年颁布了《关于处理带有歧视或侮辱少数民族性质的称谓、地名、碑碣、匾联的指示》，还对一些民族封建色彩浓厚的地名称谓作了更改，如“迪化”改为“乌鲁木齐”，充分体现了各族人民政治上的平等。

为切实保障各民族平等权利，我国宪法和法律对民族平等进行了具体而明确的规定，宪法明确“中华人民共和国各民族一律平等。国家保障各少数民族的合法的权利和利益，维护和发展各民族的平等团结互助和谐关系。禁止对任何民族的歧视和压迫，禁止破坏民族团结和制造民族分裂的行为”。如人身自由和人身权利不受侵犯；平等地享有管理国家事务的权利；平等地享有宗教信仰自由；享有使用和发展本民族语言的权利；享有保持或改革本民族风俗习惯的自由等。

为什么说“中国境内各民族是真正平等的”？第一，我国民族平等是建立在社会主义公有制基础上的，具有坚强的物质基础和平等的真实性。第二，积极帮助少数民族发展政治、经济、文化、教育事业，逐步消除事实上的不平等。由于自然、历史等方面的原因，各民族之间还存在差异和差距。国家通过政治、经济、法律、行政等措施给予少数民族权益上的特殊照顾和权利上的保护，“少数民族同汉族人民一样，平等地享有宪法和法律规定的全部公民权利，同时还依据法律，享有少数民族特有的权利”，对少数民族实行的各种优惠政策，体现了平等的彻底性。第三，民族平等的完整性，体现在个人权利与集体权利的统一、权利与义务的统一，实现权利与义务的一致性。

二是坚持平等、团结、互助、和谐的社会主义民族关系。平等是民族关系的基石，团结是民族关系的主线，互助是民族关系的保障，和谐是民族关系的本质。这种民族关系是民族团结和共同繁荣的保障。

1979 年 6 月，邓小平在全国政协五届二次会议上致开幕词时指出："我国各兄弟民族经过民主改革和社会主义改造，早已陆续走上社会主义道路，结成了社会主义的团结友爱、互助合作的新型民族关系。"1980 年党中央在《西藏工作座谈会纪要》中明确指出，"各民族之间的关系都是劳动人民之间的关系"，为促进民族团结提供了理论依据，进一步巩固了各民族大团结的良好局面。

党中央从全局和战略的高度，注重民族工作，民族平等、团结、互助、和谐的关系不断发展和巩固，并制定了一系列加快少数民族和民族地区发展的政策措施，从而进一步巩固了各族人民的大团结和共同繁荣，增强了中华民族的凝聚力。

1988 年以来，我国先后召开了六次全国民族团结进步表彰大会，在全社会产生了广泛影响。中央民族团结进步表彰大会就像一面旗帜，对各民族团结发展起到了重要的宣传和推动作用。各级地方政府采取"民族团结宣传教育月"等形式开展民族团结进步创建活动，制定实施民族团结进步创建表彰办法，在全社会树立典型，弘扬正气，推动形成了以维护民族团结为荣、以损害民族团结为耻的社会风尚。如新疆维吾尔自治区将每年五月、内蒙古自治区将每年九月、吉林延边朝鲜族自治州将每年九月、贵州黔东南苗族侗族自治州将每年七月定为"民族团结月"。

江泽民提出："各民族之间的关系是社会主义的新型关系，汉族离不开少数民族，少数民族离不开汉族，各少数民族之间也相互离不开。"这不仅是历史的写照，更是国情的反映，是我国巩固和发展民族关系的重要原则。进入 21 世纪，以胡锦涛为总书记的党中央提出"各民族共同团结奋斗、共同繁荣发展，这就是新世纪新阶段民族工作的主题”，并明确指出，平等、团结、互助、和谐是我国社会主义民族关系的本质特征。

党的十八大以来，以习近平同志为核心的党中央提出了“铸牢中华民族共同体意识”，“要深化民族团结进步教育，铸牢中华民族共同体意识，加强各民族交往交流交融，促进各民族像石榴籽一样紧紧抱在一起，共同团结奋斗、共同繁荣发展”。这为新时代做好民族工作指明了方向、明确了任务、提供了遵循。

三是促进各民族的共同繁荣。各民族共同繁荣发展是社会主义的本质要求。加快发展少数民族和民族地区的经济文化等各项事业，促进各民族的共同繁荣，这既是少数民族和民族地区人民群众的迫切要求，也是我们社会主义民族政策的根本原则。

实现各民族共同繁荣发展是新中国成立以来党和国家在解决民族问题上的一贯立场，是民族工作的出发点和落脚点。毛泽东提出将“民族平等、团结”作为解决民族问题的根本原则，把帮助少数民族发展经济文化、促进各民族共同繁荣作为我们党在民族理论和民族政策上的根本立场和最终归宿。改革开放以来，党和政府采取一系列有效措施使少数民族在经济上、文化上得到改善和提高，加快改革开放的步伐，各民族走上共同发展、共同繁荣的康庄大道。改革开放以来，针对少数民族地区发展能力不足、发展滞后、资源开发不足等问题，党和国家采取了对口支援和西部大开发战略、协同发展战略等。2000 年开始实行西部大开发，制定了“兴边富民行动规划”和“少数民族事业规划”，为 8 个民族工作任务重的省、自治区分别制定了支持经济社会发展的特殊政策，对西藏自治区、新疆维吾尔自治区、青海实行对口支援（每年相关中东部省市拿出地方财政一般预算收入的千分之一支援西藏自治区，千分之三到千分之六支援新疆维吾尔自治区），加大教育投入，向民族地区、边疆地区倾斜，加快民族地区义务教育学校标准化和寄宿制学校建设，实行免费中等职业教育，办好民族地区高等教育，搞好双语教育；加大医疗卫生投入：加快改善医疗卫生条件，加强基层医疗卫生人才队伍建设；加大资金帮扶，把改善民生放在首位。少数民族和民族地区共享改革开放成果，经济持续快速健康发展，生产生活条件大幅改善；文化、教育、卫生等社会事业得到长足发展，思想道德素质、科学文化素质和健康素质明显增强。在中央和全国人民的支持下，改革开放以来，少数民族地区经济社会发展速度高于全国平均水平。

四是注重培养少数民族干部。少数民族干部是推进民族团结进步事业的重要力量，是解决民族问题、做好民族工作的关键。毛泽东曾指出："要彻底解决民族问题，完全孤立民族反动派，没有大批从少数民族出身的共产主义干部，是不可能的。"这是因为，第一，少数民族干部是党联系少数民族群众的桥梁，是团结带领群众完成党的各项任务的骨干力量。他们来自本民族群众，熟悉本民族的历史和现状，通晓本民族的语言和风俗习惯，了解本民族人民的思想感情和愿望要求，在本民族群众中有一定的影响力和号召力。第二，少数民族干部是本民族的优秀代表，是现实民族享受平等权利和行使自治权利的标志，对调动本民族群众的积极性主动性创造性有着重要的作用。第三，少数民族干部发展壮大，会激发少数民族的自尊心、自信心和自豪感，增强各族群众对中华民族的认同感和归属感，增强凝聚力，是实现和巩固民族团结的重要保障。

新中国成立以来，我们党制定了"慎重稳进"的民族方针，以培养大批少数民族政治干部来推动民族工作。新中国成立之初，我国少数民族干部只有 4.8 万人，目前超过 300 万人，增长 60 倍。通过各类教育，干部素质大幅提高，保障了国家行政管理、企业经营管理等社会和经济发展等方面的人才要求。云南省人大常委会民族委员会主任格桑顿珠深有体会地说，大力培养和选拔少数民族干部，让少数民族干部管理本民族事务，对云南保持民族团结稳定起到了极为重要的作用，这是云南民族工作的一条基本历史经验。

五是坚决反对大汉族主义也反对地方民族主义。新中国成立后，我国宪法在序言中明确规定："在维护民族团结的斗争中，要反对大民族主义，主要是大汉族主义，也要反对地方民族主义。"

大汉族主义是民族主义在我国的集中表现，它是剥削阶级思想在国内民族关系上的一种反映，是一种歧视、排斥、压迫较小民族的民族主义，是破坏民族团结的错误思想。这种思想在历史上主要表现为，歧视汉族以外的各少数民族；限制和剥夺少数民族在政治、经济、文化等方面的平等权利，践踏少数民族的风俗习惯，禁止少数民族使用自己的语言文字，强迫少数民族改变服饰，实行强迫同化；挑拨民族关系，破坏民族团结，压迫和剥削少数民族，直至武装镇压。

地方民族主义亦称“狭隘民族主义”，是少数民族中的剥削阶级思想在民族关系上的反映，是一种以孤立、保守、封闭、排外为特征的民族主义。它往往表现为忽视民族团结在祖国统一大家庭中的地位，只看到本民族暂时的、局部的利益，惧怕先进事物，维护本民族中某些落后消极的东西，阻碍本民族的进步和发展。

不论是大汉族主义还是地方民族主义，两者在本质上是一样的，都是剥削阶级民族主义的表现形式，所以都在反对之列。党和政府既反对大汉族主义又反对地方民族主义，一是坚持和贯彻马克思主义的民族观，加强民族政策教育；二是加强对民族工作和民族政策执行情况的检查；三是与时俱进地调整民族政策，防止西方敌对势力和民族分裂分子借机搞民族分裂活动。卓有成效的政策措施保障了民族团结和繁荣发展。

（四）坚持宗教信仰自由政策

“在西藏，随处可见从事宗教活动的僧侣和各族群众，到处悬挂经幡，堆积着刻有经文的玛尼堆，信教群众几乎家家设有小经堂或佛龛。”这是中央电视台新闻联播节目向我们展示的宗教信仰自由权利在西藏自治区依法得到充分保护和尊重的一组鲜活现实场景。这样的场景，在我国其他少数民族地区也能经常见到。

新中国成立后，我国清除了教会中的帝国主义势力，推行了独立自主自办教会的方针，摆脱了反动势力的控制和利用，宣布和实行了宗教信仰自由政策，广大群众真正享受到了信仰自由的权利，团结了宗教界人士，积极发挥宗教界人士和信教群众在促进经济社会发展中的积极作用。我国宪法明确规定：中华人民共和国公民有宗教信仰自由；任何国家机关、社会团体和个人不得强制公民信仰宗教或者不信仰宗教，不得歧视信仰宗教的公民和不信仰宗教的公民。《中华人民共和国民族区域自治法》规定：民族自治地方的自治机关保障民族公民有宗教信仰自由。

我国是一个多民族、多宗教的国家，宗教在一些民族特别是边疆少数民族中有着广泛的影响。中国共产党的宗教工作基本方针是，全面正确地贯彻宗教信仰自由政策，国家依法管理宗教事务，坚持独立自主自办的原则，积极引导宗教与社会主义社会相适应。这一方针的贯彻落实，为正确处理无神论者和宗教信仰者的关系，切实做到政治上团结合作、信仰上相互尊重提供了根本保证。

这些年来，国家对佛教的庙宇、伊斯兰教的清真寺、其他宗教的寺庙和教堂以及各种文物古籍采取保护政策。一些名寺古刹还被列为国家或地方的重点文物保护单位，由国家出资进行维护和修缮，中央财政还为此设立了专项资金，如西藏拉萨的哲蚌寺、新疆的克孜尔千佛洞等重要寺庙。据不完全统计，我国现有宗教活动场所 8 万多处，宗教教职人员 30 多万人，宗教团体 3000 多个。宗教团体还办有培养教职人员的宗教院校 74 所。

2005 年国务院颁发了《宗教事务条例》等一系列配套法规，将宗教事务管理纳入法制化轨道。在中国，任何人、任何民族、任何团体，包括宗教，都应当自觉维护人民利益，维护法律尊严，维护民族团结，维护国家统一。宗教团体和宗教事务不受任何外国势力支配。任何境外宗教团体和个人不得在我国境内成立宗教组织、设立办事机构、建立宗教场所或开办宗教学校，不得在中国公民中发展教徒、委任宗教教职人员和进行其他宗教活动。依法管理宗教事务，不是干涉宗教内部的正常生活和事务，而是最大限度地保障宗教信仰自由，保障广大信教群众自己管理宗教生活和内部事务，保障正常宗教活动的有序进行。

第一，积极引导宗教与社会主义社会相适应，坚持我国宗教的中国化方向。

积极引导宗教与社会主义社会相适应，是中国共产党处理宗教问题的一个伟大创造。1980年，邓小平曾指出："对于宗教，不能用行政命令的办法；但宗教方面也不能搞狂热，否则同社会主义，同人民的利益相违背。"独立自主的办教原则保证了我国宗教正确的政治方向，使"相适应"有了坚实的政治基础，同时也保障了我国宗教的正常发展方向。今天中国的社会是社会主义社会，与社会主义相适应就是要爱国守法，拥护党的领导，多做有利于社会民生的事，支持他们努力对宗教教义作出符合社会进步的阐释。

党的十八大以来，习近平总书记在中央统战工作会议、全国宗教工作会议多次指出，积极引导宗教与社会主义社会相适应必须"坚持我国宗教的中国化方向"。党的十九大报告再次指出："全面贯彻党的宗教工作基本方针，坚持我国宗教的中国化方向，积极引导宗教与社会主义社会相适应。"

为什么要坚持我国宗教中国化方向？从历史的角度看，我国是一个多宗教的国家，但是一个世俗的国家，一直以来是世俗国家高于神权，从来没有出现过政教合一的全国性政权，没有发生过欧洲历史上的宗教战争；从文化的角度看，中华民族的文化是世俗文化，从来不是一种宗教文化，是重"和合"的文化，主张"以和为贵"，对各种文化包括宗教兼容并包。同时，历史上凡是外来宗教都必然经历一个"中国化"的过程，各种外来宗教也不断从中国传统文化中汲取营养，不同程度地"中国化"，否则难以存在和发展，佛教传入中国就是一个融入中国文化，又贡献中国文化的范例。中国宗教史表明，外来的佛教文化、伊斯兰文化、基督教文化都能很好地与儒家文化、道家文化相融合，成功实现本土化，最终成为中华文化的一部分。这为促进不同文化之间的融合互鉴，促进宗教关系健康和谐，发挥宗教界人士和信教群众促进经济社会发展的积极作用有着重要意义。

第二，反对邪教，反对利用宗教的非法活动和极端宗教势力。

坚持宗教信仰自由政策，必须坚决反对邪教和非法宗教活动。最高人民法院、最高人民检察院《关于办理组织和利用邪教组织犯罪案件具体应用法律若干问题的解释》明确指出，邪教是指冒用宗教、气功或者其他名义建立，神化首要分子，利用制造、散布歪理邪说等手段蛊惑、蒙骗他人，发展、控制成员，危害社会的非法组织。邪教大多是以传播宗教教义、拯救人类为幌子，散布谣言，且通常有一个自称开悟的具有超自然力的教主，以秘密结社的组织形式控制群众，一般以不择手段地敛取钱财为主要目的。

非法宗教活动是指违反国家宪法、法律和法规的有关宗教问题规定的一切活动。其主要表现为，一是以宗教为掩护，秘密组织非法组织，利用宗教欺骗信教群众，攻击四项基本原则，破坏国家统一和团结，阴谋颠覆我国的人民政权；二是内外勾结，培植和扶持地下宗教势力，与我爱国宗教组织对抗，争夺对信教群众的领导权，分化瓦解我宗教界的爱国统一战线，进行与党和政府对抗的政治活动；三是利用造谣惑众，破坏正常的社会、生活、工作秩序，危害人民的生命、财产安全。

宗教极端主义是通过对宗教信仰所作的极端片面的解释，将其提高到至高无上的地位，致使与世俗社会的政治、法律制度发生对立，鼓吹用宗教来根本改造世俗国家，以宗教信仰、组织、法律治理世俗国家，实行宗教控制的政教合一的社会政治制度和体制，并不惜以暴力恐怖达到目的。宗教极端主义不仅背离宗教，而且反对一般宗教爱好和平、珍视生命的传统理念。这些都是与我国的宗教信仰自由政策不相符的，不利于民族团结和共同繁荣发展，不利于社会和谐发展。

党和政府坚持宗教信仰自由政策，坚持我国宗教的中国化方向，采取切实有效措施，保护合法、制止非法、遏制极端、抵御渗透、打击犯罪，积极引导宗教与社会主义社会相适应，从而巩固和发展了爱国统一战线。

十

既请进来又走出去

——为什么能够从封闭半封闭到全方位对外开放？

70年来，中国成功实现了由封闭半封闭到全方位对外开放的转变，从新中国成立初期的被封锁，到“文化大革命”时期的自我封闭，再到党的十一届三中全会确立对外开放的基本国策，打开国门搞建设，中国经济社会驶入了迅速发展的快车道。从建立经济特区到开放沿海、沿边、内陆城市，再到加入世界贸易组织；从引进外资、先进技术和管理经验到主动“走出去”，参与国际经济技术竞争；从开辟自由贸易试验区到实施“一带一路”战略。经过多年的努力，中国形成了全方位、多层次、宽领域的全面开放新格局。对外开放为我国的发展创造了良好国际环境、开拓了广阔空间，并为世界经济的发展作出了重要贡献。

（一）努力营造良好外部环境

中华人民共和国的成立彻底结束了近代以来中国屈辱外交的历史，中国作为一个独立的、具有完整主权的国家屹立于世界东方。能不能站稳脚跟，维护国家主权和民族独立，是对刚成立的新中国最为严峻的考验。

对于维护国家主权和民族独立，新中国的领导人有着无比坚定的决心。毛泽东在全国政协筹备会议第一次全会上的讲话中强调：“中国必须独立，中国必须解放，中国的事情必须由中国人民自己作主张，自己来处理，不容许任何帝国主义国家再有一丝一毫的干涉。”在维护国家主权和民族独立的基础上，新中国期待与世界各国发展平等互利的外交关系，发展生产和繁荣经济。毛泽东明确指出：“中国人民愿意同世界各国人民实行友好合作，恢复和发展国际间的通商事业，以利发展生产和繁荣经济。”但鉴于以美国为首的帝国主义国家对新中国采取敌视态度，而且这一状况在短时间内不会得到改变，新中国于是将苏联和东欧及其他地区的人民民主国家确立为对外贸易的重点，同时争取同西方资本主义国家做生意。毛泽东在访问莫斯科期间就曾致电中共中央：“在准备对苏贸易条约时应从统筹全局的观点出发，苏联当然是第一位，但同时要准备和波捷德英日美等国做生意。”

朝鲜战争爆发后，我国坚决支持朝鲜人民的正义战争，派志愿军入朝作战，保家卫国。因此，美国对中国实施了封锁禁运政策。美国不仅自己对输出中国大陆、香港地区、澳门地区的战略物资进行管制，对中国政府在美国的资产、中国人民在美国的银行存款及其他资产进行冻结，而且还操纵联合国大会于 1951 年 5 月通过所谓《实施对中国禁运的决议》，强迫与会各国参照美国对华禁运的货单，向中国禁运武器、弹药、战争用品、原子能材料、石油及具有战略价值的运输器材等，品种多达 170 多种。由此，以美国为首的资本主义国家对中国实行全面封锁和禁运。

面对美国等资本主义国家的封锁，中国进行了针锋相对的斗争，其中最为重要的举措便是积极发展对苏友好关系，扩大与苏联的贸易。

1950 年 2 月 14 日，中苏两国签署《中苏友好互助同盟条约》等条约，开始了两国在政治、经济、军事上的全面合作。20 世纪 50 年代初，苏联已成为工业和科技大国，具备支援中国工业化建设的实力，同时本国的经济建设也需要中国的稀有金属、农副产品和纺织品等物资。在这种背景下，中苏贸易迅速展开，苏联提供贷款给中国，用于中国偿付从苏联进口机械设备、石油、钢材等工业化建设所需的设备物资，中国用原材料、农副产品等偿还贷款及利息。

苏联对中国“一五”计划提供全面的经济技术援助，为新中国的工业化建设提供了有利的国际条件。1953 年 5 月，中苏两国政府签订了《关于苏维埃社会主义共和国联盟政府援助中华人民共和国中央人民政府发展中国国民经济的协定》，规定苏联援助中国新建和改建 91 个工业项目。加上 1950 年已确定援建的 50 个项目，共有 141 个项目。到 1954 年 10 月，苏联政府又增加了 15 个援助项目，由此形成我国“一五”时期苏联援助建设的 156 项重点项目。这些项目涉及钢铁、有色冶金、能源电力、机器制造、化学工业、橡胶工业等方面，构成了 20 世纪 50 年代中国工业建设的核心和骨干。

中苏之间在平等互利基础上的合作，打破了帝国主义对中国的经济封锁和贸易禁运，对稳定和发展中国经济起了重要作用。但从 20 世纪 60 年代初开始，苏联推行霸权主义政策，单方面撕毁合同、撤走专家，大量减少对我国成套设备和关键技术的供应，对我国实行了经济封锁政策。

开办广交会是我国冲破西方帝国主义国家的政治和经济封锁，获得国家经济建设急需的外汇和物资，发展与世界各国人民友好往来的又一重要创举。为开展大规模经济建设，满足国家对物资和外汇的需求，除与中国建立外交关系的苏联和东欧等民主国家进行记账式贸易外，新中国政府也十分注重通过对外输出商品、发展对外商业贸易的方式与国外友好国家和客商发展贸易往来。

广州毗邻港澳，港澳同胞和华侨众多，在冲破西方资本主义国家的封锁和遏制，打开新中国外贸新局面方面有着较为优越的条件。为扩大发展对外贸易途径，从 1952 年开始，广州市尝试举行了土特产物资交流会、出口物资展览交流会等，以展览与贸易相结合的方式开展对外贸易。这种展销一体化的贸易方式取得了很好的效果，之后，广州筹办全国性出口商品展览会的建议得到了国务院和周恩来的重视和支持，决定在广州举办中国出口商品交易会，每年两期。

1957 年 4 月 25 日至 5 月 25 日，由中国国营进出口企业联合会举办的第一届中国出口商品交易会在广州中苏友好大厦举行。来自新加坡、泰国、英国、南非联邦等 19 个国家和地区的 1223 位商人参加，成交 3850 多宗，出口商品 1100 多种，成交额 1800 多万美元。从此，每年春、秋两届交易会均在广州举行，从未间断过。

广交会创办初期，由于以美国为首的资本主义国家对中国实行经济封锁政策，所以前来参会的客商主要来自东南亚国家和非洲、拉丁美洲等第三世界国家以及我国的香港、澳门地区，而且达成的贸易额也不是很多。广交会本着“平等互利、互通有无”的原则，与世界各国和各地区的客商开展平等贸易。通过广交会这一平台，越来越多的国家和客商来中国洽谈贸易，越来越多的中国商品流入世界各地，中国进行国家建设急需的外汇和物资得到充实，以美国为首的资本主义国家对中国的经济封锁局面进一步被打破。广交会的创建和运营，大大促进了中国对外开放的发展，成为全国不可或缺的对外贸易窗口，成为多功能的国际贸易盛会，是贸易的桥梁，友谊的纽带。

“文化大革命”爆发后，在极“左”思潮蔓延的背景下，对外经贸工作受到严重冲击。1967 年，中国商品进出口总额下降了 10%，1968 年和 1969 年又分别下降了 2.6% 和 0.5%。在此期间，商品进口额和出口额分别累计下降了 18.7% 和 7.2%。1970 年中国商品进口额、出口额占世界货物贸易进口总额、出口总额的比例都下降到了 0.7% 的可省略水平。

总体来说，从新中国成立到党的十一届三中全会召开的 20 多年中，我国基本上处于封闭半封闭的状态。之所以会出现这种状态，第一个原因是西方资本主义国家对我国的封锁。新中国成立后，美国政府对我国采取了敌视的政策，极力拉拢甚至以断绝经济援助胁迫别的国家也对我国实行经济封锁。正如邓小平所说：“毛泽东同志在世的时候，我们也想扩大中外经济技术交流，包括同一些资本主义国家发展经济贸易关系，甚至引进外资、合资经营等等。但是那时候没有条件，人家封锁我们。”第二个原因则是“左”倾思想的严重干扰。在“左”倾思想的影响下，与西方国家进行贸易被批判为“洋奴哲学”，进口设备被批判成“投降卖国”，按照国际市场价格出口商品被指责为“修正主义”，出口初级产品被批判为“卖国主义”，来料加工被污蔑为“投机取巧”，进出口工作不是被说成“崇洋媚外”，就是被说成“为封、资、修服务”。而且，在“大进大出”的口号下，盲目追求对外贸易数量的增长，为了实现“大进”，对进口货物的质量要求降低；为了实现“大出”，对外贸易企业签订了大量出口合同，但违约率居高不下。在“左”倾思想的干扰下，正常开展对外开放工作已不可能，导致我国处于自我封闭的状态。

（二）对外开放是全方位

以党的十一届三中全会为标志，中国开启了改革开放的历史进程。党和国家顺应时代发展大势，抓住历史机遇，引进西方先进技术设备，学习先进管理经验，利用外资，确立了对外开放的基本国策。改革开放 40 年来，中国对外开放的大门越来越大，对外开放的地域越来越广，引进外资和先进管理经验、开展对外经济技术交流的深度、广度不断扩大。中国参与国际市场竞争的程度不断提升，“走出去”战略成效显著。在改革与开放的相互作用下，中国经济彻底摆脱了封闭半封闭状态，形成了全方位、多层次、宽领域的对外开放格局。

1. 打开对外开放的新局面

“文化大革命”结束后，中国共产党人以极大的政治智慧和魄力，深刻汲取历史经验教训，顺应时代潮流，带领人民走上了对外开放的发展道路。改革开放之初，为了对国际形势有更为直接和全面的了解，党中央和国务院组织多路代表团走出国门，考察国际社会经济发展情况。邓小平等党和国家领导人也前往日本、美国等国家考察。通过考察，党和政府对国际形势的发展变化和世界经济发展趋势有了较为全面的了解，认识到中国与国际社会在经济发展上的差距，同时也看到了发达国家正在为闲置资金和技术寻找出路，高度重视与中国开展经贸往来。党中央及时地抓住这一有利和难得的发展机遇，大胆引进国外先进技术和设备，学习先进管理经验，吸引外资到中国投资，作出了实行对外开放、加快现代化建设的战略决策。

对于任何改革来说，找好突破口都具有至关重要的作用，创办经济特区就是我国对外开放政策的突破口。历史证明，选择若干地方作为全国的“试验田”，给予这些地方灵活的政策，让它们在改革的道路上先行先试、积累经验，进而发挥引领示范作用，是我国对外开放政策取得成功的关键。

1978 年 4 月，国务院派出的港澳经济贸易考察组返回北京后，向中央递交了《港澳经济考察报告》，提出把靠近港澳的广东宝安、珠海划成出口基地，力争经过三五年的努力，建设成具有相当水平的对外生产基地、加工基地和吸引港澳人的游览区。6 月，中共中央、国务院的主要领导人在听取了考察组的汇报后作出指示：“总的同意”，要求“说干就干，把它办起来”。

1979 年 4 月，中央工作会议在北京召开，广东省委第一书记习仲勋在向中央领导同志汇报时提出，建议中央下放若干权力，允许在毗邻港澳的深圳市、珠海市和重要侨乡汕头市开办出口加工区。习仲勋的建议受到邓小平等中央领导同志的高度赞同，对于这些新开辟区域的名称，邓小平建议叫“特区”，并鼓励广东的同志：“中央没有钱，可以给些政策，你们自己去搞，杀出一条血路来。”1979 年 7 月，中共中央、国务院批转了广东、福建两省省委关于对外经济活动中实行特殊政策和灵活措施的报告，决定对广东、福建两省的对外经济活动给予更多的自主权，以充分利用两省的优越条件，扩大对外贸易。

1980 年 3 月，受中共中央、国务院委托，谷牧在广州召开广东、福建两省会议。5 月 16 日，中共中央转发了《广东、福建两省会议纪要》，并在批示中指出：中央决定，在广东省的深圳市、珠海市、汕头市和福建省的厦门市，各划出一定范围的区域，试办经济特区。1980 年 8 月，全国人大常委会第十五次会议明确指出：“经济特区是社会主义制度下，在特定的地区内，鼓励和利用外国投资，加快经济发展的一种特殊形式。”会议批准国务院提出的在广东省的深圳、珠海、汕头和福建省的厦门设置经济特区。通过了《中华人民共和国广东省经济特区条例》，特区的建设从此有法可依。

特区开创之初，一些人受传统观念和习惯势力的制约，对经济特区的创办提出争论和质疑，甚至有人拿特区与旧中国的“租界”作对比。这些质疑和非议使人们在思想上对特区产生了疑虑，给特区的创办工作增加了困难。

兴办特区的政策是否正确，最终还需要看实践成果如何。为了对经济特区的建设有更加直观和全面的了解，邓小平在关键时刻再次到南方视察。1984 年 1 月 24 日至 2 月 15 日，邓小平先后视察了深圳、珠海、厦门等地。通过视察调研，他看到了特区建设热火朝天的局面："这次我到深圳一看，给我的印象是一片兴旺发达。深圳的建设速度相当快……深圳的蛇口工业区更快。"对于特区的建设，他给予了充分的肯定，并提出了明确的要求。他给深圳的题词是"深圳的发展和经验证明，我们建立经济特区的政策是正确的"；给珠海的题词是"珠海经济特区好"；给厦门的题词是"把经济特区办得更快些更好些"。

回到北京后，邓小平于 1984 年 2 月 24 日召集中央负责同志谈话，对特区的性质和意义进行了概括，打消了人们的疑虑。他说："特区是个窗口，是技术的窗口，管理的窗口，知识的窗口，也是对外政策的窗口"，"从特区可以引进技术，获得知识，学到管理，管理也是知识。特区成为开放的基地，不仅在经济方面、培养人才方面使我们得到好处，而且会扩大我国的对外影响。"对于特区的建设，邓小平指出应该加大支持力度，而不是进行限制。"我们建立经济特区，实行开放政策，有个指导思想要明确，就是不是收，而是放。"对于如何进一步推动对外开放，邓小平作出了进一步的规划："除现在的特区之外，可以考虑再开放几个港口城市，如大连、青岛。这些地方不叫特区，但可以实行特区的某些政策。"

1984 年 3 月 26 日至 4 月 6 日，中共中央书记处和国务院召开沿海部分城市工作座谈会。5 月 4 日，中央批转了这个会议的纪要，正式确定开放沿海 14 个港口城市。它们是大连、秦皇岛、天津、烟台、青岛、连云港、南通、上海、宁波、温州、福州、广州、湛江、北海。我国的对外开放形成了经济特区—沿海开放城市的新格局。

2. 完善全方位、多层次、宽领域的对外开放格局

1990 年到 1991 年发生的东欧剧变，使社会主义在世界范围出现了严重曲折；1989 年政治风波发生后，西方一些国家对我国实施所谓的"制裁"。在这种形势下，有人对是否还要继续改革开放产生了疑虑，担心搞市场经济、创办经济特区会导致资本主义。中国的改革开放还要不要坚持？在历史

转折的重要关头，1992年1月18日至2月21日，88岁高龄的邓小平，先后视察了武昌、深圳、珠海、上海等地，发表了著名的“南方谈话”，肯定了特区姓“社”不姓“资”，提出计划和市场都是经济手段，社会主义的本质是“解放生产力，发展生产力，消灭剥削，消除两极分化，最终达到共同富裕”，并强调“改革开放胆子要大一些，要敢于试验，不能像小脚女人一样。看准了的，就大胆地试”。

1992年10月12日至18日，中国共产党第十四次全国代表大会在北京召开。大会全面阐释了邓小平建设有中国特色社会主义理论，正式提出我国经济体制的改革目标是建立社会主义市场经济体制。“南方谈话”和党的十四大以后，中国掀起了改革开放的新浪潮，开放的范围从特区发展到沿海、沿江、沿边城市和省会城市及一些有条件的城市，特别是党中央、国务院正式宣布开放上海浦东后，全国呈现出全方位、多层次、宽领域的对外开放新格局。以邓小平南方谈话和党的十四大为标志，中国社会主义改革开放和现代化建设事业进入新的发展阶段。

以江泽民同志为核心的第三代中央领导集体把对外开放作为一项长期的基本国策，面对经济、科技全球化趋势，以更加积极的姿态走向世界，不断完善全方位、多层次、宽领域的对外开放格局。注重发挥引领示范作用，进一步办好经济特区、上海浦东新区。鼓励这些地区在体制创新、产业升级、扩大开放等方面继续走在前面，发挥对全国的示范、辐射、带动作用。实施“引进来”和“走出去”相结合的开放战略，利用国内国际两种资源、两个市场。提出“不仅要积极吸引外国企业到中国投资办厂，也要积极引导和组织国内有实力的企业走出去，到国外去投资办厂，利用当地的市场和资源”。实施西部大开发战略，以社会主义市场积极为导向，加大西部地区对外开放的广度。

2001年11月10日，世界贸易组织第四届部长级会议以全体协商一致的方式，审议并通过了中国加入世贸组织（WTO）的决定，12月11日，中国正式成为世贸组织成员。中国加入世贸组织，是进一步推动我国对外开放、加快我国经济发展的战略举措，标志着中国的对外开放进入了新的历史阶段。

3. 不断提升对外开放的质量和层次

加入世贸组织后，特别是党的十六大以来，以胡锦涛同志为总书记的党中央，全面提高我国对外开放的水平，围绕实现全面建成小康社会的宏伟目标，统筹国内国际两个大局，积极参与国际经济技术合作和竞争，不断拓展对外开放的广度和深度。加快转变外贸增长方式，立足以质取胜，调整进出口结构，促进加工贸易转型升级，大力发展服务贸易。深化沿海开放，加快内地开放，提升沿边开放，实现对内对外开放相互促进。创新利用外资方式，优化利用外资结构，发挥利用外资在推动自主创新、产业升级、区域协调发展等方面的积极作用。创新对外投资和合作方式，支持企业在研发、生产、销售等方面开展国际化经营，加快培育我国的跨国公司和国际知名品牌。把“引进来”和“走出去”更好结合起来，扩大开放领域，优化开放结构，提高开放质量，完善内外联动、互利共赢、安全高效的开放型经济体系。

4. 共担时代责任，共促全球发展

党的十八大以来，以习近平同志为核心的党中央全面深化改革，扩大对外开放，推动形成全方位对外开放新格局。2018 年 1 月，达沃斯世界经济论坛年会在瑞士高山小镇达沃斯举行，中国国家主席习近平应邀发表《共担时代责任共促全球发展》的主旨演讲，深刻阐释了中国在开放中与世界各国谋求共同发展的新理念，指出“中国坚持对外开放基本国策，奉行互利共赢的开放战略，不断提升发展的内外联动性，在实现自身发展的同时更多惠及其他国家和人民”。他强调，“开着门，世界能够进入中国，中国也才能走向世界”。

建立自由贸易试验区，是十八大以来党中央、国务院全面深化改革和扩大开放的战略举措，在我国改革开放进程中具有里程碑意义。自由贸易试验区，是中国与世界携手共进的商业沃土，是中国改革开放新的试验田。从 2013 年 9 月 29 日中国（上海）自由贸易试验区正式挂牌成立到 2018 年 10 月 16 日，《中国（海南）自由贸易试验区总体方案》公布，海南全岛实现开放，党的十八大后成立的12个自由贸易试验区，勾画出了中国升级版的对外开放版图。构建更加法治化、国际化、便利化的营商环境是自由贸易试验区建立的目标。外商投资准入前国民待遇加负面清单管理模式的推行，让对外投资的开放度和透明度大幅提高，进一步激发了市场创新活力和经济发展动力。2018年10月，习近平总书记对自由贸易试验区建设作出重要指示指出，各自由贸易试验区工作取得重大进展，“一大批制度创新成果推广至全国，发挥了全面深化改革的试验田作用”，强调要“不断调高自由贸易试验区发展水平，形成更多可复制可推广的制度创新成果，把自由贸易试验区建设成为新时代改革开放的新高地”。

“一带一路”倡议是推动形成全面开放新格局的重大举措，是与世界各国一道打造国际合作新平台，为世界共同发展增添新动力的中国方案。“一带一路”倡议秉持共商共建共享原则，以政策沟通、设施联通、贸易畅通、资金融通、民心相通为主要内容，致力于维护全球自由贸易体系和开放型世界经济。“独行快，众行远”，“一带一路”倡议把中国的改革开放与沿线各国的发展相结合，欢迎沿线国家搭中国发展的“快车”和“便车”，同时尊重沿线国家选择的发展道路。共建“一带一路”的倡议受到国际社会的高度重视，得到沿途各国的广泛支持。到2018年为止，中国先后在“一带一路”沿线国家建设了82个经贸开发区，总投资超过280多亿美元，为东道国创造了超过24.2亿美元税收和24万个就业岗位。党的十九大提出，要实施互利共赢开放战略，以“一带一路”建设为重点，形成陆海内外联动、东西双向互济的开放格局，为我国下一步对外开放的开展提供了行动指南。

（三）秉持正确的态度和原则

70年来，我们之所以能够成功实现从封闭半封闭到全方位对外开放的转变，是由于坚持了正确的原则方针。这些原则方针，不仅是我们对外开放取得成功的经验，而且为新时代进一步推进对外开放提供了原则遵循。

1. 始终坚持解放思想、实事求是的思想路线

开放带来进步，封闭导致落后，这已被世界历史发展的进程一再证明。任何国家和民族想要实现繁荣富强，就必须学习借鉴其他国家和民族创造的一切优秀文明成果，推动自身文明的进步。否则，就会落后于世界发展的潮流，导致贫穷落后甚至被动挨打。对外交流的活跃造就了中国历史上的汉唐盛世，闭关锁国的实行则导致了盲目自大的清王朝的日渐落后，最终在西方坚船利炮面前不堪一击。对于开放与发展的关系，邓小平曾作出过经典的论述："总结历史经验，中国长期停滞和落后状态的一个重要原因是闭关自守。经验证明，关起门来搞建设是不能成功的，中国的发展离不开世界。"

坚持实事求是的思想路线，不断把马克思主义基本原理与中国的具体实际相结合，实现实践基础上的理论创新，进而指导社会实践，实现伟大的社会变革，是中国对外开放取得成功的关键所在。毛泽东指出，"实事"就是客观存在的一切事物，"是"就是客观事物的内部联系，即规律性，"求"就是我们去研究。习近平总书记指出，坚持实事求是，"就要深入实际了解事物的本来面貌"。世界经济的发展具有自身的规律性，资本、科学技术、先进管理经验等都是影响经济发展的重要因素。任何一个国家和民族都不可能完全掌握所有先进的科学技术和管理经验，互通有无、取长补短是一个国家实现繁荣富强的必由之路。坚持实事求是的思想路线，全面客观认识中国国情和全球发展大势，敢于借鉴和吸收人类文明的一切成果，抓住时机确立和不断完善对外开放战略，实现改革与开放相互促进，是中国突破封闭半封闭，最终实现全方位对外开放的关键所在。

胡锦涛指出："推进实践基础上的理论创新，是马克思主义具有蓬勃生命力的关键所在，是我们党坚持先进性、增强创造力的决定性因素。"在对外开放的实行进程中，我们党不断总结历史教训，积累宝贵经验，通过认识问题、思考问题、解决问题揭示规律和本质，实现实践基础上的理论创新，进而为我国对外开放事业提供科学指导和行动指南。对外开放带来了我国由计划经济体制向市场经济体制的转变，市场经济在中国出现之初，曾一度引起人们是姓"资"还是姓"社"的争论。对于这一模糊认识，邓小平大声

疾呼要继续解放思想，指出：“不要以为，一说计划就是社会主义，一说市场就是资本主义，不是那么回事，两者都是手段，市场也可以为社会主义服务”。针对实行对外开放会导致走资本主义道路的担心，邓小平创造性地提出，判断事情的标准，“应该主要看是否有利于发展社会主义的生产力，是否有利于增强社会主义国家的综合国力，是否有利于提高人民的生活水平”。一切符合“三个有利于”要求的所有制形式、经营方式和组织形式，都可以大胆地用来为建设社会主义现代化事业服务。正是由于我们党在对外开放的实践中不断实现理论创新，才使得各项事业蓬勃发展，克服一个又一个困难，取得一个又一个胜利。

2. 采取由点到面逐步开放的策略

“摸着石头过河”，是我国对外开放逐步展开的生动写照。大胆探索，形成经验，逐步推广，由点到面逐步推进，既可以使我们坚定不移推进开放事业，又可以及时纠正开放过程中遇到的问题，是我国对外开放事业取得成功的有效途径。

由点到面逐步开放使得对外开放的地域不断扩大。我国的对外开放是从经济特区到沿海城市和地区，再到沿江港口城市，再到内陆省会城市，然后是包括内陆在内的所有地区全部实现对外开放。特区在对外开放过程中发挥了试验田的作用，最初选择小部分区域设立经济特区，其中的一个重要考虑便是“摸着石头过河”，边建设边积累经验，成功了可以推广经验，即便发生挫折也不会造成全局性的影响。先行先试，“杀出一条血路来”，是当时党和国家对深圳经济特区的寄语。深圳以“拓荒牛”的精神推进各项改革，率先突破旧的计划经济体制，全面推进市场取向经济体制改革，大力发展外向型经济，采用“三来一补”形式办工业，提供优惠政策吸引外资前来办厂，创建保税工业区。深圳的多项改革措施不但促进了深圳经济的腾飞，城市面貌日新月异，而且为全国的改革开放积累了经验，推动了中国全面改革开放的进程。

由点到面逐步开放使得对外开放的领域不断拓展。对外开放之初，考虑到国家经济安全和各产业承受开放压力程度的不同，我国首先开放的主要是第一、第二产业领域，随着我国经济结构的不断优化和对外开放程度的不断深入，我国的对外开放逐渐涵盖了经济领域的各个行业、各个环节。金融、商业、电信等服务业的开放程度在试点的基础上不断扩大，既保证了适应对外开放政策的要求，又避免了激进式开放可能带来的风险。

由点到面逐步开放使得对外开放的方式不断完善。改革开放之初，我国对外开放的主要方式还是进行商品贸易，进口轻工、纺织、机电产品，出口原材料、农业产品等增加外汇。随着国门的逐步打开，我国对外开放的方式和手段不断丰富和完善，从"三来一补"发展到"一带一路"，从"既无内债，又无外债"发展到充分发挥外资在我国现代化建设中的积极作用，从"进口替代"发展到充分利用好"两个资源、两个市场"，从粗放型贸易扩张发展到转变贸易增长方式，我国在对外开放的伟大实践中不断探索符合经济发展规律的有效方式和手段，使得我国的对外开放事业行稳致远，不断前进。

3. 改革与开放相互促进

习近平总书记指出："改革和开放相辅相成、相互促进，改革必然要求开放，开放也必然要求改革。"以开放带动改革，以改革促进开放。改革和开放，就如同车之两轮、鸟之双翼，成为推动中国社会发展的主要动力。

随着科技和社会生产力的发展，世界各国之间的联系日益密切，资金、技术、人力、信息等资源在全球范围内流动，实行对外开放，参与国际竞争，可以推动改革不断走向深入，突破利益的藩篱，实现体制机制的创新，加速改革的进程。开放打破了中国旧有的计划经济体制，建立了社会主义市场经济体制，市场在资源配置中发挥决定性作用。建立了产权清晰、权责明确、政企分开、管理科学的现代企业制度。开放促使中国建立与国际规则对接的体制机制，促进政府职能的转变和管理方式的创新。大幅度降低关税，取消进口配额、许可证等非关税措施，实施以质取胜和出口市场多元化战略，建立自由贸易试验区，推行外商投资准入负面清单制度等体制机制的不断创新，都是和实行对外开放政策紧密结合在一起的。

习近平总书记指出，"改革只有进行时，没有完成时"，"新时代坚持和发展中国特色社会主义，根本动力仍然是全面深化改革"。改革开放 40 年来，为了解放生产力和发展生产力，中国持续不断推进各领域的改革，深化国有企业改革，调整完善所有制结构，健全现代市场体系，完善宏观调控体系，深化分配制度改革，健全社会保障体系，推动金融体制改革和国有资产管理体制改革，改革的领域涉及土地、财政、金融、税收、教育、医疗、环境、人才机制、政府职能等社会的多个方面，大大促进了资源、技术、人才等生产要素的流通，为实行对外开放政策提供了制度环境，释放了政策红利。

4. 奉行独立自主、自力更生的方针

独立自主、自力更生与对外开放相辅相成、相互促进，独立自主、自力更生是成功实行对外开放的基础和前提，对外开放是增强独立自主、自力更生的有效手段。独立自主、自力更生是指自主决定本国的事务，反对任何形式的外来干涉，维护自身的政治和经济独立，依靠自己的力量，充分利用本国资源，通过本国人民的奋斗进行民族经济的建设。对此，邓小平指出：“中国的事情要按照中国的情况来办，要依靠中国人自己的力量来办。独立自主，自力更生，无论过去、现在和将来，都是我们的立足点。”

坚持独立自主、自力更生可以使我们在任何时候都能坚定维护自己国家的核心利益。衡量对外开放是否成功的标准，便是是否有利于发展社会主义社会的生产力，是否有利于增强社会主义国家的综合国力，是否有利于提高人民的生活水平。作为人民当家作主的社会主义国家，我国经济社会的发展不可能依附于其他任何国家，只有坚持独立自主、自力更生，才能维护国家的政治和经济独立，也只有在这一基础上，我们才能实现制度的改革和机制的创新，不断提升对外开放的层次和水平，构建全方位、多层次、宽领域的对外开放格局。坚持独立自主、自力更生，决不是闭关锁国、故步自封，关起门来搞建设，而是要实行对外开放政策，借鉴和吸收人类文明的一切先进成果，广采博取，为我所用，进一步增强独立自主、自力更生的能力。

十一
利莫大于治

——为什么能够形成良好的社会治理局面

社会有序运行是国家经济发展和百姓安居乐业的基石。悠久的历史，源远流长的文化传承，形成了中国独特的历史与灿烂的文明。在古老中国的发展历程中，儒家、法家、道家、墨家等流派推崇或“无为而治”，或“兼爱”“非攻”，或德刑相辅、儒法并用，为国家及社会治理提供了丰富的理论借鉴及实践经验。新中国成立伊始，中国共产党就高度重视社会稳定和社会治理，在不同阶段构建了不同的治理体制，提出了不同的治理策略，走出了一条基于中国实际、符合中国发展需求和人民需要的社会治理之路。正如习近平总书记所说：“一个国家选择什么样的治理体系，是由这个国家的历史传承、文化传统、经济社会发展水平决定的，是由这个国家的人民决定的。我国今天的国家治理体系，是在我国历史传承、文化传统、经济社会发展的基础上长期发展、渐进改进、内生性演化的结果。”①

（一）计划管理与社会力量的整合

1949年新中国成立，结束了旧中国军阀割据与战乱频仍的状态，形成

① 《习近平谈治国理政》第1卷，外文出版社2018年版，第105页。

了国家基本统一，国内各民族、各阶层人民空前团结的社会政治局面。这是一个划时代的巨变，当然，新中国也面临着重重困难。军事上，国民党仍有百万军队于西南、华南和沿海岛屿负隅顽抗；在新解放区，大批国民党残余力量同当地恶霸、匪盗勾结以对抗人民政府，对新的社会秩序的建立与稳定造成严重威胁。经济上，长期战乱割据造成社会生产萎缩、生态环境破坏严重、各地交通阻塞不通、人民生活极端困苦、城乡失业人口众多，恶性通货膨胀造成物价飞涨、投机猖獗、市场混乱；在尚未实行土地改革的新解放区，生产力发展被严重束缚。从国际方面看，新中国得到了苏联和东欧、亚洲人民民主国家以及一些西欧国家的承认和支持，然而，以美国为首的敌对势力对新中国进行经济封锁和军事包围。迅速稳定政治局面、恢复经济生产，成为新中国的紧迫任务。为尽快恢复社会秩序，使中国经济、政治和社会发展步入正常轨道，中国政府和人民必须把一切积极因素都调动起来，以保护和建设新生的共和国。

随着解放战争的胜利进军，军事管制委员会在各新解放区成立，承担起镇压反革命破坏活动、维护社会秩序、组织恢复生产的责任。新中国成立之初，存在商品匮乏、物价上涨等经济问题，不法商人囤积居奇，造成社会紧张，中央政府以经济与政治相结合的手段，取得了市场的领导权，终结了旧中国长期存在的通货膨胀，稳定了新中国的经济。在农村，土地改革运动后，全国各地经过互助组、合作社、人民公社的组织形式，通过变革生产方式乃至生产关系，一定程度上改变了农村生产落后的局面，为农村生产力发展开辟了道路。在生产条件比较落后、生产工具匮乏的时期，这样的改变有助于农民开展生产经营活动，一定程度上实现了集体经济实力的壮大，也促进了乡村道路、农田水利等基础设施建设，农业生产机械化程度也有所提升。生产力的进步为乡村公共事业的发展提供了一定的财力支持，维持了乡村社会的基本稳定，并且以资金和资源的形式大力支持了国家工业化的发展。新中国得以在短时间内，建立起较为完整的工业体系，开始了从农业国向工业国的转变。

经过一段时间的军事管制，社会趋于稳定，各级地方政府逐步建立起来，并进行了系统的城乡基层政权改造。

在城市建立起街道办事处和居民自治组织——居民委员会，负责传达政府的方针、政策和法规，开展与居民日常生活密切相关的各项活动，如防控、防特、防火、防盗等，同时担负改造游民、娼妓，贫民救济，卫生防疫，清查户口等大量社会工作。这对于有效实现基层政权的更迭，恢复工商业和正常的社会秩序，协助政府做好城市的管理与建设起了重要作用。

在新解放区农村，结合清匪反霸、减租减息斗争，普遍建立有广大农民群众参加的、带有半政权性质的农民协会组织，同时建立民兵、自卫队组织，协助政府进行防匪、防特等治安工作。各地召开乡农民协会会员大会或农民代表会议，民主选举乡政府委员会，成立乡人民政府。经过对全国城乡旧的基层政权进行彻底改造，人民政府的组织系统上下贯通、集中高效、具有高度组织动员能力。这是中国社会政治结构的一次重大变革，为党在全国执政奠定了坚实的组织基础。

随着社会主义改造的完成，我国逐步建立起社会主义计划经济体制，进而建立起计划管理的社会治理体制，由政府负责社会生活管理。其实施方式为“行政一元化”及“政社合一”，具体包含了合作社及人民公社制、单位制、街居制和户籍管理制等。

城市逐步确立了“单位制为主，街居制为辅”的管理体制。各行各业的城市人员由所在工作单位全面管理和组织起来，而社会闲散人员以及需要救济、优抚的人员则通过单位以外的“街道居委会”加以管理，成为单位管理的补充。改革开放前的中国城市社会将每个成员都纳入政府行政系统，个体从属于形形色色的“单位”组织，政府成为实际上的唯一的管理主体。

在农村，随着土地改革和农业合作化运动的发起、推进和完成，国家一步一步将广大农村和农民纳入计划管理之中。特别是人民公社化运动兴起后，人民公社开始成为农村基层政权机关，同时也是农村经济、文化、生活单位，生产大队和生产队成为准行政化组织，最终使得农民从身份到行动都完全纳入国家行政管理之中。

计划经济体制，最大限度地整合了社会各方力量，从而保证了社会秩序的稳定有序。在巩固新政权方面，严格的计划管理体制，有助于肃清社会上隐藏的反动派、特务，保持稳定的社会秩序；同时又能极大地动员、组织人力物力进行国家建设。以单位制、人民公社制和城乡分治为主要组织方式的计划管理体制，是在当时特殊的历史条件下形成的，有其历史合理性，然而这种体制的长期运行也会造成社会活力不足。城市中，单位为市民提供全方位的服务，承担起满足单位成员所有需求的功能，特别是大型国有企业，为其成员提供了衣食住行、婚恋嫁娶、抚幼养老、教育就业、医疗娱乐等一切社会生活所需，导致企业负担沉重，竞争力不强。农村中，人民公社的制度设计是“一大二公”与分配上的平均主义“大锅饭”，难以激发起农民生产的积极性、主动性和创造性。城乡二元户籍制度将农民限制在有限的土地资源之上，使得农村剩余劳动力的价值无法被激活。

（二）加强和创新社会管理

1978 年 12 月召开的党的十一届三中全会，拉开了中国改革开放的大幕，中国社会治理形态开始发生深刻的变革。邓小平说：“党的十一届三中全会以后决定进行农村改革，给农民自主权，给基层自主权，这样一下子就把农民的积极性调动起来了，把基层的积极性调动起来了，面貌就改变了……农村改革见效非常快，这是我们原来没有预想到的。”① 乡镇企业的异军突起，很快从农业生产中分流了半数以上的人口，并没有出现大批农民涌向城市的局面，而是建设起了大批小型新型乡镇。

在增产增收的事实教育下，全国各地分批次实施家庭联产承包责任制，解放了农村生产力。当然，家庭联产承包责任制也曾经使农村的管理一度处于失范状态，使社会治安面临新的难题，村民委员会应运而生。正如作家王布衣在其报告文学《震惊世界的广西农民》一书中描述的那样：“人民公社

① 《邓小平文选》第 3 卷，人民出版社 1993 年版，第 238 页。

解体，生产队瘫痪。乡村治安到处是死角。政策出现无数盲点。村民委员会应运而生，它们如同一个个大大小小的宁静的水库，将桀骜不驯的洪水治服了。”1980年，广西壮族自治区宜山县三岔公社合寨大队（今广西宜州市屏南乡合寨行政村）村民在当地党组织的领导下，通过民主选举，自发地建立起新中国改革开放后第一个村民委员会，同时制定了“村规民约”进行村民自治、民主管理，“自我管理、自我教育、自我服务”的村民自治新路子自此起步。全国人大法制委员会、民政部等迅速派出工作组进行实地考察，对广西农民自发的创举予以了充分的肯定。时任全国人大常委会委员长彭真给出了高度评价，他指出，村民委员会“是群众自治性组织，大家订立公约，大家共同遵守，经验是成功的，应普遍建立”。“有些地方村民或乡民委员会搞乡规民约，规定不准偷、不准赌、不准会道门活动、不许游手好闲不务正业等，很解决问题，群众很高兴。”“居民委员会、村民委员会如何搞，包括和基层政权的关系问题，各地可以根据实际情况采取多种形式试验，待经验比较成熟后，再作比较研究，并修改居民委员会条例，制定村民委员会条例。”[①] 1982年新宪法第一百一十一条明确规定村民委员会是基层群众性自治组织，正式确认了村民委员会的合法地位。合寨村开创的村民自治，与小岗村掀起的包产到户、蓬勃腾飞的乡镇企业一起，被誉为改革开放时期中国农民的三个伟大创造。农村改革的成功让决策者增强了信心，将农村的成功经验运用到城市，开启了全面的经济体制改革。

在城市，随着改革开放的逐步推进，高度集中的计划经济体制被冲破，让利放权成为大势所趋。改革开放之初，随着国家政策变化，大批知识青年回城，带来巨大的就业压力；同时，因为国家长期以来重视工业发展特别是重工业发展的传统，导致城市第三产业发展严重滞后于人民群众的需求，诸如早餐、理发、洗澡等基本生活需求都难以得到满足。以上种种，都迫切要求释放社会活力，首先就是要放松对社会领域的全面管控。这正是逐步理顺政府和社会关系的过程，把属于社会的还给社会。在这个过程中，社会和

① 《彭真文选》，人民出版社1991年版，第430—431页。

市场的活力被逐步激发出来。一系列深层次的调整带来了社会关系的剧烈变化，广大市民改变了被牢牢限定在“单位”内部的传统，人们的生产生活都有了更大的自主性，社会流动性大大增强。正如人民公社无力应对分田到户的冲击一样，面对活跃的社会流动带来的大量社会矛盾，“单位制为主，街居制为辅”的社会管理机制已远远无法满足新需求，迫切需要作出改变。承担了安置大量返城知青就业任务的街道、居委会，通过开办集体企业的方式，为社会提供更加丰富更高质量的服务。在改善城市居民生活水平的同时，街道居委会也在民政部门支持下承担起了动员社区力量、兴办福利设施、为群众特别是有困难的居民和家庭提供服务的职能。在这个社会转型期，街道居委会开始了自身职能的转变与社会组织本质属性的回归。

为解决返城知青的就业问题，国家允许他们开办个体企业并雇用工人，特别是1992年以后进一步放开限制，鼓励他们扩大企业规模，解决社会待业、失业人员就业或再就业问题。这一系列的政策转变，不仅仅限于返城知青，而是逐步适用于全社会。被称为“中国第一商贩”的年广久和他的“傻子瓜子”成为改革开放以来放活民间自主经营权历程的一个缩影。这个沿街叫卖水果、瓜子的小贩曾被捕入狱，罪名是“投机倒把罪”，实际上就是因为他的经商行为。改革开放就是要搞活经济，解决人民生活困难，满足人民基本生活需求。唯其如此，才能真正建设社会主义，才能体现出社会主义的优越性。但改革的道路却是渐进式的，既有鲜花和掌声，又有争议和批评。政治上保持基本制度不变，经济上搞活市场逐渐成为时代主流。1984年邓小平在中央顾问委员会第三次全体会议上讲：“前些时候那个雇工问题，相当震动呀，大家担心得不得了。我的意见是放两年再看。那个能影响到我们的大局吗？如果你一动，群众就说政策变了，人心就不安了。你解决了一个‘傻子瓜子’，会牵动人心不安，没有益处。让‘傻子瓜子’经营一段，怕什么？伤害了社会主义吗？”① 自此对个体户雇工的限制政策和观念逐渐松动。1992年邓小平南方谈话时又提及“农村改革初期，安徽出了个‘傻子瓜子’

① 《邓小平文选》第3卷，人民出版社1993年版，第91页。

问题。当时许多人不舒服，说他赚了一百万，主张动他。我说不能动，一动人们就会说政策变了，得不偿失。像这一类的问题还有不少。……城乡改革的基本政策，一定要长期保持稳定。当然，随着实践的发展，该完善的完善，该修补的修补，但总的要坚定不移。”①在年广久的影响下，安徽的老百姓将瓜子生意做成了全国知名产业，更使得芜湖成为名副其实的“瓜子城”。

改革开放不断打破禁锢社会发展的条条框框，中国经济形势因改革开放而发生极大改变，而这一巨大变化倒逼着社会治理作出重大调整，从而大大促进了农村、城市、城乡之间、单位之间和不同职业之间的社会流动，调动了社会各阶层人民的积极性，激发了社会活力，极大提高了社会效率。自改革开放之初到1992年这一时期，以1987年《中华人民共和国村民委员会组织法（试行）》和1989年《中华人民共和国城市居民委员会组织法》的颁布实施为代表，党中央陆续下发多个文件，鼓励全社会在经济体制改革、教育体制改革、暂住人口管理、民间组织基金会管理及社会治安综合治理等方面进行积极探索。基层民主政治在探索中起步，乡村、城镇逐渐建立起新型基层社会治理的模式。

改革开放以来，中国特色社会主义民主法治建设不断深入，人民生活水平大幅提升，社会结构也在发生着深刻的变化。以1992年邓小平南方谈话和党的十四大为契机，社会主义市场经济体制建设全面启动，市场观念越来越深入人心，改革开放速度和力度都在加快加深。与之相适应，社会治理在这一时期迈出了新步伐，党的十四大提出要搞好社会治安，扫除社会丑恶现象；党的十五大提出要维护安定团结，正确处理涉及群众切身利益的突出矛盾，搞好社会治安，加强政法工作。在试行十年后，1998年全国人大正式通过了《中华人民共和国村民委员会组织法》，以法律的形式明确保障了村民自治。随着《社会团体登记管理条例》的修订完善，以及《民办非企业单位登记管理暂行条例》的制定，中国的民间组织实现了分类管理。在1998年的政府机构改革中，“社会管理”的概念首次出现在官方话语体系中，并被

① 《邓小平文选》第3卷，人民出版社1993年版，第371页。

明确定为政府的主要职能之一。

随着21世纪的到来，以党的十六大为起点，从全面建设小康社会、开创中国特色社会主义事业新局面的全局出发，党和国家逐渐形成了建设社会主义和谐社会的战略目标，因而提高社会管理水平、加强科学管理成为题中应有之义。2007年11月，党的十七大提出全面推进政治、经济、文化和社会"四位一体"建设，增加了社会和谐这一项，进一步丰富了社会主义现代化国家的建设目标。2011年3月，党中央、国务院将"加强和创新社会管理"作为单独篇章，写入"十二五"规划纲要。同年9月，又下发中国第一个关于创新社会管理的文件《关于加强和创新社会管理的意见》，明确了党委领导、政府负责、社会协同、公众参与的社会管理思路，并提出"建立健全中国特色社会主义社会管理体系"的目标，自此我国全面建立起国家层面的社会管理格局。2012年11月，党的十八大提出"加强和创新社会管理，社会保持和谐稳定"的总体要求，并具体提出加快形成科学有效的社会管理体制，完善社会保障体系，健全基层公共服务和社会管理网络，建立确保社会既充满活力又和谐有序的体制机制，以此促进和保障全面建成小康社会目标的实现。

党的十八大以来，伴随着中国特色社会主义进入新时代，中国特色社会治理体制也步入全面深化阶段。2014年党的十八届三中全会作出创新社会治理体制的部署，首次提出了"社会治理"概念，实现了从"社会管理"向"社会治理"的历史性飞跃。全会将"社会治理"置于"推进国家治理体系和治理能力现代化"的广阔视野之中，强调"创新社会治理，必须着眼于维护最广大人民根本利益，最大限度增加和谐因素，增强社会发展活力，提高社会治理水平，维护国家安全，确保人民安居乐业、社会安定有序"。全会对社会治理现代化的具体部署为："紧紧围绕更好保障和改善民生、促进社会公平正义深化社会体制改革，改革收入分配制度，促进共同富裕，推进社会领域制度创新，推进基本公共服务均等化，加快形成科学有效的社会治理体制，确保社会既充满活力又和谐有序。"正如习近平总书记所指出的，"治理和管理一字之差，体现的是系统治理、依法治理、源头治理、综合施策"，社会治理概念的提出，升华了我国历史上治国理政的经验，是对我国社会管理理论和实践成果的丰富和发展，体现了马克思主义理论的群众观，体现了我们对社会主义建设规律认识的不断深化，也体现了我们党的开放胸怀和理论创新的勇气。

党的十八届四中全会从法治化建设出发，提出“加快保障和改善民生、推进社会治理体制创新法律制度建设”“加强社会组织立法，规范和引导各类社会组织健康发展”。党的十八届五中全会继续丰富社会治理内涵，并提出“加强和创新社会治理，推进社会治理精细化，构建全民共建共享的社会治理格局”。2017 年 10 月，党的十九大进一步发展了社会治理的理念，提出要打造共建共治共享的社会治理格局：“建设平安中国，加强和创新社会治理，维护社会和谐稳定，确保国家长治久安、人民安居乐业”“加强社会治理制度建设，完善党委领导、政府负责、社会协同、公众参与、法治保障的社会治理体制，提高社会治理社会化、法治化、智能化、专业化水平”。党的十九大报告还从正确处理人民内部矛盾、树立安全发展理念、建设社会治安防控体系、建设社会心理服务体系、建设社区治理体系等多方面入手，强调发挥社会组织作用，实现政府治理和社会调节、居民自治良性互动，明确了到 2035 年“现代社会治理格局基本形成”的发展目标和工作要求。

改革开放以来，在经济社会发展取得辉煌成就的同时，社会利益关系日趋复杂、社会矛盾和问题交织叠加、人民群众对社会事务参与意愿更加强烈的现状，对社会治理提出了更高要求。能否协调好改革、发展与稳定的关系，能否不断激发社会内在活力，是对党和政府执政能力的重要考验，也将直接关系未来中国的发展质量和发展水平。党和政府着力打造共建共治共享的社会治理格局，有效地维护了社会和谐稳定，增强了社会创造活力，确保了人民安居乐业、社会安定有序和国家长治久安。

（三）推进社会治理现代化

在改革开放的伟大进程中，我国不断推进社会治理现代化建设，在保障人民群众安居乐业和社会和谐稳定等方面取得了一系列理论和实践成果，成为加强和创新社会治理的宝贵财富和重要遵循。

1. 社会治理的目标是不断改善民生、维护公平正义

新中国成立以来，中国社会治理经历了不同时期的演变与发展，始终不变的是对良好治理局面的追求，即实现人民安居乐业与社会的有序发展。治不必同，斯于利民。着力补齐民生短板，坚持在发展中保障和改善民生，是政府治理与社会治理，乃至国家治理共同的目标。

邓小平指出："中国的问题，压倒一切的是需要稳定，没有稳定的环境，什么都搞不成，已经取得的成果也会失掉。"① 正确处理人民内部矛盾尤其是涉及广大人民群众切身利益的矛盾，是保持社会安定团结良好局面的关键。经过 40 年的改革开放，中国创造了让全世界瞩目的经济发展奇迹。然而，不可否认的是，不同的利益群体正在形成，社会分化也在逐渐加剧。中国发展面临的最大问题已经从改革开放之初的生产效率低下和人民普遍贫穷，转变为突出的公平正义问题。如不能将发展的成果为全社会共享、让发展成果更多更公平惠及全体人民，将违背公平正义这一社会主义的首要价值和本质要求，将危及社会稳定，必将给中国未来的发展造成负面影响，建设"两个一百年"奋斗目标也就丧失了动力之源。党的十四大、十五大和十六大政治报告中，始终在强调"效率优先，兼顾公平"，这与当时经济体制改革、社会主义市场经济体制确立的紧迫需求密不可分。随着经济社会的发展以及国情的新变化，从党的十六大开始，原有策略开始了逐步调整，公平正义被摆在更重要的位置。党的十六届五中全会首次提出"更加注重社会公平"。

中国共产党人的初心和使命，就是为中国人民谋幸福，为中华民族谋复兴。习近平总书记明确指出："检验我们一切工作的成效，最终都要看人民是否真正得到了实惠，人民生活是否真正得到了改善，人民权益是否真正得到了保障。"② "创新社会治理，要以最广大人民根本利益为根本坐标，从人民

① 《邓小平文选》第 3 卷，人民出版社 1993 年版，第 284 页。
② 《习近平谈治国理政》第 1 卷，外文出版社 2018 年版，第 28 页。

群众最关心最直接最现实的利益问题入手。”[①] 党的十八届三中全会《中共中央关于全面深化改革若干问题的决定》提出，“以促进社会公平正义、增进人民福祉为出发点和落脚点”，这是对社会主义本质的回归。公平正义，即“社会的政治权益、经济权益、文化权益、生态权益和其他权益在全体公民之间公平而合理的分配，它意味着权利的平等、分配的合理、机会的均等和司法的公正”[②]。

习近平总书记在党的十九大报告中指出，虽然当前民生工作已经取得了明显的成绩，但依然存在着明显的短板和弱项，如脱贫攻坚任务艰巨，城乡区域发展和收入分配差距依然较大，群众在就业、教育、医疗、居住、养老等方面面临不少难题；社会文明水平尚需提高；社会矛盾和问题交织叠加等。这些问题如不能得到妥善解决，则会影响社会的和谐稳定，只有补齐这些短板，才能提高人民的认可程度，才能真正实现全面建成小康社会的目标。2018 年 7 月的中央政治局会议、12 月的中央经济工作会议等一系列研究经济工作的重要会议，将就业作为经济社会发展的优先目标，实施更加积极的就业政策。以供给侧结构性改革为主线，进一步提升幼有所育、学有所教、病有所医、老有所养等服务供给质量。李克强在 2019 年政府工作报告中肯定了中国“坚持在发展中保障和改善民生，改革发展成果更多更公平惠及人民群众”的理论与实践，并作出具体的政府工作安排：在财政收支平衡压力加大的现实情况下，确保基本民生投入只增不减；发展更加公平更有质量的教育；保障基本医疗卫生服务；完善社会保障制度和政策；丰富人民群众精神文化生活。不断改善民生，维护社会公平正义，确保了社会治理沿着正确的目标前行。

2. 社会治理的路径是以体制机制创新释放社会活力

纵观新中国社会治理的发展历程可以看出，各类社会组织和广大人民群众逐步参与社会治理，人民的自治能力持续增强，社会活力得以全方位释

① 《习近平关于全面建成小康社会论述摘编》，中央文献出版社 2016 年版，第 148 页。
② 俞可平：《走向善治》，中国文史出版社 2016 年版，第 98 页。

放，实现了从社会管控到社会管理再到社会治理的转变。这一变化的成功离不开体制机制的创新。这种创新也是全方位的，包括党的领导水平的提升、政府职能的转变、社会治理的运行机制不断健全、相关法律法规日趋完善、财政投入持续加大、人才队伍建设大大加强等。在社会治理中，政府改变了计划经济时代统揽一切的职能，主要承担制定规则、优化环境、提供各类服务和福利的职责，并通过签订合同、协议等手段委托有资质的社会组织承担社会服务职能，广泛地调动社会组织、企业参与社会服务，将激发社会活力真正落到了实处。

2019 年 1 月 21 日，习近平总书记在省部级主要领导干部会上重提“枫桥经验”，强调要创新完善立体化、信息化省会治安防控体系，保持对刑事犯罪的高压震慑态势，增强人民群众安全感。要推进社会治理现代化，健全平安建设社会协同机制，从源头上提升维护社会稳定能力和水平。“枫桥经验”发源于浙江省诸暨市枫桥镇干部群众创造的“发动和依靠群众，坚持矛盾不上交，就地解决；实现捕人少，治安好”的社会治安管理经验。毛泽东曾作出过重要批示：“诸暨的好例子，要各地仿效，经过试点，推广去做。”“枫桥经验”形成于社会主义建设时期，发展于改革开放新时期，创新于中国特色社会主义新时代，其内涵不断丰富和完善，早已不限于社会治安领域。通过社会化改革，不断完善的体制机制，真正将基层社会力量动员起来，持续激发着社会活力的释放。

2016 年，为贯彻党中央、国务院关于推进特色小镇、小城镇建设的精神，落实《国民经济和社会发展第十三个五年规划纲要》关于加快发展特色镇的要求，住建部、发改委、财政部三部委联合发布《关于开展特色小镇培育工作的通知》，提出到 2020 年，培育 1000 个左右的特色小镇的目标。广东省中山市古镇成为首批被认定的 127 个中国特色小镇之一。以充满活力的体制机制作为其突出的亮点，中山古镇在通过创新方式破解社会治理难题这一环节，充分借助了智库资源，从多角度丰富了特色小镇社会治理的政策设计和制度建设。在加强民生保障和社会治理方面，特别“成立了社会建设咨询委员会，建设了全民公益园，设立了‘中国社会与公益案例研究基地’，链接多级多地平台资源和专家资源，研究、总结、指导和支持古镇社会治理工作，从发挥各级党组织领导核心作用、基层政府机构主导作用、基层群众性自治组织基础作用、社会力量协同作用四个方面，从社会基础、社会管理、社会自治三个维度，全面推动社会治理体系的规划和建设”[①]。古镇还引入专业社会工作力量，发展了“大社工”社会治理的工作理念，突破了传统观念和工作方法的束缚，一方面做到了精准服务，切实改善民生，塑造理性社会心态；另一方面依法治理，维护社会秩序，促进社会和谐。一直以来，古镇在“兜底民生”方面做得很好，十五年义务教育、医疗保障等方面都走在全市、全省甚至全国前列。新时期，古镇又借助社会工作专业方法，丰富群众工作方式，从源头去推动、预防和解决社会矛盾及问题，实现了科学治理和依法治理。

3. 社会治理的重要保障是依法治国与以德治国相结合

在社会主义现代化进程中，传统管理模式已经无法满足日趋复杂的社会公共事务的需求，必须要有现代治理理论的发展与体制机制作为保障。治理的基本特征包含主体多元性、关系多向度性、内容广泛性等，这就决定了必须通过法治来保障社会治理系统内部的协调性。“法律是治国之重器，良法是善治之前提。”党的十八届四中全会的这一论断切中了治理的要害。法治是国家治理体系和治理能力的重要依托，同样，社会治理创新也需要运用法治思维和法治方式。在社会治理过程中必须做到科学立法、严格执法、公正司法、全民守法，在建设法治国家、法治政府和法治社会中促进社会既充满活力又和谐有序。

党的十八届四中全会对全面推进依法治国进行了新的部署，要求推进多层次多领域依法治理，提高社会治理法治化水平。以此为新的起点，社会领域的立法工作力度进一步加大，法治政府建设速度进一步提高，普法教育和全社会的法治意识也在逐步加强。具体表现在：一方面，更加强调国家机关工

① 彭灵灵：《特色小镇的社会治理创新——基于广东省中山市古镇镇的善治实践》，《南方农村》2018年第6期。

作人员严格执法和公正司法，严守法治底线，坚决纠正“摆平就是水平、搞定就是稳定、不出事就是本事”的错误做法；另一方面，引导群众依法理性表达诉求，依照法律、按照程序维护自己的合法权益。2013年以来，为了保障信访群众的合法权益，维护信访秩序，国家对信访制度进行了改革，鼓励群众利用现代信息技术手段和互联网“多上网，少上访”，引导和规范群众逐级走访，完善信访考核办法，推动信访工作步入法制化轨道。随着全面依法治国战略布局的推进，力争让人民群众在每个司法案件中都能感受到公平正义。

道德的规范与法律的规范相辅相成，都是规范人类行为的必然要素，而德治与法治相互补充，各有优势。在社会治理领域，德治仍是必不可少的一部分。特别是从中国传统来讲，德治一直发挥着重要的社会调节作用。2016年习近平总书记在十八届中央政治局第三十七次集体学习时讲道：“法律是成文的道德，道德是内心的法律。法律和道德都具有规范社会行为、调节社会关系、维护社会秩序的作用，在国家治理中都有其地位和功能。法安天下，德润人心。法律有效实施有赖于道德支持，道德践行也离不开法律约束。法治和德治不可分离、不可偏废，国家治理需要法律和道德协同发力。”良好社会治理局面的形成正是源自全民树立法治思维，全社会强化道德约束，依法治国与以德治国相结合，规范社会行为，调节利益关系，实现社会的稳定有序。

4. 社会治理的根本保障是加强党的领导

新中国成立以来，成为执政党的中国共产党，结合每个时期的社会发展特点、人民群众的需求，不断调整社会政策，总结社会治理经验，探索社会发展规律，其社会治理思想和制度越来越成熟。中央层面上，规定了中央社会管理综合治理委员会作为协调机构，负责协调、指导各地区各部门的工作，重点协调、推动涉及多个部门的社会管理重要事项的解决，负责总结推广成功经验和做法，加强对社会治理重大问题的研究，提出重大政策措施建议等。在地方，不仅自上而下设置负责社会治理方面工作的党委部门，包括政法委、综合治理委员会等，北京、广东、上海等地还结合各地区实际设立社会工作委员会。成立于2007年的中共北京市社会工作委员会、市政府社会建设工作办公室，通过研究本市社会建设的总体规划、重大方案和重要政策，为市委宏观决策服务，并统筹市内社会建设工作的落实。成立于 2011 年 8 月的广东省社会工作委员会，承担的职责包括：牵头研究拟制并组织实施全省社会工作规划和重大政策，研究社会工作重大问题，并提出政策建议；统筹指导和综合协调全省开展社会工作并督促检查社会工作的落实情况，建立健全社会建设和管理绩效评估体系，等等。

党政军民学，东西南北中，党是领导一切的。在社会主义市场经济条件下，党组织不可能包揽全部社会事务，但又要具有引领社会发展的职能，就必须通过协调服务、整合资源、引导示范的方式，吸引群众、凝聚群众。党组织还通过提供服务，整合社会资源，发挥领导作用。比如，上海黄浦区五里桥街道辖区通过基层党组织的区域党建联席会，打破了辖区内居民区、企事业单位之间的壁垒，整合辖区内车位资源，以“错时停车”的办法，即企事业单位员工白天将车停进小区，小区居民晚上将车停在企业园区的方法，解决了单位白天停车难、小区夜晚车位不足的问题，引领社会治理创新，获得广泛好评。

党的十八大报告强调，围绕构建中国特色社会主义社会管理体系，加快形成党委领导、政府负责、社会协同、公众参与、法治保障的社会管理体制。党的十八届三中全会再次强调改进社会治理方式，必须加强党委领导，也就是要坚持党委的领导核心作用，总揽全局、协调各方、把握方向、整合力量，把党的意志和主张体现到国家的法律法规中，支持多元主体依法参与社会治理。各级党委逐步把主要工作精力集中在全局性、战略性、根本性、关键性的社会发展问题上，从全局谋划，从政治、思想和组织上加强党的领导，为社会治理的顺利开展提供组织、制度、法律以及人才保障；在推进社会治理过程中，统筹协调党委、政府、人大、政协的关系，以支持和保障社会组织依法开展各方面的工作；充分发挥基层党组织和共产党员服务群众、凝聚人心的作用，把党的政治、组织优势转化为管理、服务优势。实践证明，在社会治理领域，加强党的领导是关键。只有坚持党的领导才能保证社会主义现代化建设的方向，保障社会发展的成果由全民共享，实现国家治理体系和治理能力的现代化。

十二

人与自然和谐共生

——为什么生态文明建设能够不断取得新进展

中华民族自古以来就尊重自然、热爱自然。在绵延5000多年的中华文明中，一代又一代的中华儿女在历史中不断按照大自然规律活动，践行着“天人合一”的理念，自觉把天地人统一起来。新中国成立后，党和政府带领人民走出了一条独具中国特色的生态文明建设之路，这就是树立人与自然和谐共生的世界观、秉承绿水青山就是金山银山的发展观、坚持良好生态环境是最普惠的民生福祉的价值观、统筹山水林田湖草是生命共同体的方法论、坚持以最严格制度最严密法治保护生态环境的生态治理观以及共谋全球生态文明建设的全球生态治理观的道路。中国特色社会主义进入新时代，以习近平同志为核心的党中央，继往开来，把生态文明建设作为统筹推进“五位一体”总布局和协调推进“四个全面”战略布局的重要内容。针对目前生态环境出现的问题，我国开展了众多根本性、开创性、长远性的工作，创造性地提出了新理念新战略，形成了习近平生态文明思想，指引生态文明建设不断取得新进展。

（一）保护环境，造福人民

新中国成立后，百业待兴。在如何解决我国人口基数大、工业基础薄弱、迫切需要发展生产力与有限的自然资源承载量之间的矛盾方面，中国共产党带领人民进行了长期的努力探索。为了建设农田，保护环境，扩充环境承载量，我国开展了植树造林运动。毛泽东在徐州调研时指出："要发动群众，依靠群众，穷山可以变富山，恶水可以变好水。要知道，一株10米高、40厘米粗的树，一年能储藏一吨的水哩！我们要发动群众，上山栽树。"1956年，为了让全社会支持首都绿化美化工作，激发全国上下植树播绿的热情，毛泽东发出了"绿化祖国"的伟大号召。1958年4月7日，中共中央、国务院发布《关于在全国大规模造林的指示》，其主要内容包括四个方面：一是做好规划；二是坚持依靠合作社造林为主，同时积极发展国营林场；三是努力提高造林质量；四是做好更新和护林工作。1959年3月，毛泽东继而又提出了"实行大地园林化"的设想。

20世纪60年代，位于山西大同的雁北专区，当地群众通过典型试验，采取专业造林队和群众性造林相结合、植树造林和农业生产相结合的办法，在摸索造林规律方面取得了巨大成功。雁北地区原本是水草丰茂、森林资源丰富之地，由于多年战乱及乱砍滥伐，致使当地生态环境破坏殆尽，植被覆盖稀疏，农业产量极低，所用木材全部靠外地输入，土地沙漠化严重，当地素有"一年四季一场风，三年两头没收成"的说法。为响应国家植树造林号召，并且从根本上改变当地这种生态困境，山西雁北专区开始了大规模的造林运动，经过多年苦心经营，成效显著。据统计，全区已建设全长218华里的主副林带共计77条，方格网眼77个，在林网周围造林18.2万亩。在桑干河沿岸，积极建设水土保持工程，营造大片几十米宽的防护林带，规顺河道，有效地改变了当地耕地风蚀水冲年年坍塌的旧面貌。

水是生命的源泉。但是在小农经济为主体的自然经济状态下，人们改造自然能力低下，农作物生产旱涝不能保收，只能靠天吃饭。长江、黄河共同孕育了璀璨的华夏文明，被誉为"中华民族的母亲河"。奔腾的黄河每次改道带来的大量泥沙在华北平原沉积，形成了土壤肥沃的冲积扇平原，再加上华北地区水热条件良好，这就为农业生产提供了天然的优良条件。长江自古以来就是沟通东西部重要的水上交通线，被誉为"黄金水道"。然而，黄河、长江在提供便利条件的同时也是旱涝灾害频发，对人民群众人身和财产安全构成了极大的威胁，黄河就有“三年两决口，百年一改道”的说法。相比黄河与长江，淮河在近代更是有“小雨小灾，大雨大灾，无雨旱灾”之说。

毛泽东十分关注江河湖泊的整治与农田水利设施建设。1950 年 10 月 1 日，新中国成立后第一个国庆节，毛泽东召见了邓子恢和薄一波，并听取了关于荆江工程的汇报，对荆江水文地质条件、大堤防洪能力进行了详细的询问。1952 年 5 月，毛泽东为荆江分洪工程全体员工题词：为广大人民的利益，争取荆江分洪工程的胜利！ 1953 年 2 月 19 日，毛泽东亲自去长江流域，与长江水利委员会总工程师林一山共同研究了南水北调问题和长江洪灾问题，并询问了长江水灾的主要成因、气象水文与洪灾的关系、修建三峡水库工程的效益、造价、工期问题。毛泽东还提出要把黄河的事情办好。在《论十大关系》中，毛泽东对自然资源有过精辟的论述：空气、森林、矿产等自然资源，成为社会主义建设的影响因素。这些空气、森林、矿产等自然资源，不仅是人类存在的根本条件，而且是社会生产力中不可缺少的因素，也是社会主义国家综合国力中的关键因素，对此，社会主义国家都要加以小心保护，进行合理使用。为了集中力量进行社会主义现代化建设，解决对自然资源持续的依赖性与自然资源的有限性之间的矛盾，毛泽东十分注重对有限资源的高效率运用。他指出，务必尽全力使所有可用的生产、生活资料最大限度得以存留，务必坚决抵制对生产、生活资料的任何破费行为。在生产和基建领域，必须奉行节约原则，合理使用原材料，使得成本和造价适当降低。在保证质量的条件下，大力节约原料、材料、燃料和动力。

当然，生态文明建设也曾走过弯路，有些地方出现过填湖造田和毁林开荒的现象。改革开放以来，我国在经济建设上注重生态环境与经济建设的协调。邓小平提出搞发展、促生产必须是人与自然协调的发展。在农业方面，邓小平主张通过技术改革，实行农、林、牧等产业并举，以实现农业领域各产业协调发展的目的。1980 年 5 月 31 日，在《关于农村政策问题》的讲话中，邓小平提出了一定要思想解放，要因地制宜地谋求发展的原则，并对因地制宜作了精辟的解释：“所谓因地制宜，就是说那里适宜发展什么就发展什么，不适宜发展的就不要去硬搞。像西北的不少地方，应该下决心以种牧草为主，发展畜牧业。”在方法论上，邓小平更是作出了具体的指示：“从当地具体条件和群众意愿出发，这一点很重要。我们在宣传上不要只讲一种办法，要求各地都照着去做。宣传好的典型时，一定要讲清楚他们是在什么条件下，怎样根据自己的情况搞起来的，不能把他们说得什么都好，什么问题都解决了，更不能要求别的地方不顾自己的条件生搬硬套。”1987 年 6 月 12 日，邓小平在《改革的步子要快》讲话中再次强调了农业因地制宜、协调发展的重要性。他指出：“农业实行多种经营，因地制宜，该种粮食的地方种粮食，该种经济作物的地方种经济作物，不仅粮食大幅度增长，经济作物也大幅度增长。”

邓小平弘扬了我国植树造林的传统，进一步提出加强林业建设的要求。1979 年 3 月 12 日是我国第一个植树节，这天下午春风和煦，邓小平、李先念、乌兰夫等国家领导同志同一千多名干部、群众一起，到北京市大兴县庞各庄公社薛营大队参加植树造林活动。1981 年 9 月 16 日，邓小平与时任国务院副总理万里进行交谈时，提出了“保护和发展森林资源”的要求。1982 年，针对黄河流域生态环境恶化的情况，邓小平指出：“黄河之所以叫‘黄河’，就是水土流失造成的。我们计划在那个地方先种草后种树，把黄土高原变成草原与牧区，就会给人们带来好处，人们就会富裕起来，生态环境也会发生极大的变化。”关于植树造林具体落实方面，邓小平要求：“全民义务植树不仅要搞，而且要大搞”，“植树造林、绿化祖国，是建设社会主义、造福子孙后代的伟大事业，要坚持二十年，坚持一百年，坚持一千年，要一代一代永远干下去。”为了保证植树造林运动成果，在 1982 年 12 月 26 日，邓小平在对林业部关于开展全民义务植树运动情况报告的批语中指出：“为了保证实效，应有切实可行的检查和奖罚制度。”

各地群众积极响应国家植树造林、绿化祖国的号召，出现了一大批造林模范。河北省临城县虎道村的王秋鱼，自 1987 年开始坚持修护荒山，成立“三八绿化队”，组织当地妇女群众 60 余名，在 9 年时间内绿化荒山总计 5700 亩，连续两次获得全国“三八”绿色奖章。“八五”期间，2206 人获得全国绿化奖章，全国绿化劳动模范和先进工作者 271 人。亿万人民年年植树不辍，人民群众用自己勤劳的双手书写了神州大地上的绿色篇章。

针对经济建设中出现的忽视生态环境保护，以及相关法律法规未能及时跟进的状况，邓小平明确提出必须建立生态保护的长效机制，要建立法律制度为生态文明建设保驾护航。1979 年 9 月 13 日第五届全国人民代表大会常务委员会第十一次会议通过了《中华人民共和国环境保护法（试行）》，确定环境保护工作的方针是：全面规划，合理布局，综合利用，化害为利，依靠群众，大家动手，保护环境，造福人民。1984 年 9 月和 1986 年 6 月，《中华人民共和国森林法》《中华人民共和国草原法》相继颁布实施。

面对生态环境方面出现的新问题、新形势，1995 年 9 月，党的十四届五中全会上首次出现了“可持续发展”的提法。所谓“可持续发展”，就是既满足当代人的需要又不损害下一代人满足需要的能力的发展，包含了发展观、道德观和文明观等诸多要素，本质上是一种利益和机会均等的发展理念。

在我国工业基础薄弱、人口众多、环境承载能力弱的条件下，实行可持续发展战略是一项具有远大战略目光的明智之举，为我国生态文明建设进一步开展奠定了基础。位于我国东北老工业区的本溪市，以钢铁、煤炭为主导产业，是我国最重要的工业原材料基地之一。起初由于没有注重生态环境保护，也无可持续发展理念，只是片面注重经济效益与钢铁产量，很多炼铁厂的废气随意排放，以至于在 20 世纪 70 年代末，空气污染日益严重，被国际环境组织称为“卫星上看不见的城市”。这种情况的扭转是从 20 世纪 80 年代开始的。本溪市政府开始大规模开展环境整治，鼓励企业采用清洁生产方式，建立以可再生资源为基础的新型工业产业，政府对此进行财政补贴。当地还积极营造生态农业和森林绿化带。1994 年，本溪市制定了关于可持续发展的《本溪市 21 世纪议程》，并且该议程列入《中国 21 世纪议程》“优先项目计划”。据资料显示，在环境整治方面，国家和本溪市政府先后投入了 5.4 亿元的财政支持，经济结构开始逐步调整，居民生活环境得到极大改善，在联合国第二届人类居住区大会与会期间，还播放了《走上可持续发展道路的本溪》专题片，本届大会还收录了关于本溪市实施21世纪议程的成果资料。为此，联合国人居环境中心在给本溪市市政府的邀请函中专门写道：本溪市的21世纪议程典型范例对会议将是最有价值的贡献。

2002年11月召开的党的十六大，正式把建设生态良好的文明社会列为全面建设小康社会的四大目标之一，提出要“促进人和自然的和谐，推动整个社会走上生产发展、生活富裕和生态良好的文明发展道路”。这是处于世纪之交，我国在生态文明建设方面不断积累经验形成的深刻总结，是生态文明建设的一次伟大飞跃。

2005年3月12日，胡锦涛在《调整经济结构和转变经济增长方式是缓解人口资源环境压力的根本途径》的讲话中，正式提出了“生态文明”的概念。2005年10月，党的十六届五中全会明确提出要建设资源节约型、环境友好型社会。2006年2月14日，在省部级主要领导干部建设社会主义新农村专题研讨班上，胡锦涛强调，建设资源节约型、环境友好型社会是实现人与自然和谐发展，走出一条中国特色农业现代化道路的必然要求。2005年年底，“生态文明”和“人与自然和谐”等用语多次在《国务院关于落实科学发展观加强环境保护的决定》中出现。2006年3月5日，温家宝在《政府工作报告》中提到了“使建设资源节约型社会深入人心，蔚然成风”“加快建设环境友好型社会”等要求。2007年10月召开的党的十七大，首次将生态文明写入党代会报告，并将生态文明纳入全面建设小康社会奋斗目标。胡锦涛在党的十七大报告中强调，所谓建设生态文明就是要形成节约能源资源和保护生态环境的经济增长方式。加快形成较大规模循环经济，优化能源消耗结构，控制污染物排放，生态环境质量得到明显改善，要争取在全社会树立起生态文明观念。这是在全面建设小康社会的新阶段对可持续发展理念的进一步延伸与拓展，是生态文明建设辩证发展的新环节。

2010年10月18日，“十二五”规划建议中提出要“坚持把建设资源节约型和环境友好型社会作为转变经济增长方式的着力点”。2011年12月15日，为了推进“十二五”期间环境保护事业的顺利开展，加快建设资源节约型、环境友好型社会，切实解决阻碍科学发展和损害群众健康的重点环境问题，国务院印发了《国家环境保护“十二五”规划》。其中分析了我国当前环境总体状况，指出环境总体恶化的趋势尚未得到解决，环境矛盾凸显，形势不容乐观，一些重点水域水体污染严重，北方多个城市大气灰霾冬季多发，农村环境污染问题日益严重，并指出了当前我国环境保护法制尚不健全、执法力度不到位、监管方面存在诸多漏洞的问题。为此，该规划确立了具体的指导思想、基本原则和主要目标，制订了推进主要污染物减排、解决突出环境问题、加强重点领域环境风险防控、完善环境保护基本公共服务体系、实施重大环保工程以及加强组织领导和评估考核等一揽子具体措施，为推进生态文明建设规划了战略蓝图。

（二）完善生态文明建设的体制机制

党的十八大以来，以习近平同志为核心的党中央以极大的政治勇气和魄力，解决了许多以往想解决而未能解决的问题，办成了许多以前想办而未能办的大事，深刻回答了为什么建设生态文明、建设什么样的生态文明以及怎样建设生态文明等重大理论问题，形成了一整套的系统的关于与人自然和谐共生的新思想、新战略。经过多年的实践探索，生态文明建设的体制机制更加完善，有效保障了人与自然的和谐关系。

一是从被动保护到主动修复。植被覆盖率显著增加。我国实施了一系列生态修复工程，森林面积和蓄积量持续增长，我国成为全球森林资源增长最多的国家。据美国国家航空航天局发布的一项研究结果表明，在森林覆盖率方面，近年中国贡献了全球新增绿色 1/4，中国贡献比例位居全球首位。第八次全国森林资源清查结果显示，我国森林面积达到了 2.08 亿公顷，森林蓄积 151.37 亿立方米，森林覆盖率 21.63%。全国人工林面积达 11.8 亿亩，居世界首位。退耕还林工程累计造林 4.47 亿亩，工程区森林覆盖率平均提高 3.6 个百分点。在京津冀实施的风沙源和石漠化治理、湿地恢复等重大生态修复工程成效明显，工程区植被覆盖度稳步提高，有效遏制了荒漠化、石漠化，国土生态状况明显改善。全国荒漠化和沙化土地面积连续 3 个监测期“双缩减”，土地沙化面积由 20 世纪 90 年代末年均扩展 3436 平方千米转变为目前年均缩减 1980 平方千米，实现了由“沙进人退”到“绿进沙退”的历史性转变。2013 年，国务院发布了《大气污染防治行动计划》，提出了 10 条措施，指出要经过长达 5 年的努力以改善全国空气质量，大幅度减少京津冀、长三角、珠三角等区域的重污染天气，使空气质量明显好转。2017 年，在国务院政府报告中列举了强化大气污染治理的成果：我国二氧化硫、氮氧化物排放量同期相比下降 5.6% 和 4%，74 个重点城市 PM2.5 年均浓度下降 9.1%。2017 年 1 月至 11 月，京津冀、长三角、珠三角 PM2.5 浓度比 2013 年同期分别下降 38.2%、31.7%、25.6%，降幅均大幅高于考核标准。在 2017 年 3 月至 11 月，北京的 PM2.5 浓度同比下降了 27.1%，秋冬季采暖期以来同比下降了 40% 以上。

二是生态文明建设顶层设计日渐完善。2015 年 3 月 24 日，中共中央政治局召开会议，审议通过《关于加快推进生态文明建设的意见》。该意见提出了 35 项具体内容，涉及总体要求、主体功能定位、技术创新和结构调整、资源高效循环使用、加大生态保护、生态文明制度体系、生态文明统计监测和执法监督、民众生态环保意识、绿色生活方式和公众参与共九大方面的内容。其中强调，要积极实施主体功能区战略、大力推进绿色城镇化、加快美丽乡村建设、加强海洋资源科学开发和生态环境保护。

三是法律体系进一步完善完备。2014 年 4 月 24 日，十二届全国人大常委会第八次会议表决通过了《环保法修订案》，被称为“史上最严”的环境保护法，于 2015 年 1 月 1 日起正式施行。“新环保法”明确了立法目的为“推进生态文明建设，促进经济社会可持续发展”，确立基本国策为环境保护，第一基本原则为保护优先，强化政府主体责任，增加大气环境保护目标责任制和考核评价制度，加大对大气、水体、土壤污染的处罚力度。同时，我国先后颁布了《中华人民共和国大气污染防治法》《中华人民共和国水污染防治法》《中华人民共和国土壤污染防治法》《中华人民共和国环境影响评价法》《中华人民共和国环境保护税法》《中华人民共和国核安全法》《中华人民共和国土壤污染防治法》《中华人民共和国海洋环境保护法》等多部法律。在出台法律的同时，也相继完善了行政法规、地方性法规。党的十八大以来，先后审议通过了《关于健全生态保护补偿机制的意见》《关于划定并严守生态保护红线的若干意见》《生态文明建设目标评价考核办法》《关于构建绿色金融体系的指导意见》《自然资源统一确权登记办法（试行）》《生态环境损害赔偿制度改革方案》《关于设立统一规范的国家生态文明试验区的意见》《关于健全国家自然资源资产管理体制试点方案》等文件。一系列行政法规的出台有效地规避了各种不法行为，对生态不法行为造成高压态势。

四是推动经济发展向绿色转型。实现绿色转型就是将环境效益评估作为现代经济发展的一项重要指标，经济增长的同时降低生态环境代价，以此来改变能耗高、效率低的粗放型增长模式。建立绿色产业主体工作就是进行供给侧结构性改革，增加绿色 GDP 在国民生产总值中的贡献比重，打造绿色生态产业链，同时调整能源产业结构，优化能源消耗比重。为进一步落实党的十九大提出的推进绿色发展的要求，实施共同推进民营企业绿色发展、打好污染防治攻坚战的战略举措，2019 年 2 月 19 日，生态环境部和全国工商联两部门联合印发了《关于支持服务民营企业绿色发展的意见》，提出了营造企业环境守法氛围、健全市场准入机制、完善环境法规标准、规范环境执法行为、加快“放管服”改革等 18 项重点举措。在绿色发展理念的指导下，经过多方努力，有效遏制了生态环境的进一步恶化，推行绿色发展使得我国生态质量明显提高，人与自然的关系日趋改善。

（三）绿水青山就是金山银山

实现中华民族永续发展，建设美丽中国是生态文明建设的最高价值目标。伴随我国经济社会发展的突飞猛进，人民生活水平的日益提高，生态文明建设的重要性凸显，与经济建设、政治建设、文化建设、社会建设同步跟进并取得重大进展，推进生态文明建设的理念更加深入人心，体制机制更加完善。

1. 树立新理念，推动生产生活方式绿色发展

所谓绿色发展，就是以达到人与自然的和谐为最高价值取向，摒弃能源消耗大、环境污染重的传统发展模式，在充分考虑自然环境承载量的条件下，为实现人类社会可持续发展而将环境保护作为一项重要指标的经济发展模式。

推动绿色发展方式，建设美丽中国才能实现中华民族永续发展。2014年3月7日，习近平总书记在参加十二届全国人大二次会议贵州代表团审议时指出，既要绿水青山，也要金山银山；绿水青山就是金山银山。绿水青山和金山银山绝不是对立的，关键在人，关键在思路。如果其他各方面条件都具备，大家都会愿意到有绿水青山的地方来投资、来发展、来工作、来旅游，所以说绿水青山既是自然财富，又是社会财富、经济财富。习近平总书记对经济发展与生态环境保护之间的精准解析，为怎么样推进绿色发展提供了世界观方法论的基础。

推动绿色发展方式就是要加强生态环境保护，促进绿色经济发展模式，加快新旧动能转换，促进人与自然和谐共荣。习近平总书记指出："我们强调推动形成绿色发展方式和生活方式，就是要坚持节约资源和保护环境的基本国策，坚持节约优先、保护优先、自然恢复为主的方针，形成节约资源和保护环境的空间格局、产业结构、生产方式、生活方式，为人民创造良好生产生活环境。"2019年3月"两会"期间，在青海代表团开放日现场，有记者提问了关于青海推动绿色发展提档升级，如何理解"顺乎规律的发展才是最好的发展"的问题。对此，青海省领导表示，青海一直牢记习近平总书记的叮嘱，树立符合自然规律、经济规律、社会规律的新发展理念，在精准掌握青海全省省情的基础上，正确处理发展经济与保护生态之间的关系，勇于担起生态保护的责任。在经济结构上逐步形成清洁能源、绿色产业、绿色消费、绿色农牧业的经济架构，打造符合青海当地情况的绿色发展方式。

2. 完善生态文明建设监督体制机制

2013年5月24日，习近平总书记在十八届中央政治局第六次集体学习时指出："保护生态环境必须依靠制度、依靠法治。只有实行最严格的制度、最严密的法治，才能为生态文明建设提供可靠保障。"在以往工作考核制度中，地方经济增长是考核干部工作的重要衡量指标，在现阶段必须改革这种重经济轻环保的旧机制，把资源消耗、环境损害、生态破坏纳入综合评价体系，并且将生态环境行政行为作为考察评价体系中的重要一环。加强监督、奖罚分明，使制度约束成为有牙齿的老虎。习近平总书记强调指出，各级党委政府要落实主体责任，将生态文明建设作为评价领导干部政绩的重要内容，坚决杜绝在生态环境建设方面消极对待和不作为不敢为的行为。

健全责任追究制度是推进生态文明建设的重要保障。针对现行地方环保管理体制存在的诸多弊端，以至于一些地方只重视经济成效而忽视环保事业，不能正确理解绿水青山与金山银山的关系，尾巴主义严重，存在大量有法不依、执法不严、违法不究，甚至干预环保监测监察执法等不良现象，习近平总书记指出，要建立责任追究制度，对那些不顾生态环境盲目决策、造成严重后果的人，必须追究其责任，要真抓，不能流于形式。组织部门、综合经济部门、统计部门、监察部门等都要把这个事情落实好。2014 年 7 月 28 日，中央纪律检查委员会联合有关部门颁布了《党政主要领导干部和国有企业领导人员经济责任审计规定》，在审计内容中正式增加了自然资源资产、生态环境保护等条款。

"芳林新叶催陈叶，流水前波让后波。"党的十八大以来的实践充分证明，只有加快生态文明各项规章制度改革，改革当前不适宜的体制机制弊端，完善丰富现有生态文明制度体系，把生态文明建设的"四梁八柱"建立起来，将生态文明建设纳入制度化法制化的轨道，才能为生态文明建设提供重要保障。

3. 大力推进生态文明建设全民参与

在生态文明建设的语境中，人民不仅是践行生态文明的根本力量，同时又是生态文明建设的价值主体和评判主体。生态文明建设并不是西方的以自然为中心，而是以人的可持续发展为根本目的，以满足人民群众对绿水青山的美好生活的向往为出发点和落脚点，总体上看是从人民出发又回归人民的过程。经验表明，搞好生态文明建设不仅要做好顶层设计、制度落实，而且要有践行生态文明的主体参与，必须使得广大人民群众成为推动生态文明建设的强大力量。因此，建设美丽中国，实现中华民族永续发展，需要以增强生态意识、绿色生活方式和全民义务植树三个大方面为着力点，推动人民群众广泛参与生态文明建设。

增强生态意识。加强生态文明宣传和教育是提升人民生态文明意识、增强生态文明理念的重要方式之一。党的十八大首次提出“必须树立尊重自然、顺应自然、保护自然的生态文明理念”。随后，习近平总书记在多个场合多次强调了宣传教育的重要性。2013 年 5 月 24 日，在十八届中央政治局第六次集体学习时，他指出：“要强调生态文明宣传教育，增强全民节约意识、环保意识、生态意识，营造爱护生态环境的良好风气。”2016 年 4 月，环境保护部、中宣部、中央文明办等六部委联合发布了《全国环境宣传教育工作纲要（2016—2020 年）》，提出在“十三五”期间，全国环境宣传教育要加大信息公开力度，加强面向社会的环保宣传工作，形成推动绿色发展的良好风尚；推进学校环境教育，培育青少年生态意识；积极促进公众参与，壮大环保社会力量等五项主要工作任务。

绿色生活方式。推行绿色生活方式，推动生活的场域绿色化转型是生态文明建设的重要环节。2015 年 4 月 25 日，中共中央、国务院发布《关于加快推进生态文明建设的意见》，对推行绿色生活方式的重要性作了明确表述：“生态文明建设关系各行各业、千家万户。要充分发挥人民群众的积极性、主动性、创造性，凝聚民心、集中民智、汇集民力，实现生活方式绿色化。”推行绿色消费是倡导绿色生活方式的重中之重。一方面，倡导绿色消费，杜绝攀比、炫耀式的消费，树立绿色的消费观，可以促使生活方式的转变、消费结构的转变，以此倒逼生产领域绿色转型。另一方面，以生活绿色转型促进生态文明建设比政府单方面行为要更加有力，效果会更加明显，成果会更加巩固，在资金预算上也会达到最优，是生态文明建设的一条最行之有效的途径。

全民义务植树。全民义务植树是一项统筹自然与人的关系的重大举措，具有重要意义。每一位公民在植树的实践中可以加深对人与自然和谐共生的理解，达成生态文明的共识，为美化共同的生活世界作出贡献。生态文明建设的好坏直接关系人类是否能够永续发展，直接影响人类未来发展空间。只有在社会广泛参与的前提下，以党员带头引领全社会的方式树立绿色发展理念，持之以恒地推进生态文明建设，一代接着一代地干，人人秉承着人与自然和谐共生的世界观，绿水青山就是金山银山的发展理念，才能把祖国建设成更加美丽、更加美好的共同家园。

4. 深度参与全球生态文明治理

人类赖以生存的生态系统本身并不是孤立的，而是呈现出整体性、系统性、协调性特点。生态环境整体具有自身的和谐性，但是看似一个偶然性的地域性的环境问题往往会造成全局性的生态破坏。如大气环流、海洋洋流，一个环节出现问题，往往牵一发而动全身，一个地区的环境破坏，不仅会对本国造成影响且往往会造成国际性问题。鉴于此，中国在建设国内生态文明的同时，从整体视角出发，统筹国际国内两个大局，对国际生态文明全球治理提出了诸多建议，给出了中国的新方案、新思路、新举措。

新方案就是深化环保合作，践行绿色发展理念，携手打造绿色“一带一路”。在自然与人的关系中，人处于能动地位，自在自然不会主动向人类靠拢，所以要发挥人的主观能动性，在周边国家多边领域携手合作，在“一带一路”框架内展开多项合作机制，共谋全球生态可持续发展。2016 年 4 月 6 日，习近平总书记在参加首都义务植树活动时指出：“建设绿色家园是人类共同的梦想，我们要着力推进国土绿化、建设美丽中国，还要通过‘一带一路’建设等多边合作机制，互助合作开展造林绿化，共同改善环境，积极应对气候变化等全球性生态挑战，为维护全球生态安全作出应有贡献。”

中国作为世界和平的建设者、国际秩序的维护者，在人类命运共同体的语境下积极参与全球生态治理，推动全球绿色发展，维护国际生态安全，是中国共谋全球生态文明的新思路。为谋求全球生态文明建设新进展，必须建立合作共赢、公平、合理的全球治理体系。这是我国为国际生态问题提出的一项新举措、新办法。习近平总书记对此作了专门的阐述。2016 年 9 月 3

日，习近平主席在二十国集团领导人杭州峰会上指出："国际社会应该以落实《巴黎协定》为契机，加倍努力，有效应对气候变化挑战。

——我们要不断加强和完善全球治理体系。《巴黎协定》的达成启示我们，应对气候变化等全球性挑战，非一国之力，更非一日之功。只有团结协作，才能凝聚力量，有效克服国际政治经济环境变动带来的不确定因素。只有持之以恒，才能积累共识，逐步形成有效持久的全球解决框架。只有共商共建共享，才能保护好地球，建设人类命运共同体。

——我们要创新应对气候变化路径。实现可持续发展，要有新的全球视野。老路走不通，创新是出路。要积极运用全球变化综合观测、大数据等新手段，深化气候变化科学基础研究。要加快创新驱动，以低碳经济推动发展，转变传统生产和消费方式。要以关键技术突破支撑能源、交通、建筑等重点行业战略性减排。要增强脆弱领域适应能力，大力发展气候适应型经济。科技创新只有打破利益藩篱，才能有效服务全人类。

——我们要推动《巴黎协定》早日生效和全面落实。中方支持联合国秘书长在联合国举办高级别会议，动员更多国家交存《巴黎协定》批准文书，中方呼吁二十国集团成员继续发挥表率作用。我们要坚持共同但有区别的责任原则、公平原则、各自能力原则，按照巴黎大会授权，稳步推进后续谈判。发达国家要履行承诺，提供资金技术支持，增强发展中国家应对气候变化能力。"

"滴水难成海，独木不成林。"共谋全球生态文明是全人类的责任使然，同时又是不同文明共同的伟大事业。只有深入参与全球生态治理，积极献计献策，建设团结协作、共商共建共享的全球生态治理体系，才能形成更加公平、更加合理、更加可持续的国际生态治理新秩序，才能更好地保护地球，实现全人类的可持续发展。

十三

安而不忘危

——为什么国家安全能够得到有效保障

国家安全，是一个国家重要的核心利益诉求，是保持国家政治独立，实现经济社会文化等各项事业稳定繁荣，保证国内人民幸福安康的基本前提。新中国成立70年来，党和政府高度重视国家安全工作，准确把握国家安全形势的新特点和新趋势，顺应时代潮流，回应人民关切，不断丰富国家安全的内涵，采取有效措施应对国内外安全挑战，筑牢国家安全的铜墙铁壁，维护了国家安全和社会安定，保证了共和国各项事业不断取得胜利。

（一）坚定维护国家主权安全和领土完整

战争与革命是以毛泽东同志为核心的党的第一代领导集体面临的时代主题。这一时期，在国际上，美苏两个超级大国推行霸权扩张政策，战争的威胁迫在眉睫。20世纪五六十年代，美国妄图从朝鲜、台湾、越南三个方向“把三把尖刀插在中国的身上”，把战火引向中国边境，严重威胁中国的国家安全。20世纪50年代末至70年代末，苏联把与中国在意识形态上的分歧扩大到国家关系方面，撤走苏联援华专家，不断挑起中苏边境冲突，在中苏边境陈兵百万，支持越南侵略柬埔寨，出兵入侵阿富汗，中苏爆发大规模冲突的风险加剧。在国内，新中国成立之初，巩固新生的人民政权任务艰巨，旧政权遗留的反革命残余势力不断从事破坏活动，妄图颠覆新生的人民政权，严重危害人民与国家利益，台湾国民党当局在美帝国主义的支持下伺机反攻大陆。面对严峻的国内外安全形势，以毛泽东同志为核心的第一代中央领导集体，把国家主权安全和领土完整作为维护国家安全的首要任务。

第一，打赢边境保卫战争，捍卫国家主权独立和领土完整。1950 年 6 月，朝鲜战争爆发，美国武装入侵朝鲜，把战火引向中国边境，并派第七舰队进入中国台湾海峡，严重威胁中国的国家主权。中共中央和中国政府经过慎重考虑，作出了应朝鲜民主主义人民共和国的请求，实行抗美援朝、保家卫国的战略决策。“打得一拳开，免得百拳来”，经过两年多的抗美援朝战争，美国侵略者妄图占领全朝鲜并进一步侵略扩张的企图被彻底打破，新中国的安全得到了有力保障。毛泽东指出：“任何地方我们都不去侵略，但是，人家侵略来了，我们就一定要打，而且要打到底。”中国是这样说的，也是这样做的。20 世纪 60 年代，面对印度和苏联对中国领土的侵犯，中国都给予了坚决反击，捍卫了国家主权和民族尊严。面对可能爆发的战争危险，“准备打仗”成为维护国家安全的重要立足点，1969 年 11 月 5 日，《人民日报》发表《注意工作方法》一文，指出“一切工作都要从‘备战、备荒、为人民’这个战略思想出发，用这个观点观察一切、检查一切、落实一切”。台湾问题是中国内政，新中国成立后，我们提出“一定要解放台湾”的任务，从 1953 年年初起，不断对金门、马祖进行炮击，坚决挫败美国制造“两个中国”“一中一台”的阴谋。

第二，巩固政权稳固，建立社会主义基本制度。巩固新生人民政权的斗争，首要任务是建立和稳定社会经济秩序，维护人民群众生命财产安全，为恢复和发展生产事业提供安定的社会环境。《中国人民政治协商会议共同纲领》明确规定，中华人民共和国必须镇压一切反革命活动，严厉惩罚一切勾结帝国主义，背叛祖国，反对人民民主事业的国民党反革命战争罪犯和其他怙恶不悛的反革命分子。新中国成立之初，国民党遗留的大批匪特以及大量的恶霸分子和反动会道门头子，以各种形式破坏和捣乱，妄图颠覆人民政权，严重威胁人民政权的巩固和人民生命财产安全。1950 年 6 月，毛泽东强调，“必须坚决地肃清一切危害人民的土匪、特务、恶霸及其他反革命分子”。通过党委领导、群众动员、各界人士参加，镇压反革命运动实现了“打得稳，打得准，打得狠”，到 1952 年年底，基本上肃清了国民党反动派在大陆上残留下的各种反革命分子，新生的人民政权得到巩固。

第三，加强党的建设，注重防范“和平演变”。保持人民政权自身的纯洁性对于维护国家安全至关重要，在党的七届二中全会上，毛泽东便告诫全党：“务必使同志们继续地保持谦虚、谨慎、不骄、不躁的作风，务必使同志们继续地保持艰苦奋斗的作风。”新中国成立之后，为维护国家政权安全，党和政府在坚决镇压敌对势力的同时，高度重视反腐败斗争。1951 年 12 月 1 日，中共中央作出《关于实行精兵简政、增产节约、反对贪污、反对浪费、反对官僚主义的决定》，指出党的七届二中全会提出的防止和克服资产阶级思想腐蚀是正确的，“现在是切实执行这一方针的时候了，否则就会犯大错误”。在之后关于开展“三反”运动的指示中，毛泽东强调，“应把反贪污、反浪费、反官僚主义的斗争看作同镇压反革命的斗争一样的重要”，开展“三反”运动，有效抵制了旧社会遗留的恶习和资产阶级的腐蚀，树立了国家工作人员廉洁、朴素、为民的工作作风。注重意识形态领域的斗争，坚决抵御帝国主义的“和平演变”，对于维护国家政权稳定意义重大。1958 年，美国总统杜勒斯扬言要用“和平方法”颠覆中国社会主义制度，毛泽东对和平演变的目的、方式方法进行了深入的分析，要求全党特别是党的高级干部要警惕和平演变战略。针对美国等西方资本主义国家妄图通过对第三代、第四代进行和平演变，颠覆中国国家制度的图谋，毛泽东提出要培养千百万可靠的革命事业接班人，保证中国的社会主义事业永不变色。

（二）不断丰富完善国家安全内涵和体系

改革开放以来，中国经济社会快速发展，世界格局也不断发生深刻变化，影响中国国家安全的因素不断变化，中国国家安全体系的领域范围不断扩充。历届党的领导集体与时俱进，及时调整对国内外安全形势的判断，不断丰富国家安全观念内涵，不断健全国家安全体系建设，构筑了维护中国国家安全的铜墙铁壁。

和平与发展是以邓小平同志为核心的党的第二代领导集体面临的时代主题。党的十一届三中全会作出了把党和国家工作重心转移到经济建设上来、实行改革开放的重大历史性决策。以邓小平同志为核心的党的第二代领导集体把经济建设作为解决国际国内问题的基础，形成了涵盖经济、政治、军事的综合安全观。第一，经济建设是维护国家安全的可靠保障。随着世界经济的发展和科学技术的日新月异，国家之间的竞争转变为以经济和科技实力为基础的综合国力的竞争。只有发展经济，增强国家的经济和科技实力，解放和发展生产力，不断改善人民生活水平，中国的社会主义政治制度和经济制度才能显示出比资本主义更加优越的属性，中国的政治安全才能得到可靠的保证。同时，只有中国的经济实现较快的增长，世界和平的力量才会得以增强，中国才能顶住霸权主义、强权政治的压力，维护社会主义制度。第二，维护国家利益和主权始终放在第一位。霸权主义的争夺是威胁世界安全稳定的根源，在维护国家安全的斗争中，中国把“反对霸权主义，维护世界和平”确立为20世纪80年代的主要任务之一，谁搞霸权就反对谁，不以意识形态画线，以维护国家利益为最高准则来处理国际和地区问题。建设现代化、正规化的人民军队和现代化的国防，坚决捍卫国家主权的完整，对于侵犯中国主权安全的行为给予坚决反击。在维护国家主权的基础上，根据新情况、新问题，我国提出解决国际争端的新办法，采用“搁置争议、共同开发”的方式处理周边领土争端。第三，高度重视维护国家政治安全。坚持社会主义道路，坚持人民民主专政，坚持中国共产党的领导，坚持马列主义、毛泽东思想，这四项基本原则是中国社会主义建设事业取得胜利的根本政治保证。邓小平指出：“不安定，政治动乱，就不可能从事社会主义建设，一切都谈不上。”因此，“一切反对、妨碍我们走社会主义道路的东西都要排除，一切导致中国混乱甚至动乱的因素都要排除。”在意识形态领域，坚决抵御西方国家对中国的“和平演变”，旗帜鲜明地反对资产阶级自由化，重视进行精神文明建设，培养有理想、讲道德、有文化、守纪律的民众和社会主义接班人。

冷战结束后，国际局势发生重大而深刻的调整，影响中国国家安全的因素日益多元化。一方面，和平与发展仍是时代的主题，世界多极化和经济全球化深入发展，科技进步日新月异，国际经济竞争日趋激烈，中国仍处于大有可为的战略机遇期。另一方面，霸权主义和强权政治依然存在，民族、宗教、领土等因素而引发的局部冲突时起时伏，西方一些国家妄图通过和平演变颠覆中国社会制度的图谋依然存在。在国内，随着改革开放的深入和经济关系的调整，经济和社会生活中的各种矛盾出现了不少新情况和新变化，其中一些涉及群众切身利益的矛盾比较突出。“台独”分子妄图把台湾从中国分离出去，严重威胁国家的主权安全。面对纷繁复杂的国内外安全形势，以江泽民同志为核心的党的第三代领导集体提出，国家安全不仅仅是传统的军事和政治上的安全，而应是包括经济、文化等在内的综合安全。一是把经济安全提升到影响政权生存的高度，提出“经济能不能加快发展，不仅是重大的经济问题，而且是重大的政治问题”，强调积极参与国际经济竞争，提高中国经济的国际竞争力，在国际经济的激烈竞争中不断增强综合国力。二是提出互信、互利、平等、合作的国际安全观，强调互利合作，共同繁荣，是维护和平的经济保障。三是正确处理改革、发展、稳定的关系，保持稳定的政治环境和社会秩序。四是主动占领思想文化阵地，维护国家文化安全。

进入 21 世纪，世界正在发生深刻而广泛的变化，中国也正在发生深刻而广泛的变革，中国的国家安全与世界更加紧密地联系在一起。在国际上，和平与发展仍然是时代主题，求和平、谋发展、促合作已经成为不可阻挡的时代潮流。世界多极化不可逆转，经济全球化深入发展，科技革命加速推进，全球和区域合作方兴未艾，国与国相互依存日益紧密，国际力量对比朝着有利于维护世界和平的方向发展，国际形势总体稳定。但同时，霸权主义和强权政治依然存在，局部冲突和热点问题此起彼伏，全球经济失衡加剧，南北差距拉大，传统安全威胁和非传统安全威胁相互交织，世界和平与发展面临诸多难题和挑战。在国内，随着经济的发展和社会转型的加剧，地区差距、城乡差距、收入差距等矛盾开始凸显。面对多维度、多层次的国内外安全局势，以胡锦涛同志为总书记的党中央在继承和发展以往国家安全观念的基础上，以"和谐世界"和"和谐社会"理念统领国家安全建设，丰富国家安全观念内涵。一是提出建设持久和平、共同繁荣的和谐世界，既维护本国的安全，又尊重别国安全关切，共同分享发展机遇，共同应对各种挑战，促进人类共同安全。二是推动建设和谐社会，把改革的力度、发展的速度和社会可承受的程度统一起来，维护社会安定团结，以改革促进和谐，以发展巩固和谐，以稳定保障和谐，确保人民安居乐业、社会安定有序、国家长治久安。三是把维护国家主权和安全放在第一位，加快推进中国特色军事变革，加快军队全面建设，提高军队应对多种安全威胁、完成多样化军事任务的能力，坚决维护国家主权、安全、领土完整。四是加强社会主义核心价值体系建设，培育和弘扬民族精神。五是树立综合安全观念，放眼长远，统筹兼顾，除军事安全、政治安全外，更加关注经济安全、文化安全、粮食安全、生态安全、能源安全、公共卫生安全、人的安全等各领域的综合安全。

（三）贯彻落实总体国家安全观

"安而不忘危，存而不忘亡，治而不忘乱。"维护国家安全和社会稳定，对全面深化改革、实现"两个一百年"奋斗目标、实现中华民族伟大复兴的中国梦都具有十分重要的意义。党的十八大以来，习近平总书记科学判断国内外安全形势，创造性地提出总体国家安全观的系统思想，为维护国家安全提供了行动纲领和科学指南。

党的十八大以来，中国国家安全和社会安定面临的威胁和挑战增多，特别是各种威胁和挑战联动效应明显。我国面临对外维护国家主权、安全、发展利益，对内维护政治安全和稳定的双重压力，各种可以预见和难以预见的风险因素明显增多。世界处于大发展大变革大调整时期，世界多极化、经济全球化、国际关系民主化的大方向没有变，和平与发展仍是当今世界的时代主题。社会信息化、文化多样化深入发展，国家之间的联系和依存日益加深，中国仍处于发展的重要战略机遇期。同时，世界面临的不确定性上升，世界经济增长动力不足，贫富差距进一步拉大，地区冲突频繁发生，恐怖主义、网络安全、环境污染、难民潮等全球性挑战此起彼伏，中国的安全与世界更加紧密地联结在一起。从国内来看，经济社会发展仍面临诸多困难和挑战，发展不平衡不充分的一些突出问题尚未解决，国家安全面临新的情况，风险挑战依然十分严峻。党和国家推进具有新的历史特点的伟大斗争、党的建设新的伟大工程、中国特色社会主义伟大事业，时刻面对各种风险考验和重大挑战。

2014 年 4 月 15 日，习近平总书记在主持召开中央国家安全委员会第一次全体会议时提出总体国家安全观。他指出，当前我国国家安全内涵和外延比历史上任何时候都要丰富，时空领域比历史上任何时候都要宽广，内外因素比历史上任何时候都要复杂，必须坚持总体国家安全观，以人民安全为宗旨，以政治安全为根本，以经济安全为基础，以军事、文化、社会安全为保障，以促进国际安全为依托，走出一条中国特色国家安全道路。

“明者防祸于未萌，智者图患于将来。”总体国家安全观以全球思维谋篇布局，统筹发展和安全的关系，打通国内安全与国际安全的障碍壁垒，拓宽影响国家安全的领域范围，通盘考虑传统安全与非传统安全，注重顶层设计，把防范风险摆在突出位置，未雨绸缪、见微知著、防微杜渐、下好先手棋、打好主动仗，立足国际秩序大变局来把握维护国家安全规律，立足防范风险的大前提来统筹维护国家安全，立足我国发展重要战略机遇期大背景来谋划维护国家安全，构筑了全面、辩证、系统的国家安全理论体系，为维护国家安全提供了有力的思想武器，从源头上把维护国家安全的战略主动权牢牢掌握在自己手中。

党的十九大把总体国家安全观纳入新时代坚持和发展中国特色社会主义的基本方略，并写入党章。党的十九大报告强调，坚持总体国家安全观，必须坚持国家利益至上，以人民安全为宗旨，以政治安全为根本，统筹外部安全和内部安全、国土安全和国民安全、传统安全和非传统安全、自身安全和共同安全，完善国家安全制度体系，加强国家安全能力建设，坚决维护国家主权、安全、发展利益。

第一，坚持统筹发展和安全两件大事，既要善于运用发展成果夯实国家安全的实力基础，又要善于塑造有利于经济社会发展的安全环境。发展是安全的基础，安全是发展的保障。解决中国的一切问题，最关键的是要靠自身经济社会的不断发展。只有实现经济社会的可持续发展，才能提高国家的综合国力，增强抵御国内外重大风险的能力。维护国家安全，根本上是为了发展经济，更好地满足人民对美好生活的向往。塑造有利于经济社会发展的安全环境，可以保证国家经济社会发展不受侵害，促进经济社会持续健康稳定发展。

第二，坚持人民安全、政治安全、国家利益至上的有机统一。人民安全是国家安全的宗旨，政治安全是国家安全的根本，国家利益至上是国家安全的准则，坚持这三个方面，才能实现人民安居乐业、党的长期执政、国家长治久安。人民安全为宗旨就是要以人民为中心，维护国家安全一切为了人民，一切依靠人民，保障人民的生命财产和其他合法权益，为人民创造良好生存发展条件和安定生活环境。以政治安全为根本，就是要坚持党的领导和中国特色社会主义制度不动摇，把制度安全、政权安全放在首要位置，为国家安全提供根本政治保证。以国家利益至上为准则，就是要把维护国家利益特别是核心利益作为维护国家安全的出发点。习近平总书记强调："任何外国不要指望我们会拿自己的核心利益做交易，不要指望我们会吞下损害我国主权、安全、发展利益的苦果。"

第三，坚持立足于防，又有效处置风险。凡事预则立，不预则废。坚持立足于防，就是要加强顶层设计，树立国家安全意识，构筑国家安全体系，分析预判影响国家安全的国内外因素，有效防范、管理、处理国家安全风险。有效处置风险，就是要有应对和化解风险挑战的高招，主动作为，打好化险为夷、转危为机的战略主动战。"备预不虞，为国常道。"我国的社会主义现代化建设越是取得成绩的时候，越是要有居安思危的忧患意识，绝不能犯战略性、颠覆性错误。

第四，坚持维护和塑造国家安全，塑造是更高层次更具前瞻性的维护，要发挥负责任大国作用，同世界各国一道，推动构建人类命运共同体。中国始终不渝维护和塑造国家安全，成立国家安全委员会，建立集中统一、高效权威的国家安全体制，加强对国家安全工作的领导。各地区建立健全党委统一领导的国家安全工作责任制，强化维护国家安全的责任。以综合国家安全观为指导，加快国家安全法治建设，通过《中华人民共和国国家安全法》《中华人民共和国反间谍法》《中华人民共和国反恐怖主义法》《中华人民共和国网络安全法（草案）》等综合性和专门性法律，为构建国家安全体系奠定了坚实的法律基础。致力于塑造国家安全战略体系，全面从严治党，防范金融风险，深化国防和军队改革，提高社会治理水平，坚持“一国两制”方针不动摇，多措并举更高层次更具前瞻性地维护国家安全。提出“一带一路”建设重大倡议，提出“人类命运共同体”理念，倡导建立“持久和平、普遍安全”的世界，维护和促进全人类的共同安全。

第五，坚持科学统筹，始终把国家安全置于中国特色社会主义事业全局中来把握，充分调动各方面积极性，形成维护国家安全合力。既重视外部安全，又重视内部安全，对内求发展、求变革、求稳定，建设平安中国，对外求和平、求合作、求共赢，建设和谐世界；既重视国土安全，又重视国民安全，坚持以民为本、以人为本，坚持国家安全一切为了人民、一切依靠人民，真正夯实国家安全的群众基础；既重视传统安全，又重视非传统安全，构建集政治安全、国土安全、军事安全、经济安全、文化安全、社会安全、科技安全、信息安全、生态安全、资源安全、核安全等于一体的国家安全体系；既重视发展问题，又重视安全问题，发展是安全的基础，安全是发展的条件，富国才能强兵，强兵才能卫国；既重视自身安全，又重视共同安全，打造命运共同体，推动各方朝着互利互惠、共同安全的目标相向而行。加强国家安全教育，增强全党全国人民国家安全意识，推动全社会形成维护国家安全的强大合力。

党的十九大报告指出，国家安全是安邦定国的重要基石，维护国家安全是全国各族人民根本利益所在。重点领域是维护国际安全的主阵地、主战场，习近平总书记强调，要突出抓好政治安全、国土安全、经济安全、社会安全、网络安全等方面安全工作，为聚焦重点、抓纲带目、落实部署国家安全工作提供了基本遵循。

政治安全是国家安全的根本，维护政治安全，就是要坚持中国共产党领导，坚持社会主义制度，坚持走中国特色社会主义道路。在意识形态领域，坚持马克思主义的指导地位，树立共产主义远大理想，培育和践行社会主义核心价值观，传承中华优秀传统文化，继承革命文化，发展社会主义先进文化，坚决防范和抵御“颜色革命”。

国土安全是立国之基。维护国土安全，要着力提升维护国土安全的能力，加强边防、海防、空防建设，有效塑造态势、管控危机，遏制战争、打赢战争。要坚持“一国两制”，推进祖国统一，保持香港、澳门繁荣稳定，绝不允许任何人、任何组织、任何政党在任何时候、以任何形式、把任何一块中国领土从中国分裂出去。要严密防范和坚决打击各种渗透颠覆破坏活动、暴力恐怖活动、民族分裂活动、宗教极端活动。

经济安全是国家安全的基础。维护经济安全，要坚定不移把发展作为党执政兴国的第一要务，坚持解放和发展社会生产力，坚持社会主义市场经济改革方向，防范化解金融风险，推动经济持续健康发展，切实解决核心技术受制于人的问题，增强粮食等资源安全保障能力。

社会安全是社会安定的风向标。维护社会安全，要以人民群众安全需求为导向，提高社会治理和公共服务水平。要大力推进平安中国建设，加强和创新社会治理，维护社会和谐稳定，确保国家长治久安、人民安居乐业。要完善立体化社会治安防控体系，建立健全反恐工作格局，使暴力恐怖分子成为“过街老鼠、人人喊打”。

网络安全是信息时代国家安全的战略基石。习近平总书记指出，没有网络安全就没有国家安全，网络空间，不应成为各国角力的战场，更不能成为违法犯罪的温床。要维护网络空间主权，强化关键信息基础设施保护，把网络空间安全融入立法，综合运用法律、技术、管理等手段维护网络空间安全。

70年来，面对波谲云诡的国际形势、复杂敏感的周边环境、艰巨繁重的改革发展稳定任务，一代又一代党的领导集体带领全国各族人民取得了维护国家安全的一个又一个胜利。当前，越来越多的人认为中国是世界上最安全的国家之一。中国的国家安全之所以能够得到有效保障，历史提供了重要启迪。

第一，坚持社会主义政治制度是国家安全能够得到有效保障的根基。中国共产党的领导地位和社会主义政治制度是历史和人民的选择，70年的历史证明，成功维护国家安全，防范重大风险，关键在于坚持党的领导，保持了稳定有序的政治秩序。基础不牢，地动山摇。没有中国共产党的坚强领导，没有稳定有序的政治秩序，一切领域的安全都无从谈起。中国共产党是维护国家安全事业的领导力量，通过进行党的建设，加强共产主义理想信念教育，保持了广大党员和各级政权的纯洁性，增强了驾驭安全风险的本领，为维护国家安全提供了有效的保障。

第二，深刻把握外部环境的深刻变化和我国改革发展稳定面临的新情况新问题新挑战，是国家安全得到有效保障的前提。70年来，世界形势不断发生变化，中国局势在不断发展，从纷繁复杂的矛盾中把握规律，用马克思主义的观点和方法分析预判存在的重大风险，未雨绸缪，提高风险化解能力，是党的历代领导集体形成正确国家安全观念，进而成功指导维护国家安全生动实践的重要法宝。

第三，坚持把维护国家安全和维护人民群众切身利益相结合，是国家安全能够得到有效保障的基石。习近平总书记指出："同人民风雨同舟、血脉相通、生死与共，是我们党战胜一切困难和风险的根本保证。""时代是出卷人，我们是答卷人，人民是阅卷人"，70年来，我国人民群众的获得感、安全感、幸福感不断得到提升。只有人民利益切实得到保障，社会治安环境不断得到改善，社会治理能力不断得到提升，才能从源头上防范和化解风险，提升维护社会稳定的能力和水平。

十四

征途如虹向未来

——为什么能够使国防和军队建设不断开创新局面

强国必须强军。历史经验表明，落后就要挨打，没有国防和军队现代化，就不会有国家的现代化，就不会有中华民族的伟大复兴。建设巩固的国防和强大的军队，是中华民族复兴的必然要求。新中国成立70年来，在中国共产党的正确领导下，国防和军队建设走过一段不平凡的历程，创造了举世瞩目的成就，积累了宝贵的经验。

（一）军队建设和军事思想与时俱进

1949年10月1日开国大典，阅兵式上参加受阅的部队有1个师又1个团的步兵、1个师的骑兵，战马达1978匹，还有少量的炮兵、装甲兵，这是当时人民军队的缩影。70年来，人民军队始终与共和国一同成长、一道前进，已经由过去单一军种的军队发展成为诸军兵种联合的强大军队，由过去“小米加步枪”武装起来的军队发展成为基本实现机械化、加快迈向信息化的强大军队。

1. 军事指导理论与时俱进

理论是实践的先导，思想是行动的指南。党的军事理论，既是国防和军队建设的重要内容，又是国防和军队建设的科学指引。70年来，我们党始终把马克思主义军事理论和中国军事实践发展相结合，不断推动党的军事指导理论与时俱进，极大地丰富了马克思主义军事思想宝库。

新中国成立后，毛泽东根据国际形势、我国基本国情和我军建设实际，对国防和军队建设提出了许多新的思想，进一步丰富和发展了在领导中国革命过程中形成的毛泽东军事思想。比如，提出建设强大的正规化现代化国防军和抵御外敌入侵的历史任务；领导制定保卫国家安全的积极防御的战略方针；提出自力更生建立独立完整的国防科研和国防工业体系，加强后备力量建设；提出坚持全心全意为人民服务的宗旨，发扬拥政爱民的优良传统；把握战争与和平的辩证关系，不怕战争，准备战争，更要和平，等等。新中国成立后，在毛泽东军事思想指导下，人民军队取得了抗美援朝战争和多次边境自卫防御作战的伟大胜利，捍卫了国家主权、安全和领土完整，为社会主义革命和建设创造了有利的和平环境。

进入改革开放新时期之后，邓小平以巨大的政治勇气和理论勇气创立了邓小平新时期军队建设思想。这一思想的主要内容包括：军队和国防建设指导思想实行战略性转变；军队要服从整个国家建设大局；军队要担当起维护国家主权和安全的历史责任，实行积极防御的军事战略方针，建设一支强大的现代化正规化的革命军队，始终不渝地坚持人民军队的性质，中心是解决现代化的问题，提高军队建设的正规化水平；要把教育训练提高到战略地位，坚定不移地走有中国特色的精兵之路；军队和国防建设是全党和全国人民的事业等。邓小平新时期军队建设思想，是对毛泽东军事思想尤其是毛泽东建军思想的继承和发展，是新时期军队建设和改革的基本遵循。

20 世纪 90 年代之后，江泽民在领导国防和军队建设的伟大实践中，深刻洞察和把握国内外形势的重大变化和世界新军事变革的发展趋势，对加强国防和军队建设提出了一系列新论断、新举措，形成了江泽民国防和军队建设思想。这一思想的主要内容包括：从国际战略全局和国家发展大局谋划国防和军队建设；解决好“打得赢、不变质”两个历史性课题；党对军队的绝对领导是我军永远不变的军魂；积极推进中国特色的军事变革；用新时期军事战略方针统揽军队建设全局；按照“五句话”总要求全面加强军队建设；始终把思想政治建设摆在军队各项建设的首位；实施科技强军战略，加强军队质量建设；培养和造就大批高素质的新型军事人才；加快武器装备现代化建设的步伐；走出一条投入较少、效益较高的军队现代化建设路子；坚持依法治军、从严治军；军队现代化建设动力在改革；依靠人民建设军队、建设国防等。江泽民国防和军队建设思想，是“三个代表”重要思想的重要组成部分，是毛泽东军事思想、邓小平新时期军队建设思想的继承和发展，进一步回答了新的历史条件下建设什么样的军队、怎样建设军队，未来打什么仗、怎样打仗的基本问题，是推进国防和军队建设的强大思想武器。

党的十六大以来，胡锦涛科学判断我军建设所处历史方位，准确把握国防和军队建设阶段性特征，提出了一系列紧密联系、相互贯通的新思想新观点新论断，形成了胡锦涛国防和军队建设思想。这一思想的主要内容包括：正确认识时代特征和国家安全形势的发展变化，在全面建设小康社会进程中实现富国和强军相统一，全面履行新世纪新阶段军队历史使命；在国防和军队建设中贯彻落实科学发展观，围绕“三个确保”时代课题加强军队思想政治建设；坚持不懈地拓展和深化军事斗争准备，加快转变战斗力生成模式；加快全面建设现代后勤，实现我军武器装备的自主发展、跨越发展、可持续发展，加紧培养大批高素质新型军事人才，把依法治军、从严治军作为全局性基础性长期性工作紧抓不放，积极稳妥进行国防和军队改革，提高军队党的建设科学化水平，紧紧依靠人民办国防等。胡锦涛国防和军队建设思想，是科学发展观的重要组成部分，是科学发展观在军事领域的运用和展开，是引领、推动国防和军队建设实践不断前进的强大思想武器。

党的十八大以来，习近平主席在领导强军兴军的伟大实践中，着眼于实现中华民族伟大复兴的中国梦，围绕新时代建设一支什么样的强大人民军队、怎样建设强大人民军队，深入进行理论探索和实践创造，创立了习近平强军思想。这一思想的主要内容包括：明确强国必须强军，巩固国防和强大人民军队是新时代坚持和发展中国特色社会主义、实现中华民族伟大复兴的战略支撑；明确党在新时代的强军目标是建设一支听党指挥、能打胜仗、作风优良的人民军队，必须同国家现代化进程相一致，力争到2035年基本实现国防和军队现代化，到21世纪中叶把人民军队全面建成世界一流军队；明确党对军队绝对领导是人民军队建军之本、强军之魂，必须全面贯彻党领导军队的一系列根本原则和制度，确保部队绝对忠诚、绝对纯洁、绝对可靠；明确军队是要准备打仗的，必须聚焦能打仗、打胜仗，创新发展军事战略指导，构建中国特色现代作战体系，全面提高新时代备战打仗能力，有效塑造态势、管控危机、遏制战争、打赢战争；明确作风优良是我军鲜明特色和政治优势，必须加强作风建设、纪律建设，坚定不移整风肃纪、反腐惩恶，大力弘扬我党我军光荣传统和优良作风，永葆人民军队性质、宗旨、本色；明确推进强军事业必须坚持政治建军、改革强军、科技兴军、依法治军，更加注重聚焦实战、更加注重创新驱动、更加注重体系建设、更加注重集约高效、更加注重军民融合，全面提高革命化现代化正规化水平；明确改革是强军的必由之路，必须推进军队组织形态现代化，构建中国特色现代军事力量体系，完善和发展中国特色社会主义军事制度。只有深化改革，才能赢得主动、赢得优势、赢得未来、赢得胜利；明确创新是引领发展的第一动力，必须坚持向科技创新要战斗力，统筹推进军事理论、技术、组织、管理、文化等各方面创新，建设创新型人民军队；明确现代化军队必须构建中国特色军事法治体系，推动治军方式根本性转变，提高国防和军队建设法治化水平；明确军民融合发展是兴国之举、强军之策，必须坚持发展和安全兼顾、富国和强军统一，形成全要素、多领域、高效益军民融合深度发展格局，构建一体化的国家战略体系和能力。习近平强军思想是马克思主义军事理论中国化的新飞跃，是习近平新时代中国特色社会主义思想的“军事篇”，是新时代强军兴军的思想武器。党的十八大以来，强军事业取得历史性成就、发生历史性变革，根本在于习近平总书记这个党中央的核心、全党的核心和军队统帅的坚强领导，在于习近平强军思想的科学指引。

2. 思想政治建设不断加强

政治工作是我军的看家本领，是我军的最大特色、最大优势，永远是我军的生命线。习近平深刻指出："坚持从思想上政治上建设部队，是我军建设的一条基本原则，是能打仗、打胜仗的政治保证。"我军政治工作萌芽于大革命时期，创立于建军之初，奠基于古田会议。回过头来看，正是古田会议奠基的政治工作对我军发展起到了决定性作用，使我们这支军队实现了浴火重生、凤凰涅槃。从那以后，在党的领导下，我军由小到大、由弱到强，不断从胜利走向胜利。新中国成立 70 年来，我军继承和发扬政治工作优良传统，始终把思想政治建设摆在各项工作的首位，坚持党对军队绝对领导的根本原则和人民军队的根本宗旨，坚持用党的科学理论武装官兵，坚决贯彻党的路线方针政策，始终保持了正确政治方向。

新中国成立初期，人民军队思想政治工作在各项任务极其繁重的条件下逐步展开。1954 年 4 月 15 日，中共中央、人民革命军事委员会颁布《中国人民解放军政治工作条例（草案）》，对军队政治工作的性质、任务、职责、组织形式、工作作风以及各方面的关系作了明确规定，为我军开展政治工作提供了指导。"文化大革命"结束后，我军政治工作重新走上了正确的发展轨道。1987 年 1 月，中央军委作出《关于新时期军队政治工作的决定》，为加强和改进新时期我军政治工作提供了重要依据，有力促进了军队政治工作和精神文明建设。随着改革开放的深入和社会主义市场经济的发展，我军建设所处的历史条件发生了重大而深刻的变化，如何确保部队打得赢、不变质成为历史性课题。1999 年 7 月，全军政治工作会议专门讨论通过了《关于改革开放和发展社会主义市场经济条件下军队思想政治建设若干问题的决定》，指出军队思想政治建设使命是为"打得赢"提供强大的精神动力，为"不变质"提供可靠的政治保证。2008 年 12 月，胡锦涛提出要大力培育当代革命军人核心价值观，并随后在全军广泛开展培育当代革命军人核心价值观主题教育活动，对于始终保持我军性质、本色和作风，促进官兵全面发展和履行使命，具有十分重要的意义。

党的十八大以来，习近平牢牢把握我军生存发展的政治命脉，多次强调要从思想上政治上建设和掌握部队。2014 年召开的全军政治工作会议，深刻阐明了新的历史条件下党从思想上政治上建设军队的重大问题，确立了党在强国强军进程中政治建军的大方略，承前启后、继往开来，把我军政治工作的理论和实践提升到新境界、推向了新舞台。习近平亲自提议这次会议在福建古田召开，就是要重温历史、追根溯源。为贯彻落实会议精神的“下篇文章”，中央军委制定《贯彻落实全军政治工作会议精神总体部署方案》、建立贯彻落实会议精神协调督导工作机制、成立领导小组等，不断推动了新时代全军政治工作。

3. 军事训练实战化水平不断提高

军事训练是部队的经常性中心工作，是提高实战能力的重要途径和抓手，也是最直接的军事斗争准备。70 年来，我军坚持把实战化军事训练摆在战略位置，积极适应军队体制编制、武器装备、教育训练环境的变化以及现代战争的发展，逐步形成了结构合理、功能健全、富有我军特色的军事训练体制，军事训练实战化水平不断提高，部队战斗力不断增强，为完成党和人民交给的任务奠定了坚实的基础。

革命战争年代，人民军队就利用战斗间隙开展以军事、政治整训为主要内容的训练。新中国成立后不久，中央军委确定使我军由战争年代训练不正规的状态转入正规化训练，并全面展开了一系列正规化训练的准备工作，并举行多次军事演习。1955 年 11 月在辽东半岛举行的抗登陆战役演习，充分展现了我军的作战能力。1957 年出现了全军性的训练热潮，正规化训练取得显著成效。1962 年中央军委发出“备战整军，增加全训师，大搞训练”的指示，全军开展了群众性大练兵活动。1964 年各总部和各大军区、各军兵种都组织了大比武，毛泽东亲自观看了北京军区和济南军区尖子部队的表演。

“文化大革命”结束后，在邓小平的提议下，1977 年 9 月中央军委成立了中央军委教育训练委员会，负责全军军事训练的宏观指导，调查研究军事训练中的重大问题并向军委提出决策建议，检查督促军事训练的落实。针对部队训练中存在的缺乏合成问题，邓小平强调提高现代条件下诸军兵种协同作战能力训练。1986 年年底，各部队教导机构扩大了训练新兵的容量，基本上解决了专业兵教导机构不足的矛盾，改善了多年来新老兵混编混训，训练效率不高的状况。

20 世纪 90 年代之后，随着体制编制改革的进一步深化，我军逐步形成了在中央军委统一领导下，分级管理、按级负责、统管与分管相结合的军事训练组织领导体制。为提高联合作战能力，全军部分地区利用部队驻地相邻、任务相近的有利条件，尝试打破军种界线，通过相互配合、优势互补、形式多样的区域协作，实现了三军的联合训练。1995 年下半年至 1996 年 3 月，人民解放军在东南沿海进行的一系列大规模联合军事演习，充分显示了高技术条件下的整体作战能力和维护国家主权领土完整的坚强决心。2000 年我军举行了继 1964 年全军大比武以后规模最大的实兵演练“砺剑 2000”。2004 年开始，我军进一步扩大了军事训练区域协作试点，全军共成立了 9 个军事训练协作区，参与区域协作的单位越来越多，范围越来越大，我军联合训练进入一个崭新的阶段。2006 年 6 月，胡锦涛在全军军事训练会议上要求，全军要更加自觉主动地推进机械化条件下军事训练向信息化条件下军事训练转变，通过大抓军事训练推动我军全面建设又好又快地发展。此后，各军兵种着力强化对抗性检验性演习演练，组织实兵对抗、网上对抗和计算机模拟对抗等演习，增强训练的针对性、实效性。

强军务必兴训，兴训才能强军。作为战争的预实践，军事训练离实战越近，离打赢就越近。党的十八大以来，习近平高度重视实战化军事训练，提出一系列指示要求，作出一系列决策部署，推动一系列法规制度出台，亲自参加和领导指挥重大演训活动，反复强调军事训练就要抓实战化，多次严肃指出训练与实战不符的问题，要求一切工作都必须坚持战斗力标准，全军打仗思想、战备观念日益牢固，战斗队思想逐步确立，实战化训练水平明显提高，实战化能力显著提升。中央军委颁发实施《关于提高军事训练实战化水平的意见》《中国人民解放军军事训练条例（试行）》《中国人民解放军军事训练监察条例（试行）》等，全军开展“战斗力标准大讨论”“和平积弊大起底大扫除”等活动，军委机关专门调整组建了军委训练管理部。2018 年 1 月 3 日，习近平以最高统帅身份在开训动员大会上向全军发布训令，这是中央军委首次统一组织全军开训动员，是人民军队加强新时代练兵备战的一次崭新亮相。近年来，我军进行的“跨越”“联合”“红剑”“砺剑”“卫士”等实兵演习，力度之大、标准之高、要求之严前所未有。

4. 体制编制不断调整优化

改革是决定当代中国命运的关键一招，也是决定我军发展壮大、制胜未来的关键一招。70 年来，我军不断进行领导体制和组织编制调整改革，不断推动国防和军队建设向前发展。

新中国成立初期，全军员额达 550 万，军费开支巨大。随着战争在大陆基本结束，我们着手对部队进行精简整编。1952 年 10 月底，全军员额减少到 420 万左右。1955 年年底，全军员额（包括公安部队）减少到 350 万。根据中共中央、中央军委对全国战略区的划分，改变原按大行政区设立的东北、华北、华东、中南、西南、西北六大军区，建立沈阳、北京、济南、南京、广州、武汉、昆明、成都、兰州、新疆、西藏和内蒙古 12 大军区。1956 年又将福建、江西两个省军区划出，组建福州军区。20 世纪 60 年代后期，又调整为 11 大军区。新中国成立后，中央人民政府人民革命军事委员会统一领导全国武装力量。1954 年通过的《中华人民共和国宪法》改由中华人民共和国主席统帅全国武装力量，国家设立国防委员会，国务院成立国防部，并重新成立中共中央军事委员会，在中央军委领导下成立除总参谋部、总政治部、总后勤部外，先后又成立总干部部、总军械部、训练总监部、武装力量监察部和总财务部。后来，八总部体制暴露出机构臃肿、政出多门等问题，1957 年后，中央军队又恢复了传统的三总部体制，逐步形成了适应军队特点的领导管理体制和指挥体制。在军种建设方面，组建海军、空军、防空军、公安军等新军种，组建炮兵、装甲兵、工兵、铁道兵、通信兵、防化兵等兵种。到 1953 年，人民军队已经发展成为一支兵种比较齐全的合成部队。在部队正规化方面，1955 年开始实行薪金制、军衔制、义务兵役制等。1955 年 9 月，授予朱德等 10 名元帅，粟裕等 10 名大将军衔。新中国成立初期的编制体制调整改革，在我军历史上具有奠基意义。

从 20 世纪 50 年代后期开始，中苏关系恶化，中国安全形势十分严峻，毛泽东强调要加强战备，提出“备战、备荒、为人民”“要准备打仗”，立足于战争、立足于“早打、大打、打核战争”，军队员额也开始增加，高峰时达600多万。人员过多，军费中相当一部分花在人员的穿衣吃饭上，不仅影响了武器装备更新，妨碍了军队现代化进程，而且还导致机构重叠，人浮于事，指挥不灵，效率不高。改革开放之后，我军进行了以消肿为重点的编制体制调整。1982年撤销基建工程兵和铁道兵，将其所属部队集体转业到国家有关部门从事经济建设；同时成立武装警察部队，将解放军序列中担负内卫任务的部队划归武警。1985年5月至6月召开的中央军委扩大会议宣告裁军100万，并根据此次会议精神，全国11个大军区调整为7个。通过精简调整，全军减少军级以上单位30多个，总员额减少了一半以上，压缩到300万人的规模。这些改革顺应和平与发展的时代主题，适应党和国家工作重点转移，开创了“精兵、合成、高效”的发展道路。

1991年爆发的海湾战争，标志着信息化战争时代的到来。中央军委决定将军事斗争准备的基点放到打赢现代技术特别是高技术局部战争上，提出军队建设由数量规模型向质量效能型、人力密集型向科技密集型转变。中央军委在完成裁军100万的基础上，再裁军50万。1998年成立总装备部，集中统一领导全军装备工作，改变了我军延续数十年之久的三总部体制。进入21世纪之后，中央军委把军事斗争准备的基点调整为立足打赢信息化条件下的局部战争，引领军队改革进一步向信息化聚焦，向提高基于信息系统的体系作战能力聚焦。从2003年起，军队体制编制改革主要是压规模、调结构，在上次裁军50万的基础上再裁减员额20万。通过调整改革，我军在压缩规模、优化结构、理顺关系、提高质量上取得了明显成效。

党的十八大以来，习近平对国防和军队改革高度重视，把深化国防和军队改革纳入全面深化改革的总盘子，亲自决策成立军委深化国防和军队改革领导小组并担任组长，对国防和军队改革实施了及时有力的坚强领导和正确指导。2015年9月3日，习近平在中国人民抗日战争暨世界反法西斯战争胜利70周年纪念大会上宣布，中国将裁减军队员额30万。2017年年底基本完成裁减任务，我军现有员额200万。按照中央军委统一部署，将军委机关由四总部改为十五个职能部门，把七大军区调整划设为东部、南部、西部、北部、中部五大战区，组建陆军领导机构，健全军兵种领导管理体制，成立火箭军，打破了长期实行的总部体制、大军区体制、大陆军体制，形成了军委管总、战区主战、军种主建的格局。现在，我军已经形成“军委—战区—部队”的作战指挥体系和“军委—军种—部队”的领导管理体系，立起人民军队新体制的“四梁八柱”。这次改革规模之大，幅度之深，内容之广，是前所未有的，是自新中国成立以来最大力度的改革。调整之后，我军规模更加精干，结构更加优化，编成更加科学，正不断朝着精干、高效的现代化精兵之路砥砺前行。

5. 武器装备不断升级换代

武器装备与军队的战斗力息息相关。国防科技和武器装备是国防和军队现代化水平的重要标志，是遏制和打赢战争的重要物质技术基础。70 年来，党中央和中央军委非常重视国防科技和武器装备的现代化，不断增加对国防科技和武器装备建设的投入，推动我军武器装备水平不断提升。

新中国成立初期，我军陆军装备大多是从敌人手中缴获的“杂牌”，海、空军装备数量很少，性能也很落后。新中国成立后，为快速提升我军武器装备水平，1951 年 1 月中央军委决定成立兵工委员会，负责兵工生产建设。1952 年 8 月成立主管国防工业的第二机械工业部，归口管理兵器、坦克、航空、电信工业，对国防工业实行集中统一管理，开始组织国防工业的建设工作。1954 年周恩来在第一届全国人民代表大会的政府工作报告中提出建设现代化国防的号召。在新中国成立初期相当落后的情况下，我们排除各种困难和阻力作出发展原子能事业、研究原子弹的决定。1955 年 3 月，毛泽东在党的全国代表会议上宣布，中国进入“开始要钻原子能这样的历史的新时期”。1964 年 10 月 16 日，中国第一颗原子弹爆炸成功；1967 年 6 月 17 日，中国第一颗氢弹试验成功；1970 年 4 月 24 日，中国第一颗人造卫星遨游太空。“两弹一星”等武器装备的研制成功，极大地增强了我国的国防实力，提高了我国的国际威望和地位。邓小平曾说，如果没有“两弹一星”，中国就不能叫有重要影响的大国，就没有现在这样的国际地位。1966 年 7 月 1 日，一支掌握现代化尖端武器的新型部队——第二炮兵正式组建，极大提升了我军的战略威慑力。

改革开放之后，邓小平旗帜鲜明地提出科学技术是第一生产力，也是重要战斗力，并亲自领导制订发展高技术的“863 计划”，使我军武器装备建设走上了科技主导的发展道路。1982 年 7 月，组建国防科学技术工业委员会，成为受中央军委和国务院双重管理，负责全军武器装备研制、试验、生产的领导协调机关。20 世纪 90 年代，江泽民明确提出科技强军战略，领导实施“高技术工程”，促进了我军装备现代化建设的快速发展。进入 21 世纪之后，胡锦涛强调要坚持科技强军，按照建设信息化军队、打赢信息化战争的战略目标，提高武器装备研制的自主创新能力和质量效益，推动武器装备的自主式发展、跨越式发展、可持续发展。

党的十八大以来，党中央和中央军委紧紧抓住世界科技革命、产业革命、军事革命的机遇，立足国情军情实际，加速推进科技兴军步伐，一大批“杀手锏”装备和信息化作战平台、电子对抗装备相继列装，武器装备体系建设实现整体跨越。天河二号超级计算机、北斗二号卫星工程、舰船新型集成化发电技术、舰船综合电力技术、网络通信与交换技术等军队系统科技创新成果，提高了科技对战斗力的贡献率。自主设计建造的航母顺利出坞下水，新型驱逐舰、核潜艇等大国重器捷报频传；歼-20、运-20 等一批先进武器装备列装部队；中国东风系列战略导弹惊艳亮相，一系列适应信息化条件下的高新技术武器装备发展“弯道超车”，不少装备的性能达到或接近世界先进水平。

（二）坚决履行使命

70 年来，我军在党的军事创新理论指引下，坚持走中国特色强军之路，履行使命任务能力不断提高，出色地完成了对敌作战、进驻港澳、抢险救灾、防暴维稳、海外维和等多样化军事任务，为捍卫国家主权、安全、领土完整，为我国社会主义建设和改革开放事业建立了卓著功勋。

1. 防卫作战能力大幅跃升

中国武装力量的根本任务，是巩固国防、抵抗侵略、保卫祖国。新中国成立后第二年朝鲜战争爆发，美军飞机不断侵入我国领空，侦察兵对我境内目标进行轰炸和扫射，造成我国财产损失和人员伤亡。为保家卫国，1950年10月19日中国人民志愿军跨过鸭绿江，进入朝鲜战场，进行伟大的抗美援朝战争。经过3年多的作战，美国被迫在朝鲜停战协定上签字。我军以比较落后的武器装备硬是打败了拥有世界上最先进武器装备的美军，打出了国威军威，打出了新中国的安全。新中国成立以来，我们始终把军事训练摆在战略地位，不断提高武器装备水平，不断增强官兵能力素质，不断推进国防现代化水平，防卫作战能力得到大幅跃升，不仅在多次边境自卫反击战中得到检验，而且在实战化演习中得到体现。1997年7月1日香港回归祖国，1999年12月20日澳门回归祖国。我军部队奉命进驻香港、澳门，依法履行防务职责，展现了威武之师、文明之师、胜利之师的形象。党的十八大以来，我军开展钓鱼岛维权斗争，划设东海防空识别区，组织海空力量出岛链常态巡航和抢险救灾、国际维和，实施海外护航撤侨行动等，有效维护了国家主权、安全、发展利益，充分展示了强大的防卫作战能力，增强了民族自信心自豪感，提升了国民的安全感。当前，中国特色现代军事力量体系不断完善，陆军实现区域防卫型向全域机动型转变，海军逐步实现近海防御型向近海防御与远海护卫型结合转变，空军加快实现由国土防空型向空防兼备型转变，火箭军加快推进信息化转型，武警部队反恐、维稳、处突能力全面提高，我军联合作战能力不断增强，为保卫祖国、保卫人民和平生活提供了坚强后盾。

2. 抢险救灾能力不断增强

中国是世界上自然灾害最为严重的国家之一，灾害种类多，分布地域广，发生频率高，给国家经济建设和人民群众生命财产安全带来严重危害。防御、战胜自然灾害，保护人民的生命财产安全，是中国共产党的重要责任，也是人民军队的重要使命。新中国成立以来，党中央、中央军委非常重视军队在抢险救灾中的作用，作出了一系列制度规定。1950年中央军委和总参谋部作出全军部队抢险救灾工作的指示规定，部队一旦遇到防汛、灭火、抗震等紧急情况需立即出动，边行动边报告。这是我军第一个关于抢险救灾工作的原则。2005 年国务院、中央军委颁布施行的《军队参加抢险救灾条例》，是新中国成立以来第一部规范军队参加抢险救灾行动的法规性文件，明确了军队和地方在抢险救灾中的权利和义务，使抢险救灾走上法制化的轨道。2006 年经中央军委批准，《军队处置突发事件总体应急预案》下发全军和武警部队。在党中央、中央军委领导下，我军执行各种抢险救灾急难险重任务冲锋在前，勇挑重担，赴汤蹈火，英勇善战，谱写了一部抢险救灾的英雄史诗，特别是在 1976 年抗击唐山特大地震灾害、1987 年扑灭大兴安岭森林火灾、1998 年抗洪抢险、2003 年抗击非典、2008 年抗击南方低温雨雪冰冻灾害和四川汶川特大地震灾害、2013 年抗击四川芦山地震灾害中都充分发挥了主力军和突击队作用。随着各种制度机制的不断完善、救灾设备越来越先进，我军在急难险重任务的磨砺中，抢险救灾能力不断增强。比如，在 2008 年汶川地震发生后 10 分钟，成都军区就成立了抗震救灾指挥部，第二天全军抗震救灾最高领导机构“军队抗震救灾指挥组”成立。此次救灾行动与以往相比，运用了大量高技术手段，如各种类型的卫星及其相关设备、航空遥感、无人机、高技术医疗卫生设备和生命探测仪器等。可以说，我军在汶川抗震救灾中表现出的快速反应能力和投送能力、较强的损害控制和恢复能力、展现的联合作战能力，在过去都是不可想象的。

3. 军事外交成果丰硕

军事外交是国家总体外交的重要组成部分，是国防和军事工作的重要领域。70 年来，经过不懈努力，我军对外交往的对象、领域和深度不断拓展，为维护国家主权、安全、发展利益作出了应有贡献。

新中国成立后，社会主义和资本主义两大对立阵营已经形成。中国军事外交服从总体外交上的“一边倒”战略，坚持同以苏联为首的社会主义阵营开展军事合作、发展军事关系。1949 年 11 月，中国就向苏联、东欧国家派驻武官。朝鲜战争爆发后，中国积极开展同苏联的军事外交，争取到大量军事装备援助。同时，坚持爱国主义和国际主义的统一，支援朝鲜和越南的民族解放战争，参加抗美援朝、抗法援越等。20 世纪 60 年代之后，随着中苏关系的恶化，中国军事外交也放弃了“一边倒”方针，改变为支持亚非拉人民反帝斗争的方针。20 世纪 70 年代之后，尼克松访华，中美关系解冻，中国提出“一条线”“一大片”的外交战略，以对抗苏联。中国不仅开始同美国建立军事合作交流关系，还同意大利、加拿大、英国等西方国家和日本建立军事关系，中国军事外交活动明显增多。

改革开放之后，中国军事外交进入新阶段。20 世纪 70 年代后期，中美关系实现正常化，两国开展了高层互访、军事技术合作等。对苏联的军事外交也取得进展。1989 年 5 月，以中苏关系正常化为契机，中苏边境裁军谈判取得重大进展，成为当时中国外交的重要亮点。与法国、英国、意大利等欧洲国家的军事技术合作、武器装备采购等合作全面展开。1980 年中国开始支持联合国的维和行动，并于 1988 年成为联合国维持和平行动特别委员会的成员。同时，积极参与国际裁军与军控谈判，维护世界和平。20 世纪 90 年代，随着冷战的结束，中国拓展全方位、多领域军事外交。1990 年中国向联合国中东维和任务区派遣 5 名军事观察员，首次参加联合国维和行动。1992 年，向联合国柬埔寨维和任务区派出 400 人的工程兵大队，首次派遣成建制部队。1992 年中国正式加入《不扩散核武器条约》、1993 年签署《禁止化学武器公约》、1996 年签署《全面禁止核试验条约》等，赢得了国际社会的广泛关注和好评。进入 21 世纪之后，军事外交在保障国家主权、安全的基础上，日益服务于国家发展利益及其拓展。深入开展多种形式对外交流，形成了全方位、多层次、宽领域的格局。确立解决朝核问题的六方会谈机制、加强上海合作组织的机制化建设等，推进区域安全机制建设。2002 年 3 月，派出两架军机向阿富汗运送急需物质，成为中国军队首次对外实施人道主义救灾援助。同年 10 月，中国与吉尔吉斯斯坦举行联合反恐军事演习，这是中国军队首次与外军联合实兵演习。2008 年 12 月 26 日，中国向亚丁湾、索马里海域派出护航编队，成为中国军队首次派出海军舰艇部队赴海外执行作战任务。2011 年 2 月，中国政府组织新中国成立以来最大规模的利比亚撤离公民行动，共撤出 35860 人。中国军事透明度日益增强，多次发表国防白皮书，2007年6月起建立国防新闻发言人制度，2009年8月开通国防部网站，在国际社会引起了良好的反响。

党的十八大以来，对外军事关系不断拓展深化，务实交流合作大力加强，保持了蓬勃发展、稳中有进、积极进取的良好局面。一是工作布局不断优化。截止到2017年，有114个国家在华设立武官处，在外设立120余个驻外武官机构，其中10余个是十八大以来新设立的；与27个国家防务部门和军队建立防务安全磋商机制。二是与大国、周边、发展中国家军事关系都取得新的突破。与周边17个国家都建立了防务安全磋商机制，对深化友谊、增进共识、促进合作发挥了重要推动作用。三是积极参与全球安全治理，开展多边对话合作。2014年香山论坛由二轨论坛升级为一轨半的高端安全和防务论坛。2016年8月与阿富汗、巴基斯坦、塔吉克斯坦成功举办首届“四国机制”军队高级领导人会议并发表联合声明，这是与周边国家军队成立的第一个多边安全合作机制。四是有效履行国际义务，为维护世界和平发展作出新贡献。2013年首次派出安全部队，2015年首次派出成建制步兵营，我军参与维和力度逐步加大，维和人数在安理会常任理事国中居首位，在国际灾难救援行动中彰显人道主义精神。

（三）走中国特色强军之路

70年波澜壮阔，70年风雨征程，我国国防和军队建设能够取得辉煌成就，关键在于坚持走中国特色强军之路。

1. 毫不动摇坚持党对军队的绝对领导

70年来，我国国防和军队建设能够不断推进，最根本的是坚持党对军队绝对领导。党对军队绝对领导的根本原则和制度，发端于南昌起义，奠基于三湾改编，定型于古田会议，是人民军队完全区别于一切旧军队的政治特质和根本优势。在民主革命时期，我军能够从小到大、由弱到强，从胜利走向胜利，根本的就是靠坚持党对军队绝对领导。新中国成立后，我们党成为执政党、军队成为国家机器的重要组成部分。如何确保我军军魂永驻、性质不变、宗旨不易，是我们党始终高度关注的问题。我国通过建立健全国家军事领导体制，制定和完善规范党、国家与军队关系的法律法规等，把党指挥枪的建军原则上升为国家意志，旗帜鲜明地反对和抵制"军队非党化、非政治化"和"军队国家化"等错误政治观点，坚持和完善了党对军队绝对领导制度和原则。坚持党对军队的绝对领导，使人民军队始终以党的先进思想为指导，为军队提供了正确的行动指南，懂得为谁扛枪、为谁打仗，成为一支有信仰信念、有政治灵魂、有强大战斗力的新型军队，保证军队在任何时候、任何情况下都同党中央保持一致，保持性质、宗旨、本色，保持统一意志、坚强的团结、铁的纪律。历史反复证明，党对军队绝对领导是符合中国国情军情的基本军事制度，是人民军队命脉所在，是人民军队建军的根本原则和永远不变的军魂，是党和国家的重要政治优势，是推进国防和军队建设的根本保证。正如习近平指出的："党指挥枪是保持人民军队本质和宗旨的根本保障，这是我们党在血与火的斗争中得出的颠扑不破的真理。有了中国共产党，有了中国共产党的坚强领导，人民军队前进就有方向、有力量。"

2. 始终聚焦备战打仗

"守不忘战，将之任也；训练有备，兵之事也。"军队首先是战斗队，宁可备而不战，不可无备而战。提高战备水平，保持常备不懈的战备状态，是有效应对多种安全威胁、完成多样化军事任务的重要保证。70 年来，人民军队能够保持强大战斗力，很好地完成我军的使命任务，关键是始终聚焦备战打仗这个主责主业。战场打不赢，一切等于零。我军的核心职能是打仗，一切建设和工作的根本指向是战斗力，每名军人的主业主责是备战打仗。新中国成立后，中央军委确立了积极防御军事战略方针，并根据国家安全形势发展变化对积极防御军事战略方针的内容进行了多次调整。1993 年，制定新时期军事战略方针，以打赢现代技术特别是高技术条件下局部战争为军事斗争准备基点。2004 年，充实完善新时期军事战略方针，把军事斗争准备基点进一步调整为打赢信息化条件下的局部战争。积极防御根本在防御，要义在积极，就是要时刻加强战备，防止外敌入侵。能战方能止战，准备打才可能不必打，越不能打越可能挨打。新中国成立后，毛泽东多次强调，要准备打仗。改革开放之后，邓小平虽然意识到世界大战短时间打不起来，我们可以争取到一个较长的相对稳定的和平时期。但他也强调，“军队还是要随时准备打仗的”。江泽民提出，我们要以做好军事斗争准备为龙头带动军队现代化建设，在军事斗争准备的过程中提高军队建设质量，通过加强质量建设保证军事斗争准备的可靠性。胡锦涛强调，全军坚持把拓展和深化军事斗争准备作为龙头，一切工作围绕军事斗争准备来展开，各项建设着眼军事斗争准备来加强。党的十八大以来，习近平始终把备战打仗放在强军兴军的核心地位加以强调，要求全军官兵一门心思谋打仗、聚精会神抓准备。他强调，“军队是要准备打仗的，一切工作都必须坚持战斗力标准，向能打仗、打胜仗聚焦”。正是新中国成立以来我军始终聚焦备战打仗，提高部队战斗力，才锻造了召之即来、来之能战、战之必胜的精兵劲旅，确保了在党和人民需要的时候拉得出、上得去、打得赢。

3. 始终坚持依法治军、从严治军

“国无常强，无常弱。奉法者强则国强，奉法者弱则国弱。”一个现代化国家必然是法治国家，一支现代化军队必然是法治军队。依法治军、从严治军是我们党建军治军的基本方略。“治”才能治出好的作风，“严”才能严出好的队伍。厉行法治、严肃军纪，是治军带兵的铁律，也是建设强大军队的基本规律。我们党在领导革命、建设和改革的各个时期，始终高度重视用严格的法规、严明的纪律建军治军。人民军队就是唱着“三大纪律八项注意”开始起步的，是秉持“一靠理想二靠纪律”走向正规化的，是在坚持依法治军、从严治军中发展进步的。70 年来，我们党坚定不移推进依法治军、从严治军这个建军治军的根本方针，推动治军方式转变，强化法治信仰和法治思维，造就了我军这支律令如铁、威武文明的钢铁之师。新中国成立之初，毛泽东就明确提出军队要实行统一的指挥、统一的制度、统一的编制、统一的纪律、统一的训练，加强组织性、计划性、准确性和纪律性。1975 年，邓小平复出之后首先从恢复和健全规章制度入手，强调整顿军队必须严格整顿纪律。江泽民明确将依法治军、从严治军确立为我军建设的重要指导方针。胡锦涛强调，要加大依法治军、从严治军力度，推动正规化建设向更高水平发展。党的十八大以来，习近平鲜明提出依法治军、从严治军是强军之基，从坚决反对特权思想特权现象到严肃查处郭伯雄、徐才厚、房峰辉、张阳等人严重违纪违法案件，从持续推进专项清理整治到雷厉风行全面停止军队有偿服务，再到颁布最严“禁酒令”，决心前所未有，力度前所未有，成效前所未有，许多沉疴积弊得到破除，广大官兵的精神状态、战斗意志明显提升。

4. 深入推动军民融合发展

“要大炮，还是要黄油”，这个经济学上的难题讲的就是国防建设和经济建设之间的关系。事实上，经济建设和国防建设并不是完全对立的关系，而是如同车之两轮、鸟之两翼，相互联系、不可分割。“国不富不可以养兵，兵不强不可以摧敌。”富国才能强兵，兵强才能卫国。经济建设是国防建设的基本依托，国防建设是经济社会发展的安全保障，同时加强国防建设对经济社会发展也具有重要拉动作用。可以说，处理好经济建设和国防建设之间的关系，关系国家的兴衰成败。世界各国都把实现发展和安全兼顾、富国和强军统一作为一个基本的追求。而军民融合，努力使经济建设和国防建设互为一体、相得益彰，则是实现富国与强军的必由之路。70 年来，我们党始终坚持军民结合的原则，不断深化对推进经济建设和国防建设协调发展规律的认识。新中国成立之初，我们党就认识到国防建设和经济建设要“两手抓”，一手抓国防建设，建立强大的国防军，巩固国防；一手抓经济建设，争取国家财政经济状况的基本好转，为新中国的经济大发展奠定基础。20 世纪 50 年代中期，毛泽东在《论十大关系》一文中指出“一定要加强国防”，而加强国防建设“首先要加强经济”，“只有经济建设发展得更快了，国防建设才能够有更大的进步”。改革开放之后，邓小平指出：“过去我们过多地认为世界大战很快就要打起来，忽视发展生产力，忽视经济建设。现在根据新的观察、新的分析，下决心一心一意搞建设；一定要抓紧利用当前和平时期这个良机，先把经济建设搞上去；同时，要不失时机地、认真地搞好以现代化为中心的国防和军队的长期性、根本性建设，为国家的经济发展提供坚强有力的保证。”20 世纪 90 年代，江泽民把处理好国防建设和经济建设的关系作为带有全局性的重大问题，强调把经济建设搞上去和建立强大的国防是我国现代化建设的两大战略任务，提出要“以经济建设为中心，经济建设与国防现代化建设两头兼顾、协调发展”。党的十六大以后，胡锦涛把国防建设与经济建设的协调发展纳入更高层次的全面、协调、可持续的发展指导思想之中，强调：“统筹好国防建设和经济建设的关系，是贯彻科学发展观的必然要求。坚持国防建设与经济建设协调发展的方针，既是强国之策，也是强军之道。”党的十八大以来，习近平着眼实现中国梦强军梦，提出深入实施军民融合发展战略，并将其作为一项国家战略加以推进。2017 年 1 月 22 日，中央政治局召开会议，决定设立中央军民融合发展委员会，由习近平任主任。这充分彰显了以习近平同志为核心的党中央对军民融合发展的高度重视。新中国成立以来，正是因为我们坚持走军民融合发展的路子，我国在实现经济社会发展的同时，推动了国防和军队现代化建设。

5. 始终坚持全心全意为人民服务的根本宗旨

来自人民、依靠人民、为了人民，始终与人民血肉相连、生死与共，是我军的制胜之本、力量之源，也是国防和军队建设不断开创新局面的重要法宝。站在人民立场上，赢得最广大人民衷心拥护，就能构筑起众志成城的铜墙铁壁。党的十九大强调，我们的军队是人民军队，我们的国防是全民国防。只有动员全国人民自觉地积极投身于国防和军队建设之中，形成党、政、军、民通力合作与齐心协力的局面，国防和军队建设才能得以不断发展。全心全意为人民服务是人民军队的根本宗旨，军政军民团结是我党我军的优良传统和特有的政治优势。革命战争年代，正是人民群众积极参军参战，我党我军才赢得了战争胜利的力量源泉。早在抗日战争时期，毛泽东就指出：“战争的伟力之最深厚的根源，存在于民众之中。”解放战争打响后，“兵民是胜利之本”再次显示其磅礴的战争伟力。仅在淮海战役中，沂蒙老区 460 万人口就有 120 万人支前参战，3 万多沂蒙儿女献出了宝贵的生命。“最后一碗米送去做军粮，最后一尺布送去做军装，最后一件老棉袄盖在担架上，最后一个亲骨肉送去上战场”，这首战争年代广为传唱的民谣，就是军民团结如一家人的生动体现。新中国成立 70 年来，党政军民在继承和发扬革命战争年代优良传统的基础上，不断巩固和发展军政军民大团结局面。保卫人民的和平劳动，参加国家建设事业，全心全意为人民服务，是人民军队的重要任务。我军始终自觉服从服务于党和国家大局，利用自身资源和优势，积极参加国家建设和抢险救灾，支援西部大开发，助力脱贫攻坚，参加重点工程建设，依法维护社会和谐稳定，维护海外利益，承担抢险救灾等急难险重任务。邓小平指出，不管如何更新换代，我们的军队仍然是人民的子弟兵，永远是人民利益的捍卫者，是最可爱的人。同时，各级地方政府把关心支持国防和军队建设当作分内之事，满腔热情为军队建设、为广大官兵排忧解难。人民群众积极参军入伍，支持拥护国防和军队建设。70 年来的历史证明，有了民心所向、民意所归、民力所聚，人民军队就能无往而不胜、无敌于天下。军爱民、民拥军，军政军民大团结的鱼水情深，是国防和军队建设的政治保障、群众基础。

十五

统一是历史大势

——为什么能够顺利推进“一国两制”和祖国和平统一进程

新中国成立以来，中国共产党、中国政府、中国人民始终把实现祖国完全统一作为矢志不渝的历史任务。70 年来，我们始终坚持正确的方针政策主张，顺利推进“一国两制”和祖国和平统一进程，不仅对香港、澳门恢复行使主权，确保香港、澳门的繁荣和发展，而且推动两岸关系不断取得突破性进展。

（一）坚持“和平统一、一国两制”的基本国策

1949 年，中国共产党领导的革命战争取得根本性胜利，中国国民党在大陆战场上节节败退。蒋介石无奈之下于 12 月 10 日乘机逃亡台湾，并将台湾作为“不能再退的后方”。正当中国人民解放军准备解放台湾之时，朝鲜战争爆发，美国第七舰队进驻台湾海峡，以“协防”台湾的名义阻挠中国统一。此后，美国从政治上、经济上、军事上扶持台湾，形成了海峡两岸长期分裂对峙的局面。

新中国成立初期，我们党采取的是武力解放台湾的方针，以歼灭蒋介石集团的残余势力。但 20 世纪 50 年代中期之后，国际形势有所缓和，国内社会主义建设也需要一个和平的环境，我们党从实际出发提出和平解放台湾

的方针。1955 年 5 月，周恩来在全国人大常委会上指出，“解决台湾问题有两种可能的方式，即战争的方式和和平的方式，中国人民愿意在可能的条件下，争取用和平的方式解决问题”。这是我们党第一次提出和平解放台湾的主张，标志着我们对台方针政策的改变。周恩来把我们党和平解决台湾问题的思想、政策和主张概括为“一纲四目”。“一纲”即台湾必须统一于中国。“四目”具体是：除外交必须统一于中央外，所有军政大权、人事安排等悉委于蒋，陈诚、蒋经国亦悉由蒋意重用；所有军政及建设经费不足之数悉由中央拨付；台湾的社会改革可以从缓，必俟条件成熟并征得蒋之同意后进行；互约不派特务，不做破坏对方团结之举。[①] 这一和平解决台湾问题的方针为“一国两制”伟大构想提供了理论准备。

1978 年年底召开的党的十一届三中全会，作出把党和国家工作重心转移到经济建设上来、实行改革开放的历史性决策。1979 年 1 月 1 日，中美建立外交关系，美国承认中华人民共和国政府是中国唯一合法政府，台湾是中国的一部分。同日，全国人民代表大会常务委员会发表《告台湾同胞书》，明确提出争取祖国和平统一的大政方针，标志着我们党解决台湾问题的理论和实践进入一个新阶段。同年 12 月，邓小平在会见日本首相大平正芳时指出：“对台湾，我们的条件是很简单的，那就是，台湾的制度不变，生活方式不变，台湾与外国的民间关系不变，包括外国在台湾的投资、民间交往照旧。”“台湾作为一个地方政府，可以拥有自己的自卫的军事力量。条件只有一条，那就是，台湾要作为中国不可分割的一部分。它作为中国的一个地方政府，拥有充分的自治权。”[②] 这里，“一国两制”的构想已经初见端倪。1981 年 9 月 30 日，叶剑英发表《关于台湾回归祖国实现和平统一的方针》的谈话，具体提出了实现祖国统一的九条方针，其中包括国家统一后，台湾可作为特别行政区，享有高度的自治权，并可保留军队，台湾现行社会、经济制度不变，生活方式不变。1982 年 1 月，邓小平指出：“九条方针是以叶副主

① 《周恩来年谱 1949—1976》中卷，中央文献出版社 1997 年版，第 321 页。
② 《邓小平年谱 1975—1979》上卷，中央文献出版社 2004 年版，第 582—583 页。

席的名义提出来的，实际上就是一个国家两种制度。”①“一国两制”虽然着眼于解决台湾问题，但是我们党也将其运用于解决香港、澳门问题。1982 年 9 月，英国首相撒切尔夫人访华，邓小平在同她会谈时指出，中国收回香港后，香港仍将实行资本主义，现行的许多适合的制度要保持。② 12 月，全国人大五届五次会议通过的《中华人民共和国宪法》第 31 条规定：“国家在必要时得设立特别行政区。在特别行政区内实行的制度按照具体情况由全国人民代表大会以法律规定。”“设立特别行政区”，针对的就是香港、澳门、台湾，这为实施“一国两制”提供了法律依据。1984 年 2 月，邓小平明确指出，“统一后，台湾仍搞它的资本主义，大陆搞社会主义，但是是一个统一的中国。一个中国，两种制度。香港问题也是这样，一个中国，两种制度。”③ 1985 年 3 月，全国人大六届三次会议正式把“一国两制”确定为中国的一项基本国策。从此，“一国两制”成为中国共产党解决台湾、香港、澳门问题，实现祖国和平统一的既定方针和基本国策。

自撒切尔夫人第一次访华后，中英两国经过长达 2 年的谈判，于 1984 年 12 月 19 日正式签署了关于香港问题的联合声明，确认中国政府于 1997 年 7 月 1 日对香港恢复行使主权。中英香港问题达成协议后，澳门问题的解决即提上了日程。自 1986 年 6 月起，中葡双方历经多轮谈判，于 1987 年 4 月 13 日正式签署关于澳门问题的联合声明，确认中国政府将于 1999 年 12 月 20 日对澳门恢复行使主权。1990 年 4 月全国人大七届三次会议通过并颁布了《中华人民共和国香港特别行政区基本法》，1993 年 3 月全国人大八届一次会议通过《中华人民共和国澳门特别行政区基本法》，以国家基本法律形式确保在香港、澳门实施“一国两制”的方针。

随着香港、澳门问题的解决，台湾问题愈益显得迫切。1995 年 1 月 30 日，江泽民发表了关于发展两岸关系、推进祖国和平统一进程的八项主张，进一步阐明、丰富和发展了“和平统一、一国两制”的基本方针。2000 年台

① 《邓小平年谱 1975—1979》下卷，中央文献出版社 2004 年版，第 797 页。

② 《邓小平文选》第 3 卷，人民出版社 1993 年版，第 13 页。

③ 同上书，第 49 页。

湾首次出现政党轮替，主张“台独”的民进党上台执政，并在2004年再次执政。民进党当局在政治、文化、教育等领域不断进行“台湾正名”“去中国化”等“渐进式台独”活动，蓄意挑起两岸对立，竭力破坏大陆和台湾同属一个中国的事实。针对台湾岛内局势发生的重大复杂变化，2005年3月胡锦涛提出了关于新形势下发展两岸关系的四点意见：坚持一个中国的原则决不动摇、争取和平统一的努力决不放弃、贯彻寄希望于台湾人民的方针决不改变、反对“台独”分裂活动决不妥协。这四点意见，充分体现了我们党对台政策的一贯性和连续性，同时又具有鲜明的时代特点，表现出极大的灵活性和务实性。香港、澳门回归祖国后，“一国两制”方针全面付诸实践，并取得举世公认的成功，为在台湾实践“一国两制”提供了借鉴。2019年1月在纪念全国人民代表大会常务委员会《告台湾同胞书》发表40周年会上，习近平总书记发表了重要讲话，提出了新时代坚持“一国两制”、推进祖国和平统一的五项政策主张，强调探索“两制”台湾方案，丰富和平统一实践。这一重要讲话全面阐述了我们立足新时代、推进祖国和平统一的重大政策主张，进一步丰富和发展了“和平统一、一国两制”基本方针。可以说，“和平统一、一国两制”是解决台湾问题的基本方针，也是实现国家统一的最佳方式，体现了海纳百川、有容乃大的中华智慧，既充分考虑台湾现实情况，又有利于统一后台湾长治久安。

（二）推进两岸关系和平发展

70年来，我们团结台湾同胞，推动台海形势从紧张对峙走向缓和改善，进而走上和平发展道路，两岸关系不断取得突破性进展。

国民党败退台湾之后，以所谓的“防谍保密”“保卫台湾安全”为名封锁台湾海峡，禁止两岸间任何形式的往来，两岸长期处于对峙状态。一湾浅浅的台湾海峡，成为两岸同胞难以逾越的天堑。由于两岸的对峙，双方几乎没有什么交流。1979年全国人民代表大会常务委员会发表的《告台湾同胞书》，宣布了和平统一祖国的方针，希望国共能够展开和谈，呼吁两岸“双方尽快实现通航通邮，以利双方同胞直接接触，互通讯息，探亲访友，旅游参观，进行学术文化体育工艺观摩”。同时，在“和平统一、一国两制”方针的基础上，大陆采取一系列灵活积极的对台政策和措施，大大推动了两岸关系的全面发展与祖国的和平统一进程。但台湾当局将我们党“和平统一”方针诬蔑为“统战阴谋”，提出顽固的不妥协、不接触、不谈判的“三不政策”，引起台湾民众和国际社会的强烈不满。在祖国大陆的努力推动下，在台湾民众强烈要求发展两岸交流的压力下，1987 年 10 月台湾当局被迫开放民众赴大陆探亲，隔绝 38 年的民间关系实现了重大突破。两岸关系的大门打开之后，两岸人员往来和经济、文化等各项交流随之发展起来。由于台湾当局不愿与大陆发生官方交往，20 世纪 90 年代初，海峡两岸以授权民间团体（大陆是海峡两岸关系协会、台湾是海峡交流基金会）的方式开始商谈和对话，以解决两岸事务。1992 年 11 月，海协会和海基会达成各自以口头方式表述海峡两岸均坚持一个中国原则的共识（即“九二共识”），确立了双方商谈的政治基础。此后，在坚持“九二共识”、反对“台独”的共同政治基础上，两岸开启了海协会与海基会的制度化协商，签署实施了包括《两岸经济合作框架协议》在内的几十个协议，有力地推动了两岸交流发展。2005 年 4 月中国国民党主席连战率领的“和平之旅”访问团访问大陆，胡锦涛会见连战一行，实现了时隔 60 年后国共两党最高领导人的再次握手，并达成“两岸和平发展共同愿景”。同年 5 月，亲民党主席宋楚瑜率领的“搭桥之旅”访问大陆；7 月新党主席郁慕明率领的“民族之旅”访问大陆。此后，坚持“九二共识”、认同一个中国原则的台湾各政党不断访问大陆。

2008 年台湾政党轮替，中国国民党再次上台执政。在国共两党携手共同推动下，两岸关系实现了历史性转折，取得了突破性进展，两岸关系走上了和平发展道路，发生历史性的深刻变化，形成了大交流、大合作、大发展的格局。

两岸政治接触更加频繁。2008 年 5 月，胡锦涛与国民党主席吴伯雄会面，实现了 60 年来两岸执政党主席首次会面。6 月，海协会与海基会在“九二共识”基础上恢复中断近10年的制度性协商。此后，两岸高层在APEC、博鳌论坛以及两岸经贸文化论坛等平台多次会面，成功搭建了两岸高层互动的重要平台。2014年2月，台湾陆委会主委王郁琦访问大陆，并与国台办主任张志军会面，实现了65年来两岸首次正式官方接触，此后实现多次互访，建立了常态化沟通机制，双方负责人建立了热线。2015年11月7日，中共中央总书记、国家主席习近平同台湾地区领导人马英九在新加坡举行了具有历史性意义的两岸领导人会晤。这是1949年以来两岸领导人首次会面，开创了两岸领导人直接对话、沟通的先河，翻开了两岸关系历史性的一页，将两岸关系和平发展和政治互动推向了新高度，为两岸关系未来发展开辟了空间。两岸领导人的会晤，有利于促进两岸沟通对话，扩大交流，深化合作，实现互利共赢，造福两岸同胞。

两岸经贸交流日益深化。2008年11月，海协会与海基会达成海运、空运、邮政、食品安全等协议，两岸同胞期盼30多年的全面、直接、双向“三通”变成现实，过去的“咫尺天涯，重重阻隔”变成“天涯咫尺，处处通途”。两岸“三通”的实现，为经济合作创造了空前的便利条件，两岸经贸交流发展走上了快车道。据统计，1987年两岸贸易额仅有15亿美元，2016年两岸贸易额达到1796亿美元，增长了120倍。

两岸社会文化不断融合发展。两岸交流，归根到底是人与人的交流，最重要的是心灵沟通。只有密切人民往来，融洽亲如一家的同胞感情，发展两岸社会各界尤其是基层民众大交流，才能不断强化两岸关系和平发展的社会基础。随着“三通”实现，两岸形成“一日生活圈”，两岸社会各界广泛参与交流。特别是国务院2015年6月修改《中国公民往来台湾地区管理办法》，对台湾居民往来大陆免签注手续并实行卡式台胞证，更加方便了台湾同胞到大陆来。2018年大陆出台“31条惠及台湾同胞措施”，推出台湾居民居住证，取消台湾居民就业许可等一系列措施，逐步为台湾同胞在大陆学习、创业、就业、生活提供与大陆同胞同等的待遇，增进了两岸同胞的交流合作，增进了台湾同胞的利益福祉，提升了大陆对台湾同胞的吸引力。1987年两岸人员往来不足5万人次，2007年两岸人员往来达486万人次，到

2016年两岸人员往来达到939万人次。中华文化是两岸同胞共同的精神财富，也是两岸同胞血脉相连的精神纽带。近些年来，两岸文化交流合作形式更为多样，内容更为丰富，领域更为广泛，规模不断扩大。两岸社会文化联系的密切，增强了台湾同胞对祖国的感情，加深了两岸同胞的相互信任，为两岸同胞增进了解、融洽亲情提供了更有利的条件。

（三）“一国两制”在香港、澳门成功实践

中国政府对香港、澳门恢复行使主权以来，“一国两制”方针全面付诸实践，并取得举世公认的成功。

1. 中央政府大力支持港澳依法行政、发展经济

“法者，治之端也。”人类社会发展的事实证明，依法治理是最可靠、最稳定的治理。法治是香港、澳门长期繁荣稳定的重要基石。《中华人民共和国宪法》和《中华人民共和国香港特别行政区基本法》共同构成香港特别行政区的宪制基础；《中华人民共和国宪法》和《中华人民共和国澳门特别行政区基本法》共同构成澳门特别行政区的宪制基础。回到祖国怀抱的香港、澳门已经融入中华民族伟大复兴的壮阔征程。作为直辖于中央政府的特别行政区，重新纳入国家治理体系，中央政府对香港、澳门实行了有效管治。中央全面贯彻“一国两制”“港人治港”“澳人治澳”、高度自治的方针，严格按照宪法和基本法办事，支持行政长官和特别行政区政府依法施政、履行职责。

中央政府始终把保持香港、澳门的繁荣稳定作为国家整体发展战略的重要内容，大力支持港澳对接国家整体发展战略，大力支持香港、澳门依法行政，促进经济社会发展，香港、澳门赢得了更多发展机遇和更大发展空间。支持港澳参与国家双向开放、“一带一路”建设，支持香港巩固和提升国际金融、航运、贸易三大中心地位，强化全球离岸人民币业务枢纽地位和国际资产管理中心功能，推动融资、商贸、物流、专业服务向高端高增值方向发展。2014年“沪港通”正式启动实施，2016年“深港通”正式启动实施。

“沪港通”“深港通”的正式实施，有利于推动人民币国际化，有利于香港发展成为离岸人民币业务中心。2017年3月，亚洲基础设施投资银行宣布批准香港加入。2017年7月3日，“债券通”正式上线试运行，首日成交70.48亿元人民币。“债券通”的运行，有利于维护香港国际金融中心的地位，有利于香港繁荣稳定。过去澳门特别行政区的陆地面积为30.3平方千米，没有水域。2014年12月20日，习近平总书记视察澳门时宣布，中央政府将为澳门划定水域。2015年12月20日，李克强签署第665号国务院令，为澳门特别行政区划定面积为85平方千米的水域并明确了陆地界限，为澳门经济适度多元化发展和长期繁荣稳定创造了新的条件。中央为了支持澳门发展，还出台了“个人游”、开展人民币业务、签署CEPA、开发横琴等一系列惠澳政策，支持澳门举办第八届亚太经合组织旅游部长会议、中国—葡语国家经贸合作论坛第五届部长级会议，为澳门发展增添了新动力、拓展了新空间。2017年8月下旬，中央首次决定出动驻澳部队协助澳门抗击台风“天鸽”袭击，赢得了澳门同胞的高度赞誉。

2. 香港、澳门经济社会保持健康稳定发展

回归以来，香港、澳门自身特色和优势得以保持，中西合璧的风采浪漫依然，活力之都的魅力更胜往昔。在中央政府的大力支持下，香港、澳门集中精力发展经济、切实有效改善民生、循序渐进推进民主、包容共济促进和谐，取得了重要进展和巨大成就。

经济平稳顺利发展。发展是立身之本，唯有始终聚焦发展这个第一要务，把主要精力集中到搞建设、谋发展上来，才能在国家整体发展中扮演更加重要的角色，在国际竞争中占据更有利的地位。根据最新的全球金融中心指数，香港目前是仅次于伦敦、纽约和新加坡的世界主要金融中心。在世界银行对全球185个经济体营商环境的排名中，香港多年位居前列。世界最大的100家银行中，超过70家已进驻香港。澳门经济在深度调整后止跌回升，人均本地生产总值居全球前列。

民生得到极大改善。回归以来，香港一直保持高就业率，近5年来失业率保持在3.3%左右，基本实现全民就业；修订了劳工法例，实施男士

带薪侍产假及法定最低工资制度，不断提高雇员的收入；实施强制性公积金制度，强积金制度已覆盖270万人；多管齐下增加土地和房屋供应，公营房屋大大增加；食品安全合格率保持在99％以上，确保了民众“舌尖上的安全”。2016年，香港男性平均预期寿命达到81.3岁，女性达到87.3岁，成为全世界最长寿的地方之一。澳门社会民生持续改善，2015年澳门人均生产总值达7.2万美元，跻身世界富裕城市前列；失业率长期保持在2%以下；初级卫生保健体系被世界卫生组织评定为典范，实现了从幼稚园到高中15年免费教育；人均寿命达85岁，居世界前列。社会的发展、民生的改善，使香港、澳门居民共享更多繁荣发展的成果，居民幸福指数不断提高。

民主政治循序推进。回归之后，中央全面贯彻执行“一国两制”“港人治港”“澳人治澳”、高度自治的方针，香港、澳门港同胞真正实现了当家作主，真正享受到比历史上任何时候都更广泛的民主权利和自由。在港英时期，英国委派总督实行了150多年的殖民统治，港英政府高官也基本上由英国人担任，相当一段时间香港的立法机构代表都是港督委任，可以说根本没有民主可言。回归祖国之后，中央政府不派任何内地人员到香港特别行政区政府任职，特别行政区政府完全由香港永久居民组成。行政长官在当地通过选举或协商产生，由中央人民政府任命；立法机关由选举产生。目前，香港是有史以来最民主的时代，也是公认的全世界最自由的地方之一。法治是香港的核心价值。回归以来，香港的法治水平获得世界公认。世界经济论坛发布的全球竞争力报告显示，2016年至2017年香港司法独立在全球实行普通法的国家和地区中排名第三，在亚洲排名第一。世界银行发布的数据显示，香港“法治水平”的世界排名从1996年的60多位大幅跃升到2015年的第11位。澳门民主政治也稳步推进，行政长官选委会人数、立法会议席不断增多，12名澳区全国人大代表、36名澳区全国政协委员进入国家建制参与国家事务。

社会保持和谐稳定。“利莫大于治，害莫大于乱。”和谐稳定是经济社会发展、市民安居乐业的根基。“一国两制”包含了中华文化中的和合理念，体现的一个重要精神就是求大同、存大异。[①] 自回归以来，香港、澳门社会大局保持了长期稳定和谐。

3. 内地与香港、澳门交流合作更加紧密

沟通有助于互信，交往有利于融合。香港、澳门始终与祖国风雨同舟、命运相依，同内地发展紧密相连。

经贸合作不断深化。新中国成立以来，香港成为我国对外经济交流的“窗口”和“通道”。改革开放之后，内地与香港建立了日益密切的经贸合作关系。港澳回归以来，为内地与港澳的合作交流提供了更为便利的条件。2003 年 6 月，内地与香港签署了《内地与港澳关于建立更紧密经贸关系的安排》(CEPA)，随后又签订了一系列补充协议。CEPA 及其补充协议的实施，有力消除了香港、澳门与内地在贸易、投资等方面的制度性障碍，深化了香港、澳门与内地的经贸关系，拓宽了合作领域。2003 年，实施内地居民赴香港、澳门“个人游”政策，为港澳发展增添了新动力、拓展了新空间。

区域合作不断加强。粤港澳合作一直是国家发展的重点战略部署。2017 年 7 月《深化粤港澳合作推进大湾区建设框架协议》签署，2019 年 2 月中共中央、国务院印发《粤港澳大湾区发展规划纲要》，这是我国“一国两制”优越性的生动体现，对于充分发挥粤港澳综合优势，深化内地与港澳合作，进一步提升粤港澳大湾区在国家经济发展和对外开放中的支撑引领作用，具有重要意义。2018 年 10 月建成通车的港珠澳大桥，东接香港、西接珠海和澳门，全长 55 千米，是世界最长的跨海大桥，极大便利了粤港澳的交流。

内地对香港、澳门物质供应保障不断加强。中央政府和内地省市一直为香港运送“数量足、质量优、价格平”的食品，支持香港改善民生。当前，香港 99% 以上的生猪和活牛、85% 以上的活鱼以及约 50% 的面粉来源于内地，香港市场上约 90% 的蔬菜及 60% 以上的淡水由内地供应。大亚湾核电站每年向香港的供电量占全港电力总消耗的 25%；东江水每年对港供水量占

① 习近平：《在庆祝香港回归祖国二十周年大会暨香港特别行政区第五届政府就职典礼上的讲话》，《人民日报》2017 年 7 月 2 日。

全港用水总需求量的七至八成。

文化交流合作更加广泛。中央支持香港与内地高校开展跨地招收学生、合作办学、师生交流。截止到2016年年底，香港与内地省市建立了700多对“姊妹学校”；内地200多所高校培养香港学生累计近7万名，香港高校培养的内地学生累计约5万名，每年到内地参访交流的香港学生超过17万人次；支持香港高等院校、科研机构和香港科技园等与内地合作建立了16所国家重点实验室伙伴实验室，建立了6家国家工程技术研究中心香港分中心，支持香港高校在深圳设立研究院；支持香港科技工作者参与100多项国家科技计划课题的研究，并在香港遴选出43位中国科学院院士、中国工程院院士；2016年，香港科研人员完成或主要参与完成的项目共获得国家自然科学奖6项、国家科技进步奖5项。

（四）坚决推进祖国和平统一

70年来，我们之所以能够顺利推进“一国两制”和祖国和平统一进程，就在于坚持正确的原则方针政策。这些原则方针政策，不仅是我们推进祖国统一的宝贵经验，而且是新时代推进“一国两制”和祖国和平统一的基本遵循。

1. 毫不动摇坚持一个中国原则

任何事物都有自己的基础，都是在一定的基础上存在和发展的。一个中国原则，是实现和平统一的基础和前提。“欲致其高，必丰其基；欲茂其末，必深其根。”习近平总书记指出：“‘一国’是根，根深才能叶茂；‘一国’是本，本固才能枝荣。”[①] 我们党提出“一国两制”的出发点就是为了实现和维护国家统一、领土完整。“一国两制”的“一国”，就是讲国家主权具有完整

① 习近平：《在庆祝香港回归祖国二十周年大会暨香港特别行政区第五届政府就职典礼上的讲话》，《人民日报》2017年7月2日。

性、不可分割性。1982年，具有“铁娘子”之称的英国首相撒切尔夫人，挟与阿根廷马岛海战余威赴华谈判香港问题，试图拒绝归还香港。邓小平斩钉截铁地说：“关于主权问题，中国在这个问题上没有回旋余地。坦率地讲，主权问题不是一个可以讨论的问题。”① 这一表态，让撒切尔夫人认识到中国共产党和中国政府维护国家主权的坚定态度，为顺利推进谈判进程奠定了重要基础。谈判受挫的撒切尔夫人在步下人民大会堂北门石阶时，不小心栽倒在石阶上。

香港回归祖国之后，我们坚决反对“港独”，为香港繁荣发展提供了保障。香港特别行政区、澳门特别行政区是国家不可分离的一部分，是直辖于中央人民政府的地方行政区域。《中华人民共和国香港特别行政区基本法》和《中华人民共和国澳门特别行政区基本法》分别在开篇写道：香港特别行政区是中华人民共和国不可分离的部分，澳门特别行政区是中华人民共和国不可分离的部分；第23条都规定特别行政区应自行立法禁止叛国、分裂国家、煽动叛乱、颠覆中央人民政府及窃取国家机密等危害国家安全的行为。近年来，香港少数人闹“香港独立”，发动非法“占中”活动、制造“旺角暴乱”事件、出现“港独”议员宣誓风波等，都是挑战中国主权的行径。针对香港特别行政区第六届立法会议员宣誓过程中极少数候任议员宣扬“港独”等违法言行，2016年11月十二届全国人大常委会第二十四次会议通过《全国人民代表大会常务委员会关于〈中华人民共和国香港特别行政区基本法〉第一百零四条的解释》，明确了依法宣誓的含义和要求，表明了中央政府反对“港独”的坚定决心和意志，维护了基本法的权威和香港法治，顺应了包括香港同胞在内的全体中国人民的共同愿望。

一个中国原则是两岸关系的政治基础。没有一个中国原则，就没有两岸关系的和平发展。任何背离一个中国原则的言行，都不利于两岸关系和平发展，都不利于增进两岸同胞福祉。大陆和台湾虽然尚未统一，但中国的主权和领土完整从未分裂。两岸同属一个国家、两岸同胞同属一个民

① 《邓小平文选》第3卷，人民出版社1993年版，第12页。

族，这一历史事实和法理基础从未改变，也不可能改变。基础不牢，地动山摇。体现一个中国原则的“九二共识”，明确界定了两岸关系的根本性质，是确保两岸关系和平发展的关键。承不承认“九二共识”，关系认定两岸是一个国家还是两个国家的根本问题。在这个大是大非问题上，我们的立场不能有丝毫模糊和松动。正如习近平所指出的，两岸关系能够实现和平发展，“关键在于双方确立了坚持‘九二共识’、反对‘台独’的共同政治基础。没有这个定海神针，和平发展之舟就会遭遇惊涛骇浪，甚至彻底颠覆”。

“台独”分裂活动是对一个中国原则的挑战，“台独”分裂势力及其活动损害国家主权和领土完整，企图挑起两岸民众和社会对立、割断两岸同胞精神纽带，是两岸关系和平发展的最大障碍，是台海和平稳定的最大威胁。“台独”问题由来已久，在“两蒋”统治期间，由于对“台独”活动的强力压制和打击，“台独”势力受到压制。1986 年台湾开放党禁报禁，民进党成立，“台独”活动公开化。2005 年 3 月 14 日，十届全国人大三次会议通过《反分裂国家法》，首次明确提出了用“非和平手段”处理台湾问题的底线，对于反对和遏制“台独”分裂行径、维护台海和平稳定、促进两岸关系和平发展等发挥了十分重要的作用。2016 年 5 月以来，针对民进党上台后拒不接受“九二共识”，不认同两岸同属一中，我们在国际国内果断采取一系列措施，对民进党施加压力，充分展现了坚决反对和遏制“台独”的决心、意志和能力。

2. 充分考虑和尊重港澳台的现实情况

“一国两制”是在坚持一个中国原则的前提下，国家主体实行社会主义制度，香港、澳门、台湾等区域实行资本主义制度，享有高度自治权。这是充分尊重和考虑香港、澳门、台湾的历史和现实，符合我国优秀传统文化中求同存异的精神，是对和平共处原则的创造性运用和发展，体现了坚持一国原则的坚定性与尊重两制差异的灵活性的有机统一，彰显了中国共产党的政治智慧。1984 年 6 月，邓小平会见香港人士时强调，我们恢复行使对香港的主权后，香港现行的社会、经济制度不变，法律基本不变，生活方式不变，香港自由港的地位和国际贸易金融中心的地位也不变，香港可以继续同其他国家和地区保持和发展经济关系。回归以来，中央政府始终全面贯彻“一国两制”“港人治港”“澳人治澳”、高度自治的方针，香港、澳门特别行政区享有包括行政管理权、立法权、独立的司法权和终审权的高度自治权，还享有自行制定货币金融政策等许多联邦制国家的州所没有的自治权。考虑到台湾不同于香港、澳门，“两制”的台湾方案，将拥有比港澳更多更大的自治权。“一国两制”的构想最初就是着眼于解决台湾问题，为了照顾台湾现实情况，维护台湾同胞利益福祉。在确保国家主权、安全、发展利益的前提下，和平统一后，台湾同胞的社会制度和生活方式等将得到充分尊重，台湾同胞的私人财产、宗教信仰、合法权益将得到充分保障。

3. 把立足点放在大陆自身发展进步上

落后就要挨打，富强才能安邦。国家强大是国家统一和领土完整的保证。香港、澳门、台湾问题的产生，都是旧中国发展落后造成的。解决香港、澳门问题和推动两岸关系发展，关键也在于祖国大陆的发展进步。习近平总书记强调：“从根本上说，决定两岸关系走向的关键因素是祖国大陆发展进步。我们要保持自身发展势头，同时采取正确措施做好台湾工作。”70年来，我们始终坚持以我为主，不断推动大陆发展进步，为推进“一国两制”和祖国和平统一进程奠定了坚实基础。特别是改革开放以来，中国大陆经济持续增长，经济实力、科技实力、国防实力、综合国力进入世界前列，国际地位实现前所未有的提升，不仅使香港、澳门顺利回归祖国，而且确保了香港、澳门的繁荣和发展。香港回归后不久，就遇到了亚洲金融危机的严重冲击和国际经济环境变化的不利影响，港元受到国际投机势力狙击，香港金融市场动荡，与美元挂钩的联系汇率制度遭受冲击，金融体系的稳定受到严重威胁。在中央政府的有力支持下，香港沉着应对，妥善处理了一系列社会和经济问题，维护了金融和社会的稳定。正是有祖国大陆发展雄厚实力的支撑，使得港澳经济社会保持长期稳定发展，港澳同胞国家认同感不断增强。现在，中国大陆已经成为世界第二大经济体，经济实力远远超过台湾，2017年广东、江苏、山东、浙江、河南等省的经济总量都超过了台湾。在科技教育文化方面，大陆正急速缩小同台湾的差距。在军事实力方面，大陆更是远远超过台湾。2017 年，大陆的军费预算是 1517 亿美元，台湾的军费预算是 100 亿美元左右。随着两岸综合实力对比的日益悬殊，大陆的优势越来越明显，影响力、吸引力不断增强，推动两岸距离越来越近。

4. 高举中华民族伟大复兴的旗帜

实现中华民族伟大复兴，是近代以来中华民族最伟大的梦想，是激励中华儿女团结奋进、开辟未来的精神旗帜，是中华民族的根本利益所在。中国大陆、香港、澳门、台湾各地同胞，同根同源、同文同种，心之相系、情之相融，同属于中华民族大家庭，是命运与共的骨肉兄弟，是血浓于水的一家人。习近平指出，不论是几百年前跨越“黑水沟”到台湾“讨生活”，还是几十年前迁徙到台湾，广大台湾同胞都是我们的骨肉天亲。大部分港澳台同胞也认同自己属中华民族，愿意为中华民族伟大复兴贡献力量和智慧。家国一梦，是凝聚两岸同胞的一面精神旗帜，反映了两岸同胞的共同心声，是全国各族人民共同的奋斗目标。中国梦既是国家、民族的梦，也是包括两岸同胞在内的每个中华儿女的梦，同每个人对美好生活的向往紧密相连，每个人都是中国梦的参与者、书写者、获益者。中华民族伟大的革命先行者孙中山曾经讲过：“‘统一’是中国全体国民的希望。能够统一，全国人民便享福；不能统一，便要受害。”保持香港、澳门长期繁荣稳定，实现祖国完全统一，是实现中华民族伟大复兴的必然要求。可以说，没有实现祖国完全统一，就谈不上真正意义上的中华民族伟大复兴，中华民族所企盼的中国梦也不圆满。70 年来，我们党始终高举中华民族伟大复兴的旗帜，团结凝聚海内外中华儿女共同为推动祖国统一而奋斗，为顺利推进“一国两制”和祖国和平统一汇聚了强大力量。

5. 坚决反对外部势力干涉

香港、澳门和台湾都是中国领土不可分割的一部分。香港问题、澳门问题和台湾问题，完全是中国的内政，决不允许任何外国干涉。香港回归以来，少数国家利用香港存在的问题，打着“言论和结社自由”“司法独立”等幌子，干涉香港事务和中国内政，蓄意破坏香港繁荣稳定。对此，我国政府表达了强烈不满和坚决反对，强调香港是中国的香港，我们决不允许任何外国政府、机构和个人以任何形式干涉中国内政和香港事务。台湾问题至今没有得到解决，很大程度上是外国势力干涉造成的。新中国成立以来，我们一再强调，台湾问题是中国的内政，事关中国核心利益和中国人民民族感情，不容任何外来干涉。只要与中国建立外交关系，必须断绝与台湾官方往来，这是我国坚持的一条根本原则。我们不承诺放弃使用武力，保留采取一切必要措施的选项，一个重要的原因也是针对外部势力的干涉。正是因为我们坚决反对外部势力干涉，减少了复杂性和外部阻力，顺利推进了“一国两制”和祖国和平统一进程。

十六

擘画最大同心圆

——为什么爱国统一战线能够不断巩固发展

1949年9月21日至30日，中国人民政治协商会议第一次全体会议在北平中南海怀仁堂召开。出席会议的有45个单位的代表及特别邀请人士，共662人。会议通过了具有临时宪法性质的《中国人民政治协商会议共同纲领》和《中国人民政治协商会议组织法》《中华人民共和国中央人民政府组织法》等具有划时代意义的重要文件。中国人民政治协商会议的召开，中华人民共和国的成立，标志着新民主主义革命的胜利。这个胜利是中国共产党领导全国人民、各民主党派及爱国民主人士长期共同奋斗的结果，是统一战线的巨大成功，也意味着统一战线进入新的发展时期。新中国成立70年来，中国共产党领导的统一战线不断创新发展、巩固扩大，为实现党的历史使命任务发挥了重要作用、作出了重要贡献。

（一）坚持人民民主统一战线

统一战线是中国共产党领导的事业取得胜利的重要法宝。在不同历史时期，中国共产党建立了不同形式的统一战线，先后历经民主联合战线、工农民主统一战线、抗日民族统一战线、人民民主统一战线和爱国统一战线等几个重要的历史阶段。人民民主统一战线形成于解放战争时期。抗日战争结束后，全国人民强烈要求和平民主，而以蒋介石为首的国民党统治集团在美国支持下，悍然发动内战，激起了全国人民的极大愤慨。在中国共产党的领导下，各阶级阶层、各政党团体形成了为推翻国民党反动统治，建立独立、民主、自由、富强的新中国而斗争的人民民主统一战线。

新中国成立后，中国共产党继续坚持人民民主统一战线，但地位性质、组织形式等都发生了历史性变化。具有临时宪法性质的《中国人民政治协商会议共同纲领》明确规定："中国人民民主专政是中国工人阶级、农民阶级、小资产阶级、民族资产阶级及其他爱国民主分子的人民民主统一战线的政权，而以工农联盟为基础，以工人阶级为领导。由中国共产党、各民主党派、各人民团体、各地区、人民解放军、各少数民族、国外华侨及其他爱国民主分子的代表们所组成的中国人民政治协商会议，就是人民民主统一战线的组织形式。"在中央人民政府的人事安排上也反映出人民民主统一战线政权的性质，6 位副主席中共产党员 3 位，民主党派和无党派人士 3 位；56 位委员中共产党员 29 位，民主党派和无党派人士 27 位。同时，人民民主统一战线的任务也从服务新民主主义革命向服务社会主义过渡。新中国成立后，中国共产党所领导的统一战线的主要任务就是最大限度地团结一切可以团结的力量，巩固新生的人民政权，团结民族资产阶级，利用、限制资本主义，合理调整工商业，促进恢复国民经济和反对帝国主义。1950 年 3 月，第一次全国统战工作会议召开，明确了统一战线工作的任务及方针政策。李维汉在《人民民主统一战线的新形势与新任务》的报告中指出，党的统一战线工作的总任务，是要在实行共同纲领、巩固工农联盟的基础上，密切团结全国各民族，各民主阶级、各民主党派，各人民团体，广大华侨，各界民主人士及其他爱国分子，争取尽可能多的能够同我们合作的人，为着稳步地实现新时期的历史任务而奋斗。新中国成立初期，人民民主统一战线在恢复国民经济，以及抗美援朝、土地改革和镇压反革命三大运动中经受了考验和锻炼，得到进一步巩固和发展。

随着新中国国民经济恢复任务的完成和三大运动的结束，中国政权建设逐步推进。1954 年 9 月一届全国人大一次会议召开，通过了《中华人民共和国宪法》。全国人民代表大会召开后，中国人民政治协商会议不再代行全国人民代表大会的职能，《中国人民政治协商会议共同纲领》代行宪法的任务也宣布结束。人民代表大会制度的实行，决不意味着要削弱统一战线，而是更加巩固和加强。1954 年《中华人民共和国宪法》序言中强调，“我国人民在建立中华人民共和国的伟大斗争中已经结成以中国共产党为领导的各民主阶级、各民主党派、各人民团体的广泛的人民民主统一战线。今后在动员和团结全国人民完成国家过渡时期总任务和反对内外敌人的斗争中，我国的人民民主统一战线将继续发挥它的作用”。这样，就以根本大法的形式确定了人民民主统一战线性质、地位、作用。中共中央明确提出，中国人民政治协商会议作为独立的统一战线组织而继续存在。人民政协不是权力机关，而是各党派的协商机关，是党派性的机关。毛泽东强调，这不等于不重视它，而恰好是重视它。共产党就是党派，也不是国家权力机关，但它的价值并不因此而有所降低。1954 年 12 月，中国人民政治协商会议第二届全国委员会第一次会议召开。会议通过了《中国人民政治协商会议章程》《关于第一届全国委员会工作报告的决议》以及《中国人民政治协商会议第二届全国委员会第一次全体会议宣言》。这次会议，是中国人民政治协商会议不再代行全国人民代表大会职能后召开的，它明确了全国人民代表大会召开后人民政协的性质、地位、作用和任务，明确了政协与人大、政府机关之间相互配合的关系，明确了加强统一战线和人民政协工作的必要性和重要性，为在中国长期坚持中国共产党领导的多党合作和政治协商制度奠定了思想基础、政治基础和组织基础，在人民政协发展史上具有特殊的意义。

1956 年，生产资料私有制的社会主义改造基本完成，宣告我国进入社会主义社会。人民民主统一战线在进入全面建设社会主义时期得到进一步发展。中央统战部起草的《一九五六年到一九六二年统一战线工作的方针（草案）》，把我国人民民主统一战线说成“社会主义的统一战线”，各民主党派和工商联“已经是社会主义性质的团体”。周恩来认为这种说法不妥，并要求中央统战部作适当修改。中央统战部根据周恩来的要求，仍然坚持了人民民主统一战线的提法。1956 年 4 月，毛泽东发表《论十大关系》的讲话，在党与非党的关系方面，首次提出了“长期共存，互相监督”的方针。这标志着中国共产党领导的多党合作的基本格局在社会主义条件下得以确立，为正确处理中国共产党与民主党派的关系、实行合作共事奠定了理论基础。1956年9月召开的党的八大，明确了人民民主统一战线存在和发展的重要性和必要性。毛泽东强调，必须继续加强各民族、各民主阶级、各民主党派、各人民团体的团结，继续巩固和扩大我们的人民民主统一战线，必须认真地纠正在任何工作环节上的任何一种妨害党同人民团结的不良现象。同时，还明确了人民民主统一战线工作在知识分子、民族资产阶级、少数民族上层人士和宗教界爱国人士、民主党派和无党派人士等群体中的任务。党的八大关于统一战线的重要论述，为巩固和发展人民民主统一战线指明了方向。1957年2月，毛泽东在最高国务会议第十一次（扩大）会议上发表《关于正确处理人民内部矛盾的问题》，系统阐明了关于严格区分社会主义社会的敌我矛盾和人民内部矛盾以及正确处理人民内部矛盾的理论。这一理论提出了正确处理人民内部矛盾的方针：包括在政治思想上提倡和善于运用“团结—批判—团结”的公式；在民族关系上采取各民族平等和团结的原则；对知识分子要给予信任，善于团结，又要加强教育；在科学文化工作方面实行“百花齐放、百家争鸣”的方针，等等。这为正确认识和处理人民民主统一战线内部矛盾提供了理论依据。从20世纪50年代后期开始，由于中国共产党“左”的错误的发展，人民民主统一战线虽然受到反右派斗争扩大化等一系列政治运动的冲击，遭遇挫折，但是在不断调整中经受了考验、不断巩固。比如，分批为右派分子摘掉帽子，为知识分子“脱帽加冕”，推动少数民族地区的社会改革，宽大处理国民党战犯，争取国民党军政人员回国等。在中国共产党“爱国一家”“爱国不分先后”的政策感召下，在周恩来的精心安排下，李宗仁远渡重洋，于1965年7月18日安全回国，对海内外爱国人士产生了很大影响。

1966年5月“文化大革命”爆发，统一战线遭到新中国成立以来最严重的破坏和挫折，统战工作机构遭到破坏，民主党派、工商联、人民政协被迫停止活动，共产党同党外人士的合作共事几乎荡然无存。在“文化大革命”后期，党的统战政策虽然得到调整，但在“以阶级斗争为纲”的错误思想指导下，很多政策很难落实。直到1976年10月“文化大革命”结束，特别是党的十一届三中全会召开后，统一战线才逐步得到恢复，并且从人民民主统一战线发展到爱国统一战线。

（二）巩固和扩大爱国统一战线

改革开放开启了以经济建设为中心的社会主义现代化建设新时期，统一战线也进入了爱国统一战线新阶段。40多年来，我国爱国统一战线适应新形势、新任务、新环境，在继承中发展、在发展中开拓，焕发出勃勃生机，在改革开放历史进程中不断巩固壮大。

1. 爱国统一战线性质发生根本变化

改革开放前，统一战线的性质是工人阶级、农民阶级、城市小资产阶级、民族资产阶级及其他爱国民主分子的阶级联盟。改革开放之后，中国共产党根据我国阶级关系的变化确定新时期统一战线的性质为爱国统一战线。1979年8月，第十四次全国统战工作会议认为新时期统一战线是革命的爱国统一战线。这不是一般名称的变动，而是反映了国内阶级状况和整个形势的根本变化。邓小平指出，现阶段统一战线的性质，叫革命的爱国统一战线，就是劳动者和爱国者的联盟，这样的范围就宽了，具有广泛的性质。同时，强调统一战线的对象，清楚得很，顾名思义，是把一切能够联合的都联合起来，范围以宽为宜，宽有利，不是窄有利。1981年6月，党的十一届六中全会通过的《关于建国以来党的若干历史问题的决议》指出：“一定要毫不动摇地团结一切可以团结的力量，巩固和扩大爱国统一战线。”爱国统一战线的提出，有利于更广泛地团结一切可以团结的力量，凡是热爱祖国的集体和个人都可以、都能够加入到统一战线中来，从而进一步扩大了统一战线的范围。1986年第十六次全国统战工作会议指出，统一战线的范围和规模进一步扩大，形成了两个范围的联盟：一个是由大陆全体劳动者、爱国者组成的，以社会主义为政治基础的联盟；另一个是团结台湾同胞、港澳同胞、国外侨胞，以拥护祖国统一为政治基础的联盟。这样，统一战线的性质正式由阶级联盟转变为政治联盟。

20世纪90年代之后，随着改革开放的深入和社会主义市场经济的建立和发展，我国社会阶层发生了新变化。2001年7月，江泽民在庆祝中国共产党成立80周年大会上的重要讲话中指出："在社会变革中出现的民营科技企业的创业人员和技术人员、受聘于外资企业的管理技术人员、个体户、私营企业主、中介组织的从业人员、自由职业人员等社会阶层，都是中国特色社会主义事业的建设者。"2004年3月十届全国人大二次会议通过的宪法修正案，将统一战线性质调整为：包括全体社会主义劳动者、社会主义事业的建设者、拥护社会主义的爱国者和拥护祖国统一的爱国者的广泛的爱国统一战线。

党的十八大以来，习近平总书记指出，实现中华民族伟大复兴的中国梦的奋斗目标，成为团结凝聚海内外中华儿女的最大公约数。2018年3月十三届全国人大一次会议通过的宪法修正案，将统一战线的性质进一步修改为"包括全体社会主义劳动者、社会主义事业的建设者、拥护社会主义的爱国者、拥护祖国统一和致力于中华民族伟大复兴的爱国者的广泛的爱国统一战线"。将"致力于中华民族伟大复兴的爱国者"纳入统一战线的范畴，更具有时代性、包容性。

2. 爱国统一战线任务不断增加

改革开放新时期，党和国家的工作重点转移到了社会主义现代化建设上来。适应党和国家工作重心的转移，统一战线的主要任务也发生了根本变化。1979年6月，邓小平在全国政协五届二次会议上指出："新时期统一战线和人民政协的任务，就是要调动一切积极因素，努力化消极因素为积极因素，团结一切可以团结的力量，同心同德，群策群力，维护和发展安定团结的政治局面，为把我国建设成为现代化的社会主义强国而奋斗。"1979年元旦全国人大常委会发表《告台湾同胞书》，提出争取祖国和平统一的大政方针，台湾回归祖国、实现祖国统一成为党和国家的历史任务。在同年8月至

9 月召开的第十四次全国统战工作会议明确了新时期统一战线的方针任务："团结一切可以团结的力量，调动国内外一切积极因素，努力化消极因素为积极因素，全力维护和发展安定团结的政治局面，为把我国建设成为现代化的社会主义强国，为台湾归回祖国、实现祖国统一大业而共同奋斗。"20 世纪 80 年代，我们党吸取"文化大革命"中忽视法制的教训，明确强调要加强社会主义民主法制建设。同时，"一国两制"方针的提出，进一步丰富了国家统一理论和实践。1986 年召开的第十六次全国统战工作会议，把统一战线任务也相应调整为"发展最广泛的爱国统一战线，为推动'一国两制'方针的实施，为促进社会主义物质文明、精神文明和民主、法制的建设，实现统一祖国、振兴中华的伟大目标而奋斗"。这样，统一战线的任务由"两个服务"发展为"三个服务"。

20 世纪 90 年代，随着国际国内形势的发展变化，维护安定团结的政治局面成为当时党和国家的重要任务。1990 年 6 月，第十七次全国统战工作会议把统一战线的任务相应调整为："高举爱国主义、社会主义旗帜，团结一切可以团结的力量，调动一切积极因素，同心同德，群策群力，为巩固和发展安定团结的政治局面服务，为推进社会主义现代化建设和改革开放服务，为健全社会主义民主和法制服务，为促进'一国两制'、和平统一祖国服务。"统一战线的任务由"三个服务"发展为"四个服务"。

进入 21 世纪之后，随着香港、澳门的回归以及中国共产党提出建设和谐社会，统一战线的任务又有了新的变化，这就是：高举爱国主义、社会主义旗帜，团结一切可以团结的力量，调动一切可以调动的积极因素，为促进社会主义经济建设、政治建设、文化建设、社会建设服务，为促进香港、澳门长期繁荣稳定和祖国和平统一服务，为维护世界和平、促进共同发展服务。这次将统一战线由"四个服务"整合为"三个服务"，看似减少了，但实际内容上任务进一步增加。

党的十八大以来，习近平总书记鲜明提出"四个全面"战略布局、实现中华民族伟大复兴的中国梦等重大战略思想，统一战线的主要任务也发展为：紧紧围绕全面建成小康社会、全面深化改革、全面依法治国、全面从严治党的战略布局，高举爱国主义、社会主义旗帜，坚持大团结大联合的主题，坚持正确处理一致性和多样性关系的方针，积极促进政党关系、民族关系、宗教关系、阶层关系、海内外同胞关系和谐，巩固和发展最广泛的爱国统一战线，为实现“两个一百年”奋斗目标、实现中华民族伟大复兴的中国梦服务，为维护社会和谐稳定、维护国家主权安全发展利益服务，为保持香港澳门长期繁荣稳定、实现祖国完全统一服务。可以看出，统一战线这一主要任务的表述不仅提出了促进“五个关系”，而且把维护国家主权安全发展利益纳入其中，更为具体、更有针对性、更加增多。

3. 爱国统一战线工作对象和范围不断扩大

不同时期统一战线面临的形势任务不同，工作范围和对象也不相同。改革开放以来，随着我国社会阶级阶层的变化，各层级、各方面的代表人士大量涌现，统战对象逐步从社会精英扩展到社会各阶层各界别，不仅有“高山”凸显，更有“群峰”涌现，爱国统一战线工作范围和对象不断扩大。1981 年第十五次全国统战工作会议明确了爱国统一战线的工作范围和对象，包括各民主党派、无党派知名人士、非党的知识分子干部、起义和投诚的原国民党军政人员、原工商业者、少数民族的上层人物、爱国的宗教领袖人物、去台湾人员的家属和亲友、台湾同胞和港澳同胞、归国侨胞和国外侨胞 10 类。

新世纪以来，随着“中国特色社会主义事业的建设者”概念的提出，统一战线范围由“体制内”延伸到“体制外”，中国共产党先后将非公有制经济人士、新的社会阶层人士纳入统一战线范围。2006 年颁布《中共中央关于巩固和壮大新世纪新阶段统一战线的意见》指出，统一战线工作范围主要包括各民主党派成员，无党派人士，党外知识分子，少数民族人士，宗教人士，非公有制经济人士，私营企业和外资企业的管理技术人员，中介组织从业人员，自由职业人员，原工商业者，起义和投诚的原国民党军政人员及眷属，港澳同胞，台湾同胞、去台湾人员留在大陆的亲属，出国和归国留学人员，海外侨胞和归国侨眷 15 类，统一战线工作的重点是党外代表人士。2015 年颁布的《中国共产党统一战线工作条例（试行）》指出，统一战线工作范围和对象进一步整合为：民主党派成员、无党派人士、党外知识分子、少数民族人士、宗教界人士、非公有制经济人士、新的社会阶层人士、出国和归国留学人员、香港同胞、澳门同胞、台湾同胞及其在大陆的亲属、华侨、归侨及侨眷、其他需要联系和团结的人员 14 类；统一战线工作对象为党外人士，重点是其中的代表人士。可以看出，党的统一战线范围不断扩大。

4. 爱国统一战线方针调整发展

改革开放之后，中国共产党对统一战线各领域的工作进一步加强，方针政策越来越明确。1982 年党的十二大明确提出，我们党要继续坚持“长期共存、互相监督”“肝胆相照、荣辱与共”的方针，加强同各民主党派、无党派民主人士、少数民族人士和宗教界爱国人士的合作。1989 年中共中央颁布的《关于坚持和完善中国共产党领导的多党合作和政治协商会议制度的意见》指出，“长期共存、互相监督、肝胆相照、荣辱与共”是中国共产党同各民主党派合作的基本方针。“十六字方针”是由“长期共存、互相监督”的“八字方针”发展而来的，是中国共产党人对统一战线实践经验的科学总结，是对新时期统一战线理论和政策基本内容的高度概括。作为中国共产党和各民主党派合作的基本方针，“十六字方针”一直延续至今。在民族工作方面，巩固发展平等、团结、互助、和谐的社会主义新型民族关系。在宗教工作方面，强调宗教信仰自由，坚持独立自主、自办教会的原则。在知识分子工作方面，提出“尊重知识、尊重人才、尊重劳动、尊重创造”的方针。在对台工作方面，提出和平解决台湾问题的政策主张和“一国两制”科学构想，确立了“和平统一、一国两制”基本方针，进而形成了坚持“一国两制”和推进祖国统一基本方略。在非公有制经济人士工作方面，提出“团结、帮助、引导、教育”基本方针，着眼促进非公有制经济健康发展、促进非公有制经济人士健康成长，构建“亲”“清”新型政商关系。

5. 爱国统一战线制度机制不断完善

制度问题更带有根本性、全局性、稳定性、长期性。改革开放以来，爱国统一战线制度机制不断完善，特别是中国人民政治协商会议作为爱国统一战线组织形式制度化、规范化、程序化水平不断提高。1982 年宪法序言中指出：“中国人民政治协商会议是有广泛代表性的统一战线组织，过去发挥了重要的历史作用，今后在国家政治生活、社会生活和对外友好活动中，在进行社会主义现代化建设、维护国家的统一和团结的斗争中，将进一步发挥它的重要作用。”这样，以国家根本大法的形式确定了人民政协的性质和作用。1989 年党中央制定颁发的《关于坚持和完善中国共产党领导的多党合作和政治协商制度的意见》，明确了中国共产党领导的多党合作和政治协商制度是我国一项基本政治制度。1993 年 3 月，八届全国人大一次会议将“中国共产党领导的多党合作和政治协商制度将长期存在和发展”载入宪法，为这一制度的发展，提供了根本法律保障。2005 年 2 月颁发的《关于进一步加强中国共产党领导的多党合作和政治协商制度建设的意见》明确指出，人民政协是中国人民爱国统一战线的组织，是中国共产党领导的多党合作和政治协商的重要机构，是我国政治生活中发扬社会主义民主的重要形式。2006 年 7 月颁发的《关于巩固和壮大新世纪新阶段统一战线的意见》明确提出，要坚持长期共存、互相监督、肝胆相照、荣辱与共的方针，不断推进多党合作和政治协商的制度化、规范化、程序化。党的十八大以来，统一战线制度化明显加快，出台的文件之多、落实力度之强都是前所未有的。党的十八大首次提出要“健全社会主义协商民主制度”。2015 年中共中央印发《中国共产党统一战线工作条例（试行）》《关于加强社会主义协商民主建设的意见》，同年中共中央办公厅还公布了《关于加强人民政协协商民主建设的实施意见》《关于加强政党协商的实施意见》等，这对人民政协制度化发展起到了巨大推动作用。同时，改革开放以来我国还就民族工作制定了《中华人民共和国民族区域自治法》，针对宗教工作颁发了《关于我国社会主义时期宗教问题的基本观点和基本政策》《宗教事务条例》等，不断推动爱国统一战线制度化规范化程序化。

（三）永远坚持统一战线的这个法宝

经验是人们对实践中成功做法的总结，实践的广度和深度决定了经验的高度和厚度。新中国成立70年来，中国共产党统一战线工作积累了丰厚的经验。继续推进新时代爱国统一战线，必须牢牢把握新中国成立以来统一战线的宝贵历史经验。

1. 始终坚持中国共产党对统一战线的领导

领导权问题是统一战线最根本的问题。统一战线是中国共产党领导的统一战线，坚持中国共产党的领导是统一战线的应有之义，也是巩固和发展最广泛的爱国统一战线的根本保证。坚持中国共产党的领导，是历史的必然选择、现实的必然要求。从中国革命历史来看，统一战线什么时候离开党的坚强领导，中国革命就会遭遇挫折；什么时候坚持党的坚强领导，中国革命就会发展顺利。毛泽东指出："中国新民主主义的革命要胜利，没有一个包括全民族绝大多数人口的最广泛的统一战线，是不可能的。不但如此，这个统一战线还必须是在中国共产党的坚强的领导之下。没有中国共产党的坚强的领导，任何革命统一战线也是不能胜利的。"新中国成立以来，统一战线始终坚持中国共产党领导，不仅得到了巩固和发展，而且发挥了巨大作用。从现实实践来看，作为以马克思主义先进理论为指导的政党，作为工人阶级的先锋队、中国人民和中华民族的先锋队，中国共产党能够团结一切可以团结的力量，组成最广泛的统一战线。只有在中国共产党领导下，统一战线才能有正确的方向、蓬勃的生机和光明的前途，才能发挥其应有作用。邓小平说过，在中国共产党领导下，实行多党合作，这是我国具体历史条件和现实条件所决定的，也是我国政治制度中的一个特点和优点。习近平总书记强调，中国共产党的领导是包括各民主党派、各团体、各民族、各阶级、各界人士在内的全体中国人民的共同选择，是中国特色社会主义最本质的特征。因此，做好新形势下统战工作，必须把握规律、坚持原则、讲究方法，最根本的是要坚持党的领导。

2. 始终坚持为党和国家中心任务服务

围绕中心、服务大局是统一战线必须遵循的重要原则，也是爱国统一战线不断巩固发展的重要原因。统一战线是中国共产党的总路线、总政策的重要组成部分。统一战线坚持中国共产党的领导，就要坚持以中国共产党在不同历史时期的总路线、总任务、总目标为服务对象。从根本上说，爱国统一战线在国家政治和社会生活中地位的高低、作用的大小取决于能否最大限度地把各阶层、各民族、各党派、各团体和各界人士的意志、智慧和力量都凝聚到经济建设上来。新中国成立以来，爱国统一战线始终服从服务于党和国家的中心工作，把社会各方面成员的意志和力量凝聚到社会主义革命、建设和改革上来，对党和国家中心工作的顺利推进发挥了重要作用，体现了重要价值。特别是改革开放以来，经济建设成为党和国家的中心任务，爱国统一战线紧紧围绕经济建设这个中心，把各方面的积极性、主动性、创造性调动起来，多方位、多角度、多层次地参与经济建设，为发展社会生产力提供了强大的力量支持，创造了团结稳定的社会政治环境。

3. 始终高举爱国主义、社会主义两面旗帜

习近平总书记指出，要高举爱国主义、社会主义旗帜，牢牢把握大团结大联合的主题，坚持一致性和多样性统一，找到最大公约数，画出最大同心圆。坚持高举社会主义、爱国主义两面旗帜，是形成海内外中华儿女大团结大联合的关键所在。新中国成立以来，统一战线能够不断巩固发展，很大程度上是因为中国共产党既高举社会主义旗帜，又高举爱国主义旗帜。社会主义是中国人民的历史选择，是中国走向现代化的必由之路。只有社会主义才能救中国，只有中国特色社会主义才能发展中国、发展社会主义、发展马克思主义。在中国，必须始终高举社会主义的旗帜。爱国主义是中华民族最为深厚的历史情感，是我们国家和民族自立自强的强大精神动力，是凝聚和鼓舞各族人民团结奋斗的一面旗帜，具有强大的感召力和凝聚力。爱国与否，是最大的政治分野。台湾同胞、香港特别行政区同胞、澳门特别行政区同胞和海外侨胞，可能不赞成社会主义，但赞成祖国统一，赞成中华民族伟大复兴。1956 年毛泽东在第六次最高国务会议上指出："比如台湾，那里还有一堆人，他们如果是站在爱国主义立场，如果愿意来，不管个别的也好，部分的也好，集体的也好，我们都要欢迎他们为我们的共同目标奋斗。"高举爱国主义旗帜可以超越不同社会制度和意识形态的界限，使统一战线具有空前的广泛性和巨大的包容性，在维护祖国统一和实现民族振兴的共同意志的

基础上，实现最广泛的联合。在当代中国，爱国主义与社会主义本质上是统一的。新中国成立以来，爱国统一战线高举爱国主义、社会主义两面旗帜，形成两个范围的联盟，结成最广泛的统一战线，实现整个中华民族的大团结。

4. 始终坚持大团结大联合的主题

“大厦之成，非一木之材也；大海之阔，非一流之归也。”大团结大联合是爱国统一战线永恒的主题和安身立命之本。俗话说，团结就是力量，团结是铁，团结是钢，比铁还硬，比钢还强。爱国统一战线的实质就是要在共产党的领导之下，把全国各民族、各党派、各阶层、各方面的力量团结起来、凝聚起来，为实现共同的目标而奋斗。习近平总书记指出，统战工作的本质要求是大团结大联合，解决的就是人心和力量问题。人心向背、力量对比是决定党和人民事业成败的关键，是最大的政治。新中国成立以来，中国共产党始终坚持大团结大联合这个主题，以实现社会主义现代化、中华民族伟大复兴作为共同目标，不断加强中国共产党同民主党派和无党派人士团结合作，巩固和发展平等团结互助和谐的社会主义民族关系，不断做好宗教界人士和信教群众工作，加强海内外中华儿女的大团结，最广泛最充分地调动一切积极因素，消除各种消极因素，赢得了人心、赢得了力量，不断巩固发展了爱国统一战线。

5. 始终坚持发扬社会主义民主

发展爱国统一战线，不可能是清一色的，各式各样的人都会有，也应该有，必须求同存异，尊重差异、包容多样，正确处理好一致性和多样性的关系。正所谓“非一则不能成两，非两则不能致一”。发扬社会主义民主，是处理好一致性和多样性关系的根本途径，是建设社会主义政治文明的必然要求，也是充分调动广大统一战线成员的积极性和创造性，发挥统一战线作用和优势的重要前提。新中国成立以来，我国不断完善社会主义民主制度，坚持和完善人民代表大会制度、中国共产党领导的多党合作和政治协商制度、民族区域自治制度，积极组织统一战线内部各阶级、阶层、党派、团体及各界人士广泛参与国家和社会事务管理，积极支持民主党派成员和无党派人士参政议政，尊重和发挥他们在政治协商、民主监督中的作用，使广大党外人士理解和接受中国共产党的路线、方针、政策。事实证明，爱国统一战线坚持不断发扬社会主义民主，就能够为建设中国特色社会主义事业提供更广泛的政治力量和更强大的政治动力。

6. 始终尊重、维护和照顾同盟者的利益

尊重、维护和照顾同盟者的利益，帮助党外人士排忧解难，是实现党对统一战线领导的重要条件。马克思指出："人们为之奋斗的一切，都同他们的利益有关。"统一战线是在共同利益基础上为实现共同目标而结成的联盟。早在民主革命时期，毛泽东就强调："领导的阶级和政党，要实现自己对于被领导的阶级、阶层、政党和人民团体的领导，必须具备两个条件：（甲）率领被领导者（同盟者）向着共同敌人作坚决的斗争，并取得胜利；（乙）对被领导者给以物质福利，至少不损害其利益，同时对被领导者给以政治教育。没有这两个条件或两个条件缺一，就不能实现领导。"新中国成立初期，针对一些资产阶级代表人物对于人民代表普选只有共产党的份儿、他们政治地位和政治权利得不到保障的担忧，毛泽东说，我们的重点是照顾多数，同时照顾少数，凡是对人民国家的事业忠诚的，做了工作的，有相当成绩的，对人民态度比较好的各民族、各党派、各阶层的代表性人物都有份儿。新中国成立以来特别是改革开放以来，中国共产党通过政治安排，切实照顾同盟者的政治利益，确保党外人士在各级人大、政协中占有适当的比例，并与党内同级领导干部享受同等待遇；安排党外人士在政府任职，参与国家政权，保证在政府和司法机关担任领导职务的党外领导干部有职有权；出台《关于帮助民主党派解决工作条件和干部待遇若干问题的意见》等一系列文件，解决照顾同盟者的实际利益问题，不断增强爱国统一战线的凝聚力和向心力，更好地团结和带动广大统一战线成员向着共同的目标前进。

十七

独立自主　和平外交

——为什么能够营造良好的国际发展环境

中华人民共和国的诞生，开辟了人类历史的新纪元，中华民族一洗百年屈辱外交的历史，以独立自主的崭新面貌登上世界舞台。70 年来，中国外交在历届中央领导集体的引领下，经受住了国际风云变幻的考验，中国同大国之间的关系日益稳定、同广大发展中国家的友谊不断巩固、多边外交日益活跃、国际地位不断提高，为我国的经济社会发展营造了良好的国际发展环境。

（一）确保独立自主，反对霸权主义

民族独立是鸦片战争以来无数仁人志士的不懈追求。中国共产党自成立起，就把反抗帝国主义压迫、争取民族独立书写在自己的旗帜上。取消帝国主义在华特权，实现中华民族的独立是新中国成立之初我国外交的基本立场。毛泽东在政协筹备会议第一次会议上的讲话中强调："中国必须独立，中国必须解放，中国的事情必须由中国人民自己作主张，自己来处理，不容许任何帝国主义国家再有一丝一毫的干涉。"

独立自主的精神贯彻到外交领域，便是要捍卫中华民族的独立解放，取消帝国主义的在华特权，在平等、互利、互相尊重主权和领土完整的基础上发展对外关系。毛泽东在第一届政治协商会议筹备会上的讲话中指出："中国人民愿意同世界各国人民实行友好合作，恢复和发展国际间的通商事业，以利发展生产和繁荣经济。"但是，以美国为首的帝国主义国家对新中国采取敌视态度，妄图封锁和孤立中国。而以苏联为首的社会主义国家则同情、支持中国革命，愿意在平等的基础上与新中国发展外交关系。立足于中国和国际的实际，毛泽东等党和国家领导人确立了"另起炉灶""打扫干净屋子再请客""一边倒"三条外交方针。

"另起炉灶"，是指不承认国民党政府同各国建立的旧的外交关系，而要在新的基础上同各国另行建立新的外交关系。"打扫干净屋子再请客"，是指新中国在与西方发达资本主义国家建立外交关系以前，必须先将旧中国遗留下来的帝国主义特权、帝国主义势力、帝国主义影响彻底清除。"一边倒"，是指在国际斗争中坚定地站在以苏联为首的社会主义阵营一边。1949 年 6 月 30 日，毛泽东在《论人民民主专政》一文中指出："一边倒，是孙中山的四十年经验和共产党的二十八年经验教给我们的，深知欲达到胜利和巩固胜利，必须一边倒。"三条外交方针的确立，使新中国以独立自主的姿态登上国际舞台，有效抵御了帝国主义的战争威胁，为新中国政权的巩固和各项事业的建设赢得了良好的国际发展环境。

第二次世界大战结束后，亚非拉国家纷纷独立。20 世纪 50 年代初，除"两大阵营"外，世界上还存在着大量新兴的民族国家，这些国家基本都有反抗西方殖民统治的历史，有着维护民族独立和促进经济发展的相近诉求，但建立的社会制度却不尽相同。如何发展同这些国家的关系，是中国外交战略的重要内容。1953 年 12 月 31 日，周恩来在北京接见印度谈判代表团时，首次系统地提出了"互相尊重领土主权、互不侵犯、互不干涉内政、平等互惠和和平共处"五项原则。1954 年 6 月，在中印、中缅两国总理签订的联合声明中，都把和平共处五项原则确立为指导发展国家间关系的准则，并指出："这些原则不仅适用于各国之间，而且适用于一般国际关系之中。"在日内瓦会议上，中国成功将和平共处五项原则运用于印度支那问题的解决，在中国的积极协调下，日内瓦会议最终实现了印度支那的停战，维护了亚洲和世界的和平。1955 年 4 月，周恩来在亚非会议上向亚非国家和国际社会阐释了和平共处五项基本原则的内容和意义，并将内容最终确定为“互相尊重主权和领土完整、互不侵犯、互不干涉内政、平等互利、和平共处”。和平共处五项原则得到了亚非国家的认同和欢迎，亚非会议最终以和平共处五项原则作为蓝本，确立了指导国家关系发展的“十项原则”。

和平共处五项原则由于其内容的合理性和在国际交往中的成功实践，迅速发展为中国处理国际关系的一般准则。日内瓦会议后，毛泽东在会见英国工党领袖艾德礼时指出，和平共处五项原则应推广到所有国家关系中去。1956 年波兰和匈牙利事件发生后，中国政府发表声明，强调社会主义国家之间的关系更应该建立在和平共处五项原则基础之上。

霸权主义，是指某些大国、强国奉行的欺压、侵略弱小国家，在世界上称王称霸的政策。任何形式的霸权主义，都必然会对其他国家，特别是弱小国家的国家主权和安全造成破坏。新中国成立初期，我国在实行“一边倒”战略的同时，始终坚持“用自己的脑袋思考”，“用自己的腿走路”，维护国家主权和民族独立，始终牢记“不能把自己的党和国家的独立性丢掉”。20 世纪 50 年代末开始，苏联推行霸权扩张政策，1958 年，苏联向中国提出在中国建立长波电台和中苏联合潜艇舰队的要求，严重侵犯中国的国家主权和利益，遭到了毛泽东等党和国家领导人的断然拒绝。随着中苏关系逐步恶化，1960 年 7 月，苏联突然宣布撤回全部在华苏联专家，并实施一系列破坏中国主权和安全的行为，中苏关系全面破裂并走向战争边缘。在反对苏联霸权主义的同时，20 世纪 50 年代末至 60 年代中期，新中国还要防范来自美国的侵略和战争威胁。这一时期，美国仍旧采取敌视新中国的政策，与台湾国民党当局签订所谓“共同防御条约”，并试图制造“两个中国”和“一中一台”。1964 年，美国又扩大对越南的侵略战争，把“特种战争”扩大为“局部战争”，从南面威胁中国领土的安全。

面对两个超级大国都与中国为敌的不利局面，新中国在坚持“反帝反修”“两个拳头打人”的同时，开始调整外交战略，根据国际形势的变化提出“中间地带”理论。毛泽东指出，“中间地带有两部分，一部分是指亚洲、非洲、拉丁美洲的广大经济落后的国家，一部分是指以欧洲为代表的帝国主义国家和发达的资本主义国家。这两部分都反对美国的控制，在东欧各国则发生反对苏联控制的问题”。依据这一理论，中国把对外战略调整为依靠第一中间地带，争取第二中间地带，反对两个超级大国的霸权主义。1964 年，中法两国克服意识形态、政治制度方面的差异，在和平共处五项原则的基础上建立外交关系，是“中间地带”理论的成功实践，让世界看到了反对美苏霸权主义国家的力量，冲击了美苏争霸、主宰世界的国际关系格局，为中国发展与西方国家的关系树立了典范。

20 世纪 60 年代后期起，为了遏制苏联的扩张，美国开始改变它长期以来推行的敌视新中国的政策，希望通过联合中国来制衡苏联。1969 年 3 月，“珍宝岛事件”爆发，苏联对中国的军事威胁骤然升级。为了共同抵抗苏联的霸权主义扩张，中国开始与美国进行了一系列接触。1971 年 6 月，美国总统国家安全事务助理基辛格秘密访华，开启了中美平等对话的大门。1972 年 2 月，美国总统尼克松访华，同月 28 日，中美双方在上海发表了《中美联合公报》，双方同意以和平共处五项原则来处理国与国之间的关系，两国关系逐步实现正常化。

中美关系的改善，使得中国所处的国际环境发生了重大变化，如何发展与美国及世界其他各种制度国家之间的关系，迫切需要外交战略上的指导。经过深思熟虑，毛泽东等党和国家领导人提出了“三个世界”划分理论，制定了“一条线”“一大片”的对外战略，打开了中国和平外交的新局面。1973 年 2 月 17 日，毛泽东会见来访的美国政治家基辛格时，提出了“一条线”的思想，主张联合美国对抗苏联的霸权主义。1974 年 1 月 5 日，毛泽东会见日本外相大平正芳时，又提出“一大片”的思想。所谓“一条线”，是指从中国、日本，经巴基斯坦、伊朗、土耳其、欧洲到美国，都在这条纬度上；“一大片”，是指这条线周围所有的国家。这一战略思想的主旨是联美遏苏，团结“一条线”和“一大片”涵盖的所有国家，即包括美国在内的国际上一切可以团结的力量，共同反对苏联霸权主义。

“三个世界”划分理论是对“中间地带”理论的进一步升华，为实施

“一条线”战略提供了理论基础。1974 年 2 月，毛泽东同赞比亚总统卡翁达谈话时明确提出，美国和苏联是第一世界，日本、欧洲、加拿大等国家是第二世界，广大亚非拉发展中国家是第三世界。这一理论最重要的突破是把苏联归类为与美国同等的霸权主义超级大国，为中国联合其他国家反对苏联的霸权主义提供了理论依据。“一条线”“一大片”，便是联合第三世界和第二世界国家，连同第一世界美国的力量，组成广泛的统一战线，反对苏联霸权主义的外交战略。

新中国在联合国合法席位的恢复，标志着中国打破了霸权主义的封锁，以大国的身份登上国际舞台。联合国是第二次世界大战结束后于 1945 年建立的国际组织，主要机构有联合国大会、安全理事会、秘书处等。《联合国宪章》规定，联合国的主要宗旨是维护国际和平与安全，发展国际友好关系，促进经济文化等方面的国际合作。在亚非拉广大发展中国家的推动下，1971 年 10 月 25 日，联合国大会通过 2758 号决议，恢复中华人民共和国在联合国合法权利，承认中华人民共和国政府的代表是中国在联合国组织的唯一合法代表，中华人民共和国是安全理事会五个常任理事国之一。美、日等国策划的所谓“双重代表”“两个中国”提案遭到彻底失败，国民党集团的代表从联合国及其一切机构中被驱逐出去。中国在联合国席位的恢复，打破了少数超级大国垄断国际事务的局面，中国与广大发展中国家坚定站在一起，推动建立公正合理的国际政治经济新秩序。1974 年 4 月，邓小平率领中国代表团出席联合国第六次特别会议，阐述了中国对世界局势和建立国际经济新秩序的主张，受到热烈欢迎。

（二）促进和平发展，开展全方位外交

党的十一届三中全会以后，党和国家工作的重心转移到经济建设上来，并制定了改革开放的基本国策。为中国的现代化建设营造一个和平安定的国际环境，成为中国外交的重要任务。

对国际形势和外部环境作出科学判断，是做好外交工作的重要基础和前提。长期以来，在美苏两个超级大国争霸的格局下，中国制定外交战略的一个重要立足点就是战争不可避免而且迫在眉睫。中国实行改革开放政策后，打开国门搞建设，如何认识战争与和平的问题，对于改革开放事业能否取得成功具有重要意义。经过认真观察和冷静思考，邓小平等党和国家领导人认为，中国过去对战争爆发的可能性估计过高了，随着世界和平力量的日益增长，营造和平安定的环境是可以实现的。1985 年 3 月，在会见日本商工会议所访华团时，邓小平明确提出“和平和发展是当代世界的两大问题”。和平与发展时代主题论断的提出，为实行改革开放政策、集中精力发展经济提供了理论基础。正如邓小平指出的，“没有这个判断，一天诚惶诚恐的，怎么能够安心地搞建设？更不可能搞全面改革……”

基于对国际形势的重新定位，中国调整了原来的“一条线”外交战略，推行“真正不结盟”的独立自主和平外交政策，在制定对外政策时，以和平共处五项基本原则为基础，以中国人民的根本利益为出发点，根据问题本身的是非曲直决定，不以意识形态划线，不和任何大国结盟。独立自主的和平外交政策一方面增强了中国处理国际事务的灵活性，维护了中国热爱和平大国的形象，为改革开放政策的推行创造了良好的国际环境；另一方面使中国得以紧紧抓住国际经济结构调整的发展机遇，吸收和借鉴世界各国包括资本主义发达国家的一切反映现代化生产规律的先进经营方式、管理方法，把中国的改革开放事业推向深入。反对霸权主义和强权政治，打破阻碍世界和平与发展的不公正、不合理的旧秩序，在和平共处五项原则和《联合国宪章》等国际公约的基础上建立公正、平等、合理的国际政治经济新秩序，促进世界各国友好合作和共同繁荣，是中国独立自主和平外交政策的重要目标，为中国外交政策的制定提供了理论依据和思想基础。

1991 年，苏联解体，两极争霸的格局不复存在。各种国际力量分化组合，世界进入新旧格局交替时期，世界多极化和经济全球化加速发展。霸权主义和强权政治依然存在，不合理、不公正的旧的国际政治经济秩序依旧存在，南北差距不断扩大，民族、宗教、领土冲突依然不断，世界仍然很不安宁。面对复杂多变的国际局势，以江泽民同志为核心的党的第三代中央领导集体全面继承并创造性发展了以邓小平同志为核心的第二代领导集体的独立自主的和平外交思想，得出和平与发展依然是时代的两大主题，提出“维护世界和平，促进共同发展”是中国外交政策的主旨，倡导国际关系民主化，尊重世界文明多样性，继续推动建立国际政治经济新秩序。

2002年至2012年间，中国推行独立自主的和平外交政策既面临着难得机遇，也面临着严峻挑战。一方面，“要和平、促发展、谋合作是时代的主旋律”，世界多极化和经济全球化进程日益深入，科技进步日新月异，全球经济发展保持良好势头，国际关系日益民主化；另一方面，制约和平与发展的问题依然突出。局部冲突不断，地区矛盾重重，许多国家人民的生命财产安全得不到保障，国际恐怖主义、民族分裂主义、极端宗教主义不断滋生和蔓延，环境污染等跨国问题日益突出。面对新的国际环境，以胡锦涛为总书记的中央领导集体，提出“和平发展道路”理念，倡导建设持久和平、共同繁荣的“和谐世界”。

改革开放以来，中国坚定奉行独立自主的和平外交政策，秉持维护世界和平、促进共同发展的外交宗旨，积极发展与世界各国的友好关系，走和平发展道路，推动建立公正合理的国际政治经济新秩序，推动国际关系民主化，全方位外交取得了令人瞩目的成绩，为推动改革开放事业营造了和平稳定的国际环境，开创了中国外交生动活泼的新局面。

1. 大国外交不断取得新的突破

中美关系正常化对于中国的现代化建设具有重要意义，同时，中国进行的改革开放事业，也为美国提供了巨大的发展机遇，恢复和发展外交关系符合中美两国的最大利益，这使得中美两国关系能够克服各种困难和阻力不断前进。在中美双方的共同努力下，1978年12月15日，中美两国政府宣布《中华人民共和国和美利坚合众国关于建立外交关系的公报》，1979年1月1日，中美两国宣布建立正式外交关系。但是中美关系的发展并非一帆风顺，中美建交仅三个月后，美国国会便通过了《与台湾关系法》，继续向台湾出售武器和干涉中国内政，遭到中国政府的严正抗议，经过艰苦谈判，中美两国政府于 1982 年 8 月 17 日达成协议，美国承诺将“逐步减少对台湾的武器出售，并经过一段时间导致最后的解决”。除台湾问题外，美国还不断在人权、贸易、西藏、南海等问题上大做文章，采取一些错误行动，导致中美关系发展不时受到干扰。中国领导人一方面坚持独立自主原则，坚决反对美国对中国主权的干涉，另一方面从维护世界和平与发展的大局出发，不断开拓中美关系发展的新途径。20 世纪 90 年代，江泽民提出“增加信任、减少摩擦、发展合作、不搞对抗”的原则，推动建立中美“建设性战略伙伴关系”。21 世纪初，致力于建设相互尊重、互利共赢的合作伙伴关系，胡锦涛提出“坚持对话、增进互信”“深化合作、互利共赢”“妥处分歧、排除干扰”“共担责任、供应挑战”处理中美关系的原则，把中美关系的发展推向新的阶段。

不结盟外交政策的确立，使得中国外交摆脱了具有“联美抗苏”准结盟性质的“一条线”“一大片”外交战略，中国根据自己的国家利益独立自主地处理与苏联的关系，为中苏关系的缓和创造了条件。20 世纪 80 年代中期，随着国际局势的缓和，中苏关系逐步走向改善。1982 年 3 月，苏联领导人勃列日涅夫在塔什干发表谈话，表示秉持一个中国的原则，发出改善中苏关系的信号。中国十分重视中苏关系的改善，但原则条件是苏联要主动解决在中苏、中蒙边境地区大量驻军，支持越南侵占柬埔寨，武装入侵阿富汗这“三大障碍”。经过一段时间的努力，这三大障碍逐步得以解决。1989 年 5 月，中方邀请苏联最高苏维埃主席团主席、苏共中央总书记戈尔巴乔夫访华，邓小平在与戈尔巴乔夫会晤时提出中苏关系要“结束过去，面向未来”，得到苏方的赞同，之后中苏两国发表《中苏联合公报》，实现了两国关系正常化。苏联解体后，俄罗斯联邦作为其政治遗产的继承国登上国际舞台，中国在坚持和平共处五项原则的基础上，同俄罗斯发展友好合作，中俄两国在平等协商、互谅互让基础上顺利解决中俄勘界问题，构建建设性伙伴关系和战略协作伙伴关系，建立了各级别会晤机制。2012 年，两国元首共同签署联合声明，强调双方致力于进一步加强平等信任、相互支持、共同繁荣、世代友好的中俄全面战略伙伴关系。

第二次世界大战结束后，日本和西欧经济发展迅速，国际影响力不断扩大。尤其是两极格局解体后，它们成为多极世界格局中的重要力量。1978年，中国政府派出西欧五国考察团，被称为中国改革开放的侦察兵，对于中国确立改革开放的国策发挥了重要作用。1983年6月，中国同欧共体建立了定期的政治磋商机制，同年11月，又同欧洲煤钢共同体和原子能机构建立了关系。1995年，欧盟公布了第一个全面对华政策文件《中国—欧盟关系长期政策》，提出“与中国建立一种长期的并能反映出中国的全球性经济和政治影响的关系”。1998年，中欧高层会晤实现制度化，在政治领域实现了“以对话代替对抗”。2003年，中欧建立全面战略伙伴关系，中欧之间各领域的广泛合作全面展开，2004年，欧盟成为中国第一贸易伙伴，2011年中欧贸易额超过5600亿美元。多层次、宽领域的中欧全面战略伙伴关系不断走向深入。

中国历来高度重视中日关系的发展。1978年8月，中日两国签订《中日和平友好条约》，之后两国领导人互访频繁，经济、文化、科技之间的交流日益密切。1998年11月，中日双方发表《中日联合宣言》，宣布建立“致力于和平与发展的友好合作关系”。2008年5月，中日发表《中日关于全面推进战略互惠关系的联合声明》，规划了中日关系长远发展的蓝图。但是，日本在历史认识问题、钓鱼岛问题、台湾问题上的错误举动，让中日关系的发展充满着不确定性。对于日本的错误行为，中国历届领导人都保持了高度警惕，进行了针锋相对的斗争，敦促日本认真反思历史，以《中日联合声明》等四个政治文件为基础，推动中日关系不断向前发展。

2. 与发展中国家的友谊日益巩固

增强与发展中国家的团结和合作，是中国独立自主和平外交政策的立足点。改革开放之初，邓小平等党和国家领导人就明确提出中国属于发展中国家的一员，强调“中国和所有第三世界国家的命运是共同的。中国永远不会称霸，永远不会欺负别人，永远站在第三世界一边”。中国积极支持亚非拉国家维护国家主权和安全，发展民族经济的正当要求。注重加强同广大发展中国家的团结，深化传统友谊，扩大互利合作，通过援助和投资等方式，真诚帮助发展中国家实现自主发展。

中国高度重视与非洲国家之间的关系。1983 年，中国提出与非洲国家经济技术合作关系的四项原则，即“平等互利，讲求实效，形式多样，共同发展”，在此基础上开展多种形式的经济技术合作。2006 年 1 月，中国政府发表《中国对非洲政策文件》，提出与非洲国家建立和发展“政治上互信、经济上互惠、国际事务中互助的新型战略伙伴关系”。中国与非洲国家的政治互信不断增强，经贸合作务实有效，人文交流日益频繁，在国际事务中的协调和配合不断增强。从 2000 年至 2009 年，中国免除了 35 个非洲国家的 312 项债务，总计 189.6 亿元人民币。从 2001 年到 2011 年，中国对非投资额从 5000 万美元上升到 147 亿美元，涉及矿业、制造业、农业多个领域。中非贸易额由 2000 年的 105.9 亿美元增长到 2011 年的 1663 亿美元。中国通过多种方式为非洲培训管理和技术人才，截至 2010 年 6 月，中国为非洲国家培训了各类人员 3 万多人次。

中国持续推进与拉美国家之间的友好关系。中国和拉美国家同属于第三世界，在许多重大国际问题上观点一致。两极格局解体后，双方有着发展经济的共同愿望，贸易互补性增强。20 世纪 90 年代以来，中拉之间高层互访不断增多，经贸合作日益深化，在国际事务中的协调配合不断加强，社会领域和人文领域的交流互鉴日益频繁。2008 年 11 月，中国政府发表《中国对拉丁美洲和加勒比政策文件》，从战略高度看待对拉关系，致力于同拉丁美洲和加勒比国家建立和发展平等互利、共同发展的全面合作伙伴关系。2011 年 6 月，习近平在联合国拉丁美洲和加勒比经济委员会发表《携手开创中拉全面合作更加美好的未来》的演讲，提出中阿双方应“牢牢把握共同发展的主题，坚持平等互利的基本原则，不断开拓创新、开展广泛全面合作”。

中国不断推动与阿拉伯国家之间友好关系持续稳定发展，在平等互利的基础上与阿拉伯国家进行交流与合作。2008 年，中阿论坛第三届部长级会议在巴林举行，会议通过并签署了《会议公报》和《中国—阿拉伯国家合作论坛 2008 年至 2010 年的行动计划》，进一步明确双方建立“面向和平和可持续发展的中阿新型伙伴关系”。

中国与东盟的经贸发展取得了令世界瞩目的成就。1997年，《中国—东盟首脑会议联合声明》发表，确定了面向21世纪的睦邻互信伙伴关系。2002年，中国—东盟自由贸易区建设启动，2004年，中国与东盟签署《中国—东盟全面经济合作框架协议货物贸易协议》《中国—东盟争端解决机制协议》，双方经济合作驶入快车道，中国与东盟贸易额从2002年的547.67亿美元增长到2011年的3628.5亿美元。

中国在和平共处五项原则的基础上与发展中国家开展全方位、多领域的合作，对发展中国家的援助不附加任何政治条件，突出平等、务实、互惠的原则，注重社会发展经验的分享和交流，在国际事务上相互支持，推动建立公正合理的国际政治经济新秩序。中国对发展中国家的外交政策让双方传统的友谊得到巩固，为中国赢得了威望，中国的国家地位进一步提高。

3. 中国与周边国家的关系得到改善和发展

周边国家与中国领土接壤，山水相依，发展同周边国家的友好关系对于中国的国家安全和经济发展具有十分重要的意义。历史上，中国周边许多国家或遭受西方国家的殖民统治，或隶属于美苏两大阵营的一方。随着新兴民族国家的建立和两极格局的瓦解，曾一度被掩盖的一些矛盾日益凸显，正确处理与这些国家的关系，成为中国外交的重要课题。发展同周边国家关系，中国坚定地奉行与邻为善、以邻为伴、睦邻友好的方针，致力于营造和平稳定、平等互信、合作共赢的地区环境。边界问题事关国家安全和地区稳定，在平等协商、友好对话方针的指导下，中国与南亚国家的边界问题取得重要突破。1993年，中国与老挝签订两国边界议定书，历史遗留下来的边界问题得以最终解决；1996年11月，中印两国签订《关于在中印边境实际控制线地区军事领域建立信任措施的协定》，保持了中印边界地区的稳定，建立了安全互信机制；1999年年底，中越两国签署《中华人民共和国和越南社会主义共和国陆地边界条约》，中越陆地边界问题得以全面解决。苏联解体后，中国与俄罗斯、哈萨克斯坦、吉尔吉斯斯坦、塔吉克斯坦等国签订边界勘界议定书，签署《关于在边境地区加强军事领域信任的协定》，建立元首定期会晤机制。边界勘界的完成为中国与原苏联加盟国发展友好关系奠定了坚实的基础。中国与邻国的海上边界得到妥善处理。2002 年 11 月，中国与东盟各国签署《南海各方行为宣言》，确认中国与东盟致力于加强睦邻互信伙伴关系，共同维护南海地区的和平与稳定。

4. 多边外交进入新的阶段

改革开放以来，中国积极推动多边外交，在全球和地区问题上发挥负责任大国作用，推动建立更加公正合理的国际政治经济新秩序。作为联合国五大常任理事国之一，中国遵循《联合国宪章》的宗旨和原则，坚定支持联合国根据宪章精神进行的各项工作，积极参加联合国及其专门机构开展的有利于世界和平发展的活动，在反恐、军控、维和、发展、人权、司法、环境等领域展开国际合作。中国致力于推动建立公正合理的国际政治经济新秩序，支持联合国改革，推动南北对话和南南合作，支持发展中国家在联合国中发挥更大作用。2005 年 6 月，中国政府发布《中国关于联合国改革问题的立场文件》，提出联合国的改革应在推动多边主义、提高效率和权威、推动经济发展、增加发展中国家的代表权等方面进行努力。

中国积极推动区域组织的建立和发展。中国倡导成立的上海合作组织、博鳌亚洲论坛已成为中国开展多边外交的重要平台。广泛参与亚太经合组织（APEC）、东亚系列峰会、亚欧会议、中国与东盟 10+1、中日韩与东盟 10+3 定期会晤机制等区域多边合作与对话机制，推进区域发展与合作。推动朝核六方会谈机制，积极推动实现半岛无核化，维护东北亚地区的和平与稳定。积极参加东盟 10+3、G20 峰会、“金砖国家”多边合作机制等跨地域的合作组织，就全球发展、气候变化等重大国际议题展开对话和协商。中国的多边外交改善和提升了中国在国际体系中的地位，推动国家政治经济秩序朝着更加公正合理的方向发展。

（三）服务民族复兴，促进人类进步

党的十八大以来，以习近平同志为核心的党中央坚持统筹国内国际两

个大局，在保持外交大政方针连续性和稳定性的基础上，主动谋划，努力进取，在对外工作上进行一系列重大理论和实践创新，开创性推进中国特色大国外交，形成了习近平新时代中国特色社会主义外交思想，强调要牢牢把握服务民族复兴、促进人类进步这条主线，为全面建成小康社会、进而全面建设社会主义现代化强国创造应有条件，作出应有贡献。习近平外交思想以“十个坚持”为核心要义，明确规定了中国外交的原则和宗旨，为我国今后的外交工作提供了遵循。“十个坚持”分别是：坚持以维护党中央权威为统领加强党对对外工作的集中统一领导，坚持以实现中华民族伟大复兴为使命推进中国特色大国外交，坚持以维护世界和平、促进共同发展为宗旨推动构建人类命运共同体，坚持以中国特色社会主义为根本增强战略自信，坚持以共商共建共享为原则推动“一带一路”建设，坚持以相互尊重、合作共赢为基础走和平发展道路，坚持以深化外交布局为依托打造全球伙伴关系，坚持以公平正义为理念引领全球治理体系改革，坚持以国家核心利益为底线维护国家主权、安全、发展利益，坚持以对外工作优良传统和时代特征相结合为方向塑造中国外交独特风范。这“十个坚持”，弘扬了优良传统，丰富了外交方略，把中国特色社会主义外交推向新的境界。

1. 推进大国协调合作，构建总体稳定、均衡发展的大国关系框架

构建健康稳定的大国关系，是中国特色社会主义大国外交的重要目标。党的十八大以来，中美关系站在新的历史起点，如何实现合作共赢，携手促进世界和平发展，成为中美两国需要共同面对的任务。2013 年 6 月，习近平在举行中美元首会晤时指出，中美两国应该“从两国人民根本利益出发，从人类发展进步着眼，创新思维，积极行动，共同推动构建新型大国关系”。对于新型大国关系的内涵，习近平归纳为：一是不冲突不对抗，二是相互尊重，三是合作共赢。2017 年 6 月，在和美国总统特朗普会晤时，习近平强调，“合作是中美两国唯一正确的选择”，呼吁双方充分用好高级别对话合作机制，推动双方贸易和投资健康发展，在基础设施、能源领域展开务实合作。对于中美之间的敏感问题，双方要妥善处理；在重大国际和地区问题上加强沟通和协调；双方加强在联合国等多边机制内的沟通协调，共同维护世界的和平、稳定、繁荣。

党的十八大以来，中俄关系作为中国外交优先发展的方向，取得了令人瞩目的成绩。中俄双方政治和战略互信达到新的水平，经贸往来迅速发展，国际战略合作日益密切。2016 年 6 月，习近平发表《共创中俄关系更加美好的明天》讲话，对中俄战略协作伙伴关系深入发展作出了新的规划，提出要保持密切高层交往、持续巩固整治和战略互信，积极开展边境地区合作，深入推进两国发展战略对接和“一带一路”建设同欧亚经济联盟建设对接合作，大力开展人文交流，加强国际战略协作等原则，开创中俄关系更加美好的明天，让中俄两国的子孙后代永远生活在和平、友谊、阳光之中。

中欧关系是全球最重要的双边关系之一，中欧经贸关系是世界上规模最大、最具活力的经贸关系，欧盟是中国第一大贸易伙伴，中国是欧盟第二大贸易伙伴，发展与欧洲的关系对于中国的和平发展和维护世界和平繁荣都具有十分重要的意义。中欧在重大国际问题上对话交流日益频繁，合作领域不断拓展，文明互鉴日益增强。2014 年 4 月，习近平在布鲁日欧洲学院发表演讲，强调中欧要“共同努力建造和平、增长、改革、文明四座桥梁，建设更具全球影响力的中欧全面战略伙伴关系”，为中欧全面战略伙伴关系的发展指明了方向。

2. 秉持正确义利观和真实亲诚理念加强同发展中国家团结合作

发展中国家是我国制定对外政策的立足点，作为发展中国家的一员，中国始终把自身的发展与发展中国家的发展紧密相连。中非命运历来休戚与共，加强同非洲国家的团结合作是我国长期的战略选择。2013 年 3 月，习近平担任国家主席后首访非洲期间，首次提出真、实、亲、诚对非政策理念和正确义利观，为中非关系发展指明了方向。2015 年 12 月，习近平在中非合作论坛约翰内斯堡峰会开幕式上发表讲话，提议将中非新型战略伙伴关系提升为全面战略合作伙伴关系，提出双方要坚持在政治上平等互信，在经济上合作共赢，在文明上交流互鉴，在安全上守望相助，在国际事务中团结协作。为推进中非全面战略伙伴关系建设，中国在三年内实施中非工业化、农业现代化、基础设施、金融、绿色发展、贸易和投资便利化、减贫惠民、公共卫生、人文、和平与安全十大领域的合作计划。中方提供总额600亿美元的资金支持，其中包括50亿美元的无偿援助和无息贷款。

构建高水平的中拉全面战略合作伙伴关系，不但会促进双方共同发展，而且有利于世界的和平、稳定、繁荣。2013年6月，习近平在墨西哥参议院发表演讲，指出中拉关系正处于快速发展的重要机遇期，中拉双方应该登高望远、与时俱进，巩固传统友谊，加强全方位交往，提高合作水平，推动中拉平等互利、共同发展的全面伙伴关系实现新的更大发展。

3. 按照亲诚惠容理念和与邻为善、以邻为伴周边外交方针深化同周边国家关系

2013年，习近平在周边外交工作座谈会上指出：“我国周边外交的基本方针，就是坚持与邻为善、以邻为伴，坚持睦邻、安邻、富邻，突出体现亲、诚、惠、容的理念。”2015年6月，在会见出席《亚洲基础设施投资银行协定》签署仪式的各国代表团团长时，习近平指出：“中方提出‘一带一路’设想和亚洲基础设施投资银行倡议，就是本着亲诚惠容的周边外交理念，致力于同亚洲国家一道解决本地区面临的现实问题，共同发展。”2015年11月，习近平在新加坡国立大学发表演讲时强调，中国将坚定发展同东盟的友好合作，坚定支持东盟发展壮大，坚定支持东盟共同体建设，坚定支持东盟在东亚区域合作中发挥主导作用。2016年1月，习近平在阿拉伯联盟总部发表演讲，提出中国愿同阿拉伯国家开展共建“一带一路”行动，秉持和平、创新、引领、治理、交融的行动理念，做中东和平的建设者、中东发展的推动者、中东工业化的助推者、中东稳定的支持者、中东民心交融的合作伙伴。习近平关于周边外交的重要理念，为我们打开周边国家外交工作的新局面提供了根本遵循。

增强政治互信，在中日四个政治文件的基础上推进中日互惠关系，是中日关系能否健康稳定发展的关键。历史上，日本发动侵华战争，给中国人民带来了巨大灾难。战后能否正确认识历史问题，对于中日关系的未来至关重要。2015年9月，习近平在纪念中国人民抗日战争暨世界反法西斯战争胜利70周年大会上发表讲话，强调“相互尊重，平等相处，和平发展，共同繁荣，才是人间正道”。2018 年 9 月，习近平在会见日本首相安倍晋三时强调，中日双方要恪守和遵循中日间四个政治文件巩固政治基础，把握正确方向，建设性管控分歧，特别是日方要妥善处理好历史、台湾等敏感问题，积极营造良好气氛，不断扩大共同利益。中国欢迎日本积极参与中国改革开放进程，实现共同繁荣。共建“一带一路”为中日深化互利合作提供了新平台和试验田。中方欢迎日方更加积极地参与新时代中国发展进程，实现两国高水平的互利共赢。

4. 积极参与全球治理体系改革和建设

推动全球治理体系朝着更加公正合理有效的方向发展，符合世界各国的普遍要求。中国积极参与全球治理体系改革和建设，是现行国际体系的参与者、建设者、贡献者，是国际合作的倡导者和国际多边主义的积极参与者。习近平总书记指出：“中国秉持共商共建共享的全球治理观，倡导国际关系民主化，坚持国家不分大小、强弱、贫富一律平等，支持联合国发挥积极作用，支持扩大发展中国家在国际事务中的代表性和发言权。中国将继续发挥负责任大国作用，积极参与全球治理体系改革和建设，不断贡献中国智慧和力量。”

提出构建人类命运共同体，为世界发展贡献中国方案。当今世界，各国相互联系、相互依存的程度空前加深，没有哪个国家能够独自应对人类面临的挑战，没有哪个国家能够退回到封闭的孤岛。世界格局加快演进过程中，一方面，世界多极化、经济全球化深入发展，社会信息化、文化多样化持续推进，新一轮科技革命和产业革命正在孕育成长；另一方面，世界经济增长乏力，金融危机阴云不散，发展鸿沟日益突出，兵戎相见时有发生，冷战思维和强权政治阴魂不散，恐怖主义、网络安全、重大传染性疾病、气候变化等非传统安全威胁持续蔓延。面对世界经济、国际安全、国际治理等一系列重大问题，以习近平同志为核心的党中央着眼人类发展和世界前途，提出构建人类命运共同体重要战略思想，强调“要建设持久和平、普遍安全、共同繁荣、开放包容、清洁美丽的世界”。这一方案汇聚了人类社会的共同追求，对促进中国和平发展、世界繁荣进步都具有重要意义。这一中国理念、中国方案已被多次写入联合国文件，受到国际社会的高度评价和热烈响应，正产生日益广泛而深远的影响。

提出“一带一路”重大建议，破解人类社会发展难题。为推动人类社会实现和平与发展，推动经济全球化朝着更加开放、包容、普惠、平衡、共赢的方向发展，促进各国共同繁荣，中国提出了“一带一路”重大合作倡议，并以共商共建共享为基本原则，深化政策沟通、设施联通、贸易畅通、资金融通和民心想通，构建全面开放的新格局，造福“一带一路”沿线各国人民。“一带一路”重大倡议，为沿线国家的发展繁荣搭建了重要平台。2013年至2017年，中国与“一带一路”沿线国家和地区，货物贸易额累计超过5万亿美元，对外直接投资超过700亿美元，中国企业在沿线国家和地区推进建设75个经贸合作区，上缴东道国税费22亿美元，创造21万个就业岗位。在国际舞台上，全球140多个国家和地区、80多个国际组织积极支持和参与“一带一路”建设。

除“一带一路”重大合作倡议外，中国还举办APEC峰会、中非合作论坛、中国国际进口博览会等主场外交活动，搭建国际合作发展的平台。中国积极践行构筑人类命运共同体的外交理念，形成全方位、多层次、立体化的外交格局，打造覆盖全球的“朋友圈”，与各国人民结伴而行、共创美好未来。

（四）坚持外交工作的基本原则

新中国成立70年来，无论国际风云如何变幻，我们始终坚持外交工作的根本原则，保持政治定力，从而营造了我国发展的良好外部环境。

1. 坚持独立自主的原则

独立自主就是中国自己的事情由中国人民和中国政府自己解决。中国的历届领导人都高度重视在对外交往中维护国家的独立自主，无论过去、现在还是将来，独立自主都是中国制定外交政策的基本立足点，是成功营造良好国际发展环境的基石。

独立自主是新中国外交区别于旧中国外交最为鲜明的特征，是中国能够自立于世界民族之林的根本保证。近代以来，中国沦为半殖民地半封建社会，帝国主义列强通过一系列不平等条约对中国进行压迫和干涉。弱国无外交，丧失独立自主权利的旧中国根本不可能在外交上有所作为，鸦片战争之后的近百年间，中华民族山河破碎、生灵涂炭，是丧失独立自主权利带来的典型恶果。中国共产党从成立的那一天起，就为反抗帝国主义的侵略和压迫，争取国家的独立和主权，彻底结束旧中国的屈辱外交进行了前赴后继、不屈不挠的斗争。中华人民共和国成立后，毛泽东等党和国家领导人高度重视维护外交上的独立自主，新中国成立伊始便废除了旧中国与列强签订的不平等条约，“另起炉灶”“打扫干净屋子再请客”，彻底粉碎了帝国主义妄图继续保持在中国特权的图谋，中国人民彻底实现了站起来。在保证独立自主的基础上，中国与世界所有国家平等地发展外交关系。采取对苏“一边倒”的外交战略，坚决粉碎美国等帝国主义国家对中国的武装侵略和干涉，站稳了脚跟，维护了国家的稳定。

独立自主是中国科学判断国际形势、调整外交政策、营造良好发展环境的基本前提。新中国成立 70 年来，国际国内局势不断发生变化，根据客观实际调整中国的对外战略对于维护中国的国家利益至关重要，而实现这种调整的基本前提便是保持国家的独立自主。无论是对苏“一边倒”战略、“中间地带”理论、“一条线”战略、“三个世界”划分理论，还是改革开放之后的“不结盟外交”“伙伴关系模式”“和谐世界”理论，还是党的十八大以来“人类命运共同体”理论、“一带一路”倡议，中国之所以能够根据国际形势变化不断制定出成功的对外战略，其中的一个重要法宝便是奉行了独立自主的基本原则。独立自主可以使中国避免来自外部其他任何势力的干扰，根据中国人民的根本利益和事情的是非曲直来作出判断，根据不同历史阶段的客观矛盾实现对外政策的灵活调整。

独立自主是中国对外政策的重要理念，是中国赢得大国地位的重要法宝。独立自主是和平共处五项原则的底色。互相尊重主权和领土完整、互不侵犯、互不干涉内政、平等互利、和平共处五项原则的核心要义便是尊重世界各国的独立自主，主张世界上所有国家不论大小、贫富、强弱，一律平等，都应该独立自主地决定自己的事务。长期以来，中国把反对霸权主义、维护世界和平作为外交政策的根本宗旨，坚定地同第三世界国家站在一起，维护弱小国家的利益，推动建立公正合理的国际政治经济新秩序，为中国赢得了尊重。改革开放以来，中国坚持独立自主，不以美苏划线，不以意识形态划线，在国际上树立了独立、和平、合作的良好形象，把维护自身独立自主和促进世界共同繁荣相结合，尊重各国人民自己选择的发展道路，反对干涉别国内政，维护国际公平正义。

2. 坚定不移走和平发展道路

坚定不移走和平发展道路，是对中华民族优秀传统文化的传承和发展，更是中国人民从近代以后苦难遭遇中得出的必然结论。新中国成立以来特别是改革开放以来，中国共产党经过艰辛探索和不断实践，全面分析世界形势，确立了和平发展道路，即通过维护世界和平发展自己，又通过自身发展维护世界和平。坚定不移走和平发展道路，是营造良好国际发展环境的伟大创举。世界历史上，一些大国依靠侵略和扩张走向了崛起，给弱小国家和民族带来了无尽的灾难。曾遭受列强侵略的中国深知和平的珍贵，坚决摒弃战争思维和强权政治，打破“国强必霸”的逻辑，走出一条和平发展、合作共赢的新路。

中国的和平发展道路注重构建平等相待、互谅互让的伙伴关系，在事关国与国之间核心利益和重大关切问题上，加强沟通交流，管控矛盾分歧，做到不冲突不对抗、相互尊重、合作共赢；主张和平解决国际争端和热点问题，反对动辄诉诸武力或以武力相威胁，反对颠覆别国政权，反对一切形式的恐怖主义；主张世界各国之间加强经贸合作，实现互利共赢，共同繁荣；主张文明交流互鉴，维护世界文明多样性。同时，反对任何国家损害我国的国家主权、安全和尊严，坚定维护中国的国家利益。坚定不移走和平发展道路，让中国在国际上树立了和平负责任大国的形象，让世界各国看到了中国发展给世界带来的机遇，为中国的发展营造了良好的国际环境，让中国的发展受到越来越多国家的欢迎和支持。

3. 坚定不移推动建立国际政治经济新秩序

促进建立相互尊重、公平正义、合作共赢的新型国际关系，建立公正合理的国际政治新秩序，是世界各国人民的共同愿望。新中国成立以来，始终坚定不移推动建立国际政治经济新秩序，维护联合国宪章的宗旨和原则，推动国际关系民主化。霸权主义和强权政治是制约建立国际政治经济新秩序的主要障碍。新中国成立以来，坚持国家不分大小、强弱、贫富，地位一律平等，尊重各国选择的发展道路，反对以大压小、以强凌弱、以富压贫，将自己的意志强加于人。中国恢复联合国席位后，始终注重维护弱小国家的利益，与第三世界国家坚定站在一起，推动南南合作，促进南北对话，推动建立公正合理的国际政治经济新秩序；中国倡导建立合作共赢国际关系，积极参与国际事务，倡导多边主义，高度重视与上海合作组织、金砖国家合作组织、二十国集团国际经济合作论坛等国际组织的合作，积极参与国际规则制定，增强我国在国际事务中的话语权和影响力；中国着眼于人类发展的命运和前途，积极参与全球治理体系改革和建设，提出中国方案，贡献中国智慧，推动建设持久和平、共同繁荣的世界。中国坚定不移推动建立公正合理的国际政治经济新秩序，有效抵御了战争的危险，促进了世界各国的合作与共赢，维护了国际社会公平正义，为中国的发展营造了良好的国际发展环境。

十八
定海神针

——为什么能够凝聚起实现中华民族伟大复兴的磅礴力量

列宁在《怎么办》中曾指出："任何革命运动，如果没有一种稳定的和能够保持继承性的领导者组织，就不能持久。"① 党政军民学、东西南北中，党是领导一切的。党的领导如同定海神针，在新中国波澜壮阔的历史进程中，中国共产党不断提高把方向、谋大局、定政策、促改革的能力和定力，以党的自我革命来推动党领导人民进行的伟大社会革命，凝聚起实现中华民族伟大复兴的磅礴力量。

（一）掌舵方向领航中国

一艘巨轮即使有坚实的船舵、精准的导航，但是离开掌舵人，依旧不能抵达彼岸。如果把中国比作一艘破浪前行的"中华号"巨轮，那么中国共产党就是掌舵人。70 年来，正是有党牢牢把握社会主义的发展方向，在大是大非面前立场坚定、毫不含糊，党的面貌、国家的面貌、人民的面貌、军队的面貌、中华民族的面貌才发生了前所未有的变化，以不可辩驳的事实彰显了科学社会主义的鲜活生命力。

① 《列宁选集》第 1 卷，人民出版社 2012 年版，第 404 页。

社会主义是新民主主义革命的前途。1949年3月，党的七届二中全会就明确提出要使中国“由新民主主义国家转变为社会主义国家”。新中国成立后，何时过渡、如何过渡越来越成为人们关注的话题。1951年前后，党内的大体考虑是“先建设，后改造”，也就是说在实现国家工业化的基础上进行社会主义改造。后来随着形势的发展，党重新考虑向社会主义过渡的问题，形成“建设和改造并举”的思路，提出“一化三改”的过渡时期总路线。1956年年底，社会主义三大改造基本完成，标志着中国历史上长达数千年的阶级剥削制度的结束和社会主义基本制度的确立。

是非经过不知难。坚持走社会主义道路谈何容易。新中国刚成立的时候，美国和一些帝国主义国家对中国采取政治上孤立、经济上封锁、军事上威胁的政策，企图把新中国扼杀在摇篮里。此后又转向和平演变，不遗余力推行“西化”战略。美国前中情局局长杜勒斯曾声称，要将和平演变的希望寄托在中国第三代或第四代身上。尼克松在自称“毕生从事外交政策的研究和实践的产物”的《1999：不战而胜》中直言：“公开的经济或军事援助有时候足以达到我们的目的，而且有时候只有靠直接的军事干预才能奏效。但是，在这两者之间存在着美国能够进行隐蔽行动的广阔领域。没有这种能力，我们将无法保卫美国的重大利益。”①

坚持走社会主义道路，还难在搞清楚“什么是社会主义，怎样建设社会主义”这一问题。社会主义一词，家喻户晓，但要给社会主义下个定义，正确理解社会主义就不那么容易了。社会主义自产生以来，形形色色的社会主义非常多。1981年7月18日上午，邓小平会见香港《明报》社长查良镛时曾问道：现在世界上的社会主义有多少种？查良镛列举一些后表示难以概括全。邓小平说：总有100多种吧。有学者曾考察了社会主义思想发展500年的历史，仅流派就梳理出空想社会主义、封建社会主义、基督教社会主义、工场社会主义等25个。

曾经有一段时间，非洲一些国家在摆脱殖民主义枷锁后对社会主义充

① ［美］理查德·尼克松：《1999：不战而胜》，上海三联书店1989年版，第100页。

满着无尽的向往。“恩克鲁玛社会主义”“乌贾马社会主义”等社会主义思潮在非洲流行一时。但遗憾的是事与愿违，这些探索并没有达到预期效果。我国进行社会主义改造后，在初步探索社会主义建设道路过程中取得了巨大成就，积累了丰富的经验，同时也遭受过重大挫折，造成了严重后果，留下了深刻教训。这无疑告诉我们：“不能因为有社会主义的名字就光荣，就好”，“社会主义是一个很好的名词，但是如果搞不好，不能正确理解，不能采取正确的政策，那就体现不出社会主义的本质”。①

中国特色社会主义的探索翻开了建设社会主义的新篇章。中国特色社会主义是一步一步走出来的，走的每一步并不是预先设定好的，也不是书本上给出的标准答案，更不是主观上的任意判断，而是在当时特定历史条件下反复权衡利弊后作出的唯一选择。中国特色社会主义道路、理论、制度、文化各有侧重、相辅相成、有机统一。如果把实现中华民族伟大复兴的奋斗历程比喻为一次长途旅行的话，那么中国特色社会主义道路就是通往民族复兴的高速公路，中国特色社会主义理论体系就是指引方向的“导航”，中国特色社会主义制度则是确保安全驾驶的“交通法规”，中国特色社会主义文化激发良好的精神状态，而我们党是牢牢把握方向盘的驾驶员。

然而，前进道路上关于中国举什么旗、走什么路的争论时强时弱，但从未间断。各种社会思潮相互激荡，开出这样那样的药方，试图用自己的理论来分析和解释中国发展中出现的矛盾和问题，企图影响人们的思想行为甚至国家的道路选择。有人声称“只有民主社会主义才能救中国”，主张中国走民主社会主义道路；有人把西方国家倡导的自由、民主、人权等价值观包装成“普世价值”加以推广，主张指导思想的多元化；有人把西方的政治制度视为“民主”制度，提出政治上搞多党制、三权分立；有人提出放弃公有制的主体地位，经济上搞私有化；也有人提出不再坚持多种所有制经济共同发展，搞单一公有制……面对形形色色的改革主张，如果没有中国共产党的坚强领导，社会主义建设很有可能迷失方向。

① 《邓小平文选》第2卷，人民出版社1994年版，第313页。

值得庆幸的是，中国共产党牢牢把握中国特色社会主义的发展方向，把坚持中国特色社会主义作为成功经验加以总结和强调。

1988 年，改革开放已走过 10 个年头，邓小平指出："在社会主义建设中，一定要从本国的实际出发，把马克思主义同本国实际相结合。从中国来说，就是要走自己的路，建设有中国特色的社会主义。"①

1998 年，当改革开放走过 20 年时，江泽民也将其归结为走自己的路，"二十年的历史经验归结到一点，就是把马克思主义基本原理同中国具体实际相结合，走自己的路，建设有中国特色社会主义"②。

2008 年，在总结改革开放 30 年的经验时，胡锦涛还是强调走自己的路，他说："三十年的历史经验归结到一点，就是把马克思主义基本原理同中国具体实际相结合，走自己的路，建设中国特色社会主义。"③

2018 年，在总结改革开放 40 年的经验时，习近平总书记指出："中国特色社会主义道路是当代中国大踏步赶上时代、引领时代发展的康庄大道，必须毫不动摇走下去。"④

联想到苏共改革导致亡党亡国的教训，联想到敌对势力和别有用心的人对我们国家的指指点点，联想到有些人把当前存在的一些问题归咎于社会制度，我们党牢牢把握社会主义的发展方向有着明确的现实指向和深远的意义。

穿过历史的尘埃，回望近代以来中国走过的路，如果不进行以社会主义为前途的新民主主义革命，如果不进行社会主义改造，艰辛探索社会主义建设道路，就不可能实现中华民族从东亚病夫到站起来的伟大飞跃。这一伟大飞跃，以铁一般的事实证明，只有社会主义才能救中国！

翻开历史的画册，回顾改革开放以来中国走过的路，如果不把马克思主义基本原理同中国改革开放的具体实际结合起来，走自己的路，探索中国特

① 《邓小平年谱（1975—1997）》下，中央文献出版社 2004 年版，第 1258 页。

② 《江泽民文选》第 2 卷，人民出版社 2006 年版，第 263—264 页。

③ 《胡锦涛文选》第 3 卷，人民出版社 2016 年版，第 170 页。

④ 习近平：《在庆祝改革开放 40 周年大会上的讲话》，《人民日报》2018 年 12 月 19 日。

色社会主义道路，就不可能大踏步赶上时代，就不可能实现中华民族从站起来到富起来的伟大飞跃。这一伟大飞跃，以铁一般的事实证明，只有中国特色社会主义才能发展中国！

在新时代，如果不把马克思主义基本原理同新时代中国具体实际结合起来，就不可能推动党和国家事业取得全方位、开创性历史成就，发生深层次、根本性历史变革，中华民族不可能迎来从富起来到强起来的伟大飞跃。这一伟大飞跃，以铁一般的事实证明，只有坚持和发展中国特色社会主义才能实现中华民族伟大复兴！

（二）谋篇布局下好棋

有一句谚语叫“下棋看三步”。意思是说下棋不能只看眼前，要有全局观念，每下一子，都要考虑到后几步怎么走。这句谚语实际上强调了谋篇布局的重要性。善谋大局者善成事。谋大局，就是要站在全局和战略的高度谋划和部署各项工作，做到因势而谋、应势而动、顺势而为。树立大局意识，着眼大局、顾全大局，服从大局、服务大局，是我们党的领导艺术和宝贵经验。

新中国成立后，如何从落后的农业国转变为先进的工业国是摆在全党面前的紧迫任务。发展重工业，资金需求大，建设周期长，需要全国人民勒紧裤腰带继续艰苦奋斗。基于此，党内曾有过优先发展农业和轻工业的考虑：“第一步发展经济的计划，应以发展农业和轻工业为重心……只有在这一步做得有了成效之后，我们才有可能集中最大的资金和力量去建设重工业的一切基础，并发展重工业。”[①] 然而，随着形势的发展，加快发展重工业的现实要求越来越迫切：朝鲜战场上中美两国武器装备的强烈对比凸显了加快发展重工业、国防工业的重要性。国内机器设备、化肥原料等长期缺乏，严重制

① 《刘少奇选集》下卷，人民出版社 1985 年版，第 5 页。

约了轻工业、农业、交通运输业等的发展。此外，面对美帝国主义的战争威胁、西方资本主义国家的经济封锁和禁运，增强国家实力、巩固国防变得刻不容缓。在财政收入十分有限的情况下，党中央经过权衡利弊，谨慎作出优先发展重工业的战略决策。1952 年 12 月，《关于编制一九五三年计划及五年建设计划纲要的指示》明确提出："工业化的速度首先决定于重工业的发展，因此我们必须以发展重工业为大规模建设的重点。"①

当时有一种观点认为，应与民休息，多发展轻工业，并呼吁政府"施仁政"。1953 年 9 月 12 日，毛泽东在谈到这个问题时说了这么一段意味深长的话："所谓仁政有两种：一种是为人民的当前利益，另一种是为人民的长远利益，例如抗美援朝，建设重工业。前一种是小仁政，后一种是大仁政。两者必须兼顾，不兼顾是错误的。那末重点放在什么地方呢？重点应当放在大仁政上。现在，我们施仁政的重点应当放在建设重工业上。要建设，就要资金。所以，人民的生活虽然要改善，但一时又不能改善很多。就是说，人民生活不可不改善，不可多改善；不可不照顾，不可多照顾。照顾小仁政，妨碍大仁政，这是施仁政的偏向。"②

作为改革开放的总设计师，邓小平在改革开放之初就开始考虑谋篇布局问题。改革开放伊始，人民军队处于"盘弓弯弓箭不发"的战备状态，军队"臃肿"问题没能得到有效解决，而此时的当务之急是集中力量搞好经济建设，短时间内不可能四面出击。通过综合分析国内外形势，邓小平提议减少军队员额一百万，号召军队要服从整个国家建设大局。为了打消大家的疑虑，他解释说："先把经济搞上去，一切都好办。现在就是要硬着头皮把经济搞上去，就这么一个大局，一切都要服从这个大局。"③他还说："大局好起来了，国力大大增强了，再搞一点原子弹、导弹，更新一些装备，空中的也好，海上的也好，陆上的也好，到那个时候就容易了。"④通过这次精简整编，

① 《中共中央文件选集》第 10 册，人民出版社 2013 年版，第 429 页。
② 《毛泽东传（1949—1976）》上，中央文献出版社 2003 年版，第 275 页。
③ 《邓小平文选》第 3 卷，人民出版社 1993 年版，第 129 页。
④ 同上书，第 99—100 页。

较好地实现了“消肿”目的，军队的作战能力不是削弱了而是增强了，同时把更多精力放在经济建设上，经济发展形势向好。随着改革开放不断推进，邓小平还提出“两个大局”思想。在他看来，“沿海地区要加快对外开放，使这个拥有两亿人口的广大地带较快地先发展起来，从而带动内地更好地发展，这是一个事关大局的问题。内地要顾全这个大局。反过来，发展到一定的时候，又要求沿海拿出更多力量来帮助内地发展，这也是个大局”①。

面对世界多极化、经济全球化、社会信息化、文化多样化的发展态势，面对以经济实力、科技实力、文化实力、军事实力为主要内容的综合国力的激烈竞争，面对改革开放条件下党和国家事业发展的新情况新问题，日益严峻复杂的国内外形势越来越要求树立大局意识，自觉从大局看问题，把工作放到大局中去思考、定位、摆布，做到正确认识大局、自觉服从大局、坚决维护大局。改革开放以来，我们党坚持从党和国家工作大局出发考虑问题，统筹国内国际两个大局，牢牢把握工作主动权。

从国际大局来看，在改革开放酝酿和起步阶段，根据新的国际形势，主动调整对外政策，创办经济特区，不断扩大对外开放的地域和领域。在复杂严峻的国际环境背景下，毫不动摇地坚持对外开放基本国策，以更加积极的姿态走向世界。特别是经过 15 年艰难谈判，中国正式加入世界贸易组织，从而赢得了更为广阔的发展空间。党的十八大以来，以习近平同志为核心的党中央坚持对外开放的基本国策，坚持打开国门搞建设，积极促进“一带一路”国际合作，构建人类命运共同体，推进全球治理体系变革。这些努力使我国成功实现了从封闭半封闭到全方位开放的伟大历史转折，为深化改革开放创造了良好的国际环境和有利的外部条件。

从国内大局来看，高举中国特色社会主义伟大旗帜，坚定不移地走中国特色社会主义道路；坚持社会主义市场经济改革方向，推动经济持续健康发展；坚持以人民为中心的发展思想，抓好发展这个党执政兴国的第一要务；统筹推进“五位一体”总体布局、协调推进“四个全面”战略布局；适应、

① 《邓小平文选》第 3 卷，人民出版社 1993 年版，第 277—278 页。

把握、引领经济发展新常态，推进供给侧结构性改革；坚持创新、协调、绿色、开放、共享的发展理念等。这些努力使我国成功实现了从高度集中的计划经济体制到充满活力的社会主义市场经济体制的伟大历史转折，综合国力和国际影响力由弱到强，为实现中华民族伟大复兴奠定了坚实的基础。

不谋全局者不足以谋一域，不谋万世者不足以谋一时。70年来，正是有上一代"谋篇布局"为下一代的奋斗打牢基础，新中国得以在一代又一代人的接力探索中不断向前发展。正因如此，习近平总书记强调，要"善于观大势、谋大事，站在国内国际两个大局、党和国家工作大局、全面深化改革全局来思考和研究问题"①。只有做到谋大局，才能不因形势复杂而束手无策，不因畏首畏尾而贻误时机，不因计较得失而相互掣肘，不因一着不慎而满盘皆输。

（三）好政策凝聚人心

"政策和策略是党的生命，各级领导同志务必充分注意，万万不可粗心大意。"这是1948年3月党中央离开陕甘宁边区前夕，毛泽东提出的一个十分重要的论断。政策是一个政党或国家为实现一定历史时期的路线和任务而制定的行动准则。我们党制定政策的依据主要来自四方面：社会主义的价值规定性、中国的具体实际、事物发展的客观规律、人民群众的期待和意愿。换言之，党的政策不能偏离社会主义的价值追求，不能脱离我国社会的具体国情，不能违背规律的客观性和必然性、不能背离人民群众的根本利益。新中国成立以来，我们党坚持从这四方面的统一中探寻发展之道，提高政策的科学性，通过制定实施好政策得民心、聚人心。

当我们把历史镜头聚焦到70年前新中国成立时，可以清楚地看到，党在政治、经济、外交等方面采取了一系列积极稳健的政策，解决历史遗留问题，开启建设新中国的伟大进程。比如，虽然民族压迫和民族剥削逐步被消

① 习近平：《在中央全面深化改革领导小组第一次会议上的讲话》，《人民日报》2014年1月23日。

灭，但不可能短时期消除各民族在经济、文化等方面的差距，民族之间和民族内部仍存在纠纷和隔阂，加之国内外敌对势力利用民族问题对我国进行颠覆、破坏的活动也依然存在，正确处理民族问题仍然是一项长期、复杂、艰巨的重要工作。党制定并落实各民族一律平等的政策，为增强民族团结互助做了大量工作。1951 年 8 月，颁布了《中华人民共和国民族区域自治实施纲要》，为促进民族平等和民族团结奠定了政策基础。

又如，1950 年 6 月，中央人民政府委员会通过《中华人民共和国土地改革法》。后来，政务院制定了土地改革政策以及兴修水利、减轻税赋等一系列促进农业生产的政策措施。土地改革的完成，从根本上铲除了中国封建制度的根基，掀起了农民的生产热潮，解放了农村的生产力，为新中国逐渐走向进步奠定了深厚的群众基础。

再如，中华人民共和国的成立，为结束百余年来旧中国的屈辱外交，在平等、互利和相互尊重领土主权完整的基础上同各国建立新型的外交关系创造了前提。1949 年上半年，毛泽东先后提出三条基本外交方针，并形象地概括为："另起炉灶""打扫干净屋子再请客""一边倒"。我国还坚持在和平共处五项原则基础上制定外交政策，开展外交活动，为国内建设创造了有利的国际和平环境。

当我们把目光回溯到 1978 年时，可以清楚地看到，改革开放本身就是党作出的历史性决策。"文化大革命"结束后，虽然党内外有着改变现状、奋起直追的强烈愿望，但是由于存在思想僵化等障碍，实践发展举步维艰。国内外大势呼唤我们党尽快就关系党和国家前途命运的大政方针作出政治决断和战略抉择。党的十一届三中全会全面认真纠正"文化大革命"中及其以前的"左"倾错误，作出把党和国家的工作中心转移到经济建设上来、实行改革开放的历史性决策，实现了新中国成立以来党的历史上具有深远意义的伟大转折，开启了我国改革开放和社会主义现代化建设新时期。

改革开放以来，党通过制定并实行一系列政策措施有力地推动了改革开放历史进程。以经济特区为例，创办经济特区是实行对外开放的关键一步，对加快改革开放步伐具有重要意义。然而，当初人们对是否创办经济特区却有着不同声音。有人认为中国百废待兴，需要用钱的地方太多了；也有人担心没有足够资金配套，还能不能建设好经济特区；当然，还有不少人心存疑虑："帝国主义好不容易夹着尾巴逃跑了，这下倒好又夹着皮包回来了。"虽然有不同意见，但邓小平对这项工作非常支持。他明确表态："中央没有钱，可以给些政策，你们自己去搞，杀出一条血路来。"在中央政策的推动下，经济特区建设取得积极成效，成为改革开放的窗口和前沿阵地。

为了最大限度释放政策红利，在改革开放创造性实践中，我们党注意处理好整体政策安排与某一具体政策的关系、系统政策链条与某一政策环节的关系、政策顶层设计与政策分层对接的关系、政策统一性与政策差异性的关系、长期性政策与阶段性政策的关系，统筹推进各领域各部门各地方改革实践。

为了破解政策"翻烧饼"怪象，我们党把最基本的一些政策提升至基本国策层面加以强调并严格执行。我们党既善于通过制定和贯彻正确的路线方针政策推动实践，又善于总结实践中的经验教训来完善政策措施，把实践已经证明了的行之有效的政策上升至制度，促进政策与制度之间有效互动，最大限度保证好政策行之久远。

好政策的实施，推动经济社会发展取得历史性成就、发生历史性变革，凝聚起实现中华民族伟大复兴的磅礴力量。拿经济建设来说，70 年来，我们用几十年的时间走完了发达国家几百年走过的工业化历程，极大地解放和发展了生产力。据 2017 年统计数据显示，中国经济增长对世界经济增长的贡献率达到 30% 以上，超过美国、欧元区加上日本贡献率的总和。中国经济占世界经济的比重达到 15%。6.9% 的增量达到 1.24 万亿美元，相当于澳大利亚或西班牙 2016 年的经济总量。国家财政收入增加到 17.3 万亿元，折合 2.56 万亿美元，超过了印度一年的经济总量，相当于法国一个国家的经济总量。①这些数据有力地证明了党的政策的科学性和有效性。

① 国务院研究室编写组：《十三届全国人大一次会议〈政府工作报告〉学习问答》，中国言实出版社 2018 年版，第 3—4 页。

(四)将改革进行到底

新中国成立后，在从“旧社会”迈向“新社会”过程中，各方面改革工作逐步铺开。从1950年冬到1952年年底，党领导占全国人口一多半的新解放区进行了废除封建土地制度的改革。以土地改革为中心，党和人民政府还在全社会范围内领导开展了包括社会生活等许多方面的民主改革。例如，在国营工矿企业中进行民主改革，废除了工人群众深恶痛绝的封建把头制、侮辱工人的搜身制等，系统清理国营企业内遗留的旧制度、旧规定，建立新的劳动制度和劳动组织。1950年5月1日，颁行《中华人民共和国婚姻法》，改革以夫权为中心、压迫妇女并剥夺男女婚姻自由的封建婚姻制度，提倡婚姻自由、男女平等的新观念，以婚姻制度改革推动其他相关社会问题的解决。此外，着力解决卖淫嫖娼、贩毒吸毒、设庄赌博等旧社会遗留下来的痼疾也带有民主改革的性质。与此同时，党还有步骤地推进学校教育事业和社会文化事业改革，推动教育科学文化卫生事业除旧布新、革故鼎新。随着各方面改革的推进，城市农村的变化令人耳目一新，人们的精神面貌焕然一新，社会风气为之一新。

1956年9月，党的八大召开。代表们就社会主义建设问题展开热烈讨论。其中，陈云提出的“三个主体，三个补充”思想突破了计划经济模式，为改革经济体制提供了新的思路。党的八大后，中央按照“三个主体，三个补充”思路调整经济关系，同时开展以简政放权为内容的改革，重新划分中央、地方和企业的权限。1957年，党的八届三中全会通过关于改进工业、商业、财政管理体制的三个文件，进一步探索经济体制改革的思路。在社会主义建设道路的初步探索中，对改革的理论和实践问题也进行了积极的探索，取得了重要理论成果。1956年上半年，毛泽东在听取多方汇报，深入进行调查研究的基础上形成《论十大关系》的报告。报告论述的国家、生产单位和生产者个人的关系以及中央和地方的关系，实际上涉及经济体制改革的问题。1957 年，毛泽东的《关于正确处理人民内部矛盾的问题》全面分析了社会主义社会的矛盾问题，为社会主义社会的改革奠定了理论基础。

改革之于社会主义至关重要。恩格斯曾指出："所谓'社会主义社会'不是一种一成不变的东西，而应当和任何其他社会制度一样，把它看成是经常变化和改革的社会。"[①] 党的十一届三中全会审时度势，吹响了改革开放的号角。从 40 年前谋划并有步骤地推动改革到如今全面深化改革，改革以不可阻挡之势在大江南北不断推进，成为新时期最鲜明的特点。

以历次三中全会为例，从党的十一届三中全会到十九届三中全会，我们党先后召开 8 次全国代表大会，59 次中央全会，及时研究新情况、解决新问题，对改革各方面工作进行理论分析和政策指导，彰显着将改革进行到底的信心和决心。

——十一届三中全会开启了改革开放历史新时期；

——十二届三中全会通过《中共中央关于经济体制改革的决定》，这是指导中国经济体制改革的纲领性文件；

——十三届三中全会通过《关于价格、工资改革的初步方案》，这次会议为深化改革扫清了道路；

——十四届三中全会通过《中共中央关于建立社会主义市场经济体制若干问题的决定》，制定了建立社会主义市场经济体制的总体规划，是继续深化改革的纲领性文件；

——十五届三中全会通过《中共中央关于农业和农村工作若干重大问题的决定》，进一步推动农村乃至全国的改革和发展；

——十六届三中全会通过《中共中央关于完善社会主义市场经济体制若干问题的决定》，标志着中国经济体制改革进入一个新的阶段；

——十七届三中全会通过《中共中央关于推进农村改革发展若干重大问题的决定》，这是推进农村改革发展的纲领性文件；

——十八届三中全会通过《中共中央关于全面深化改革若干重大问题的

① 《马克思恩格斯选集》第 4 卷，人民出版社 2012 年版，第 601 页。

决定》，吹响了全面深化改革的号角；

——十九届三中全会通过《中共中央关于深化党和国家机构改革的决定》和《深化党和国家机构改革方案》，加快推进国家治理体系和治理能力现代化。

上述这些文献有的已成为历史文献，有的还在继续发挥作用，还有的预示着深刻变革的到来，它们宛如改革道路上一块又一块醒目的路标，指引着中国改革前进。在领导国家建设过程中，党合乎时代潮流、顺应人民意愿，勇于改革，破除阻碍国家和民族发展的一切思想和体制障碍，为实现民族复兴增添新的发展动力。

结语

总结经验再出发

艰难困苦，玉汝于成。新中国成立以来，在党的坚强领导下，昔日积贫积弱、僵化封闭的旧中国变成繁荣昌盛、充满活力的新中国，四分五裂、一盘散沙的旧中国变成团结奋进、万众一心的新中国，受列强欺凌、饱尝屈辱外交之苦的旧中国变成独立自主、日益走近世界舞台中央的新中国。近代以来久经磨难的中华民族迎来了从站起来、富起来到强起来的伟大飞跃，迎来了实现中华民族伟大复兴的光明前景。70 年来，中华人民共和国的成长之路，为新时代决胜全面建成小康社会、开启全面建设社会主义现代化国家新征程积累了宝贵经验，也是继续前进的根本遵循。

第一，必须坚持党对一切工作的领导。办好中国的事情，关键在党。坚持党的领导是决定党和国家前途命运的重大原则问题。我们党有鲜明的执政优势。党按照马克思主义建党原则建立起来，形成了包括党的中央组织、地方组织、基层组织在内的严密组织体系。这一组织体系衔接决策的制定、落实、反馈等各个环节，确保有令即行、有禁即止，能够有效推动决策部署的落地生根，有效应对前进道路上的风险考验，有效统筹协调各方利益和诉求。坚持党对一切工作的领导，要完善党的领导，自觉维护党中央权威和集中统一领导，不断提高党的执政能力和领导水平，不断提高党把方向、谋大局、定政策、促改革的能力和定力，确保“中华号”巨轮沿着正确航向破浪前行。

第二，必须坚持以人民为中心。人民是国家的主人。我们党的根基在人民，血脉在人民，力量在人民。我们党既通过提出和贯彻正确的理论和路线方针政策带领人民前进，又从人民的实践创造和发展要求中获得前进动力。历史反复证明，保持党同人民群众的血肉联系，是我们党无往而不胜的法宝。坚持以人民为中心，要始终把人民对美好生活的向往作为奋斗目标，凝聚人民群众的力量，发挥人民群众的首创精神，从人民群众的呼声和期盼中明确工作的切入点，让人民共享经济、政治、文化、社会、生态等各方面发展成果，解决人民群众最痛恨的腐败问题，克服脱离群众的危险。

第三，必须坚持走自己的道路。坚持独立自主，立足于本国实际，走自己的道路是我们党全部理论和实践的立足点，也是党和人民事业取得胜利的保证。在中国这样一个人口众多、经济文化比较落后、发展很不平衡的国家实现现代化，不是简单延续我国历史文化的母版，不是简单套用马克思主义经典作家设想的模板，不是其他国家社会主义实践的再版，也不是国外现代化国家的翻版，必须从实际出发，依靠自己的力量来解决前进道路上的问题。以发展着的马克思主义作为指导，坚持走自己的道路，要把国家和民族发展放在自己力量的基点上，坚定道路自信、理论自信、制度自信、文化自信，增强民族自尊心和自信心，坚持和发展中国特色社会主义。

第四，必须坚持以发展为第一要务。马克思恩格斯认为，无产阶级在夺取政权以后，要大力发展生产力，尽可能增加社会生产力的总量。只有以经济建设为中心，推动经济社会持续健康发展，才能夯实国家富强、民族振兴、人民幸福的物质基础，不断彰显社会主义的优越性。坚持以发展为第一要求，要聚焦人民日益增长的美好生活需要和不平衡不充分的发展之间的矛盾这个社会主要矛盾，统筹推进“五位一体”总体布局，协调推进“四个全面”战略布局，推动经济社会持续健康发展，为实现人的全面发展和社会全面进步创造有利条件。

第五，必须坚持改革开放。在庆祝改革开放 40 周年大会上，习近平总书记指出：“改革开放是党和人民大踏步赶上时代的重要法宝，是坚持和发展中国特色社会主义的必由之路，是决定当代中国命运的关键一招，也是决定实现‘两个一百年’奋斗目标、实现中华民族伟大复兴的关键一招。”① 重要法宝、必由之路、关键一招的概括从多维度彰显了改革开放的必然性和重要性。坚持改革开放，要全面深化改革，用发展办法解决前进中的问题，用改革的思路破解现实中的难题；要统筹国内国际两个大局，坚持对外开放的基本国策，坚持和平发展道路，推动构建人类命运共同体。

第六，必须坚持全面从严治党。治国必先治党，治党务必从严，是新中国成立以来取得成功的关键和根本。我们党区别于其他政党最显著的标志就是在进行社会革命的同时不断进行自我革命，以刀刃向内的勇气向党内顽瘴痼疾开刀，着力解决党内存在的各种问题，以卓有成效的党的建设实现坚强有力的领导，进而实现自我革命和社会革命同频共振。坚持全面从严治党，要按照新时期党的建设总要求，发扬彻底的自我革命精神，不断增强党自我净化、自我完善、自我革新、自我提高的能力，确保始终成为中华民族的主心骨，中国特色社会主义事业的领导核心。

① 习近平：《在庆祝改革开放 40 周年大会上的讲话》，《人民日报》2018 年 12 月 19 日。

后 记

70年来，新中国取得了令世界刮目相看的伟大成就，中华民族迎来了从站起来、富起来到强起来的伟大飞跃。人们纷纷讨论中国为什么行，中国智慧和中国方案的科学内涵究竟是什么。本书是课题组努力探寻答案的成果，在研究过程中得到教育部高等学校社会科学发展研究中心中央级公益性科研院所基本科研业务费专项经费项目的支持。

本书是集体智慧的结晶。王炳林提出撰写提纲，撰写导言并对全书修改定稿。参加本书撰写的还有：汪立峰（一），储新宇（二），曹美新（三、十一），郑丽平（四、七），徐春生（五、六），范天宝（八），卜昭滔（九），崔文龙（十、十三、十七），孔庚（十二），孙存良（十四、十五、十六），方建（十八、结语）。

人民出版社刘智宏同志参与了提纲的讨论，并和责任编辑苏向平一起为本书出版付出了辛勤劳动，在此一并表示衷心感谢。

由于撰写者水平所限，不足之处在所难免，敬请读者批评指正。

王炳林

2019年10月

策划编辑：刘智宏
责任编辑：刘智宏　苏向平

图书在版编目（CIP）数据

从站起来、富起来到强起来：中国为什么行 / 王炳林等著 . —北京：人民出版社，2019.8

ISBN 978－7－01－020881－7

Ⅰ. ①从…　Ⅱ. ①王…　Ⅲ. ①社会主义建设成就—中国　Ⅳ. ① D616

中国版本图书馆 CIP 数据核字（2019）第 101138 号

从站起来、富起来到强起来

——中国为什么行

CONG ZHANQILAI、FUQILAI DAO QIANGQILAI

——ZHONGGUO WEISHENME XING

王炳林 等　著

人民出版社 出版发行

（100706　北京市东城区隆福寺街 99 号）

天津鑫旭阳印刷有限公司印刷　新华书店经销

2019 年 8 月第 1 版　2019 年 10 月北京第 2 次印刷

开本：710 毫米 ×1000 毫米　1/16　印张：19.75

字数：285 千字

ISBN 978－7－01－020881－7　定价：48.00 元

邮购地址 100706　北京市东城区隆福寺街 99 号

人民东方图书销售中心　电话（010）65250042　65289539